も高いビルになるという。渋谷で「百年に一度」という駅周辺の改変を行っているなか、数駅しか違わない新宿でも、池袋でも、駅前空間の再整備が行われる。このように建造環境がどんどん変わるなかで、人びとは何をどのように選択し、暮らしているのだろうか。あるいは、何をどのように選択することが可能なのだろうか。

人口動態では、「都心回帰」という表現が用いられるようになって久しい。都市再生事業のなかでどんどん増えていくタワーマンションに住み、都心のタワーオフィスに通う、新しいライフスタイルが一定程度、定着してきていることの表れでもある。二〇二〇年には、東京都の人口は初めて一四〇〇万人を超えた。日本の人口の一一％である。他方で、二〇二二年一月には、一九九六年以来二六年ぶりに人口が減少したともいう。都心の密集状態の回避や、テレワークの普及などを原因とする見方もある（二〇二二年二月二日『朝日新聞デジタル』など）。何が持続的な傾向となるのかは不明瞭ではあるものの、少なくとも今、東京がどのような姿になろうとしているのかを、今一度検討してみる必要がありそうである。

産業では、二〇二〇年三月以降、ＣＯＶＩＤ-19対策として、緊急事態宣言とまん延等防止重点措置が繰り返され、飲食店の営業時間や提供内容に厳しい制限が課され、経営に大きな影響が出た。町村敬志によれば、公務を除けば東京都内で最も多いのは「飲食店」（産業中分類）で働く人びとである（町村 2020）。東京は、サスキア・サッセンが一九九一年に発表した『グローバルシティ』においては、ニューヨーク、ロンドンと並び、世界経済の司令塔となる都市の一つとみなされていた。しかし

はじめに

荒又美陽

二〇二一年夏、東京2020オリンピック・パラリンピック競技大会が閉幕した。それは、その八年前、開催が決定された二〇一三年九月に想定されたものとは、全く異なっていた。新型コロナウィルス感染症（COVID-19）蔓延のために、海外からの入国は厳しく制限され、またほとんど無観客での開催ということで、国内の移動も喚起することはなく、多くの人びとにとって、東京における巨大スポーツイベントは、テレビのなかの出来事であった。海外メディアの行動にも厳しい制限が課され、また東京の新旧名所を伝えるはずであったマラソンが酷暑を理由に札幌で行われたため、テレビのなかでの発信でさえ、東京の現在の姿が伝わる機会は極めて少なかった。

しかし東京は今、変化のさなかにある。オリンピック・パラリンピックは、その変化の一部を構成しているが、それがすべてではない。二一世紀に入ってから、小泉純一郎首相の下で始められた「都市再生」事業のなかで、「緊急整備地区」に設定された都心や湾岸地域では、大規模な再開発が続いている。東京駅に建設中のTOKYO TORCHのビルの一つは、高さ三九〇メートルの日本で最

東京の批判地誌学

荒又美陽＋明治大学地理学教室 編
Miyo Aramata + Department of Geography, Meiji University

Critical Topography of Tokyo

ナカニシヤ出版

その後、東京は長い停滞を経験する。二〇二一年二月一〇日の『日本経済新聞』は、中間層世帯の経済的余裕は、四七都道府県で東京都が最下位であることを指摘した。町村は、グローバルシティから下降を始めた「その後」を考えることこそ東京研究の世界的意味があるとする（町村 2020：140）。

東京は、都市であると同時に、日本社会の縮図を表すものとして、これまでも様々に分析されてきた。江戸‐東京の連続性を探る試みが行われた陣内秀信『東京の空間人類学』（一九八五年）、一九八〇年代における都市構造の変化を読み解く町村敬志『「世界都市」東京の構造転換』（一九九四年）、都市・建築思想の普及に貢献した雑誌『10＋1』における複数回の特集（「東京新論」（一二号、一九九八年）、「新・東京の地誌学」（二九号、二〇〇二年）、「生きられる東京」（三九号、二〇〇五年）など）、また世界都市論、グローバルシティ論への反発とともに共鳴も見せていた『現代思想』の特集「グローバルシティ東京」（二〇〇〇年一〇月号）、東京の格差問題や郊外から現代社会を読み解こうとした東浩紀・北田暁大『東京から考える』（二〇〇七年）、建築家として具体的なプロジェクトから当時の東京を読み解こうとした隈研吾・清野由美『新・都市論ＴＯＫＹＯ』（二〇〇八年）などは、その代表例といえよう。二〇二一年に翻訳が出版されたジョルダン・サンド『東京ヴァナキュラー』は、一九六〇年代からの東京の特徴を、新宿西口広場の解体、谷根千保存の取り組み、路上観察学の隆盛、そして江戸東京博物館に代表される博物館の建設と展示から読み解こうとしている。そのなかにあって本書は、地理学的なツールと思考から現在の東京を読み解くことを試みたい。

地理学は、世界の多様性と人間を結び付ける学問である。極寒の地でも、酷暑にあっても、災害に頻繁に見舞われても、人間は様々な工夫を凝らし、自然と折り合いをつけて、陸地のほぼすべてを満たすように暮らしている。どうやってここで暮らすのか。何を食べ、飲み、着て、どういう住居を作ればよいのか。一九世紀に学問として成立した地理学は、新しい生活のありようが続々と発見されるなかで、それを整理する手法や見方を考案する学問であった。根本にあるのは、違いへの敬意である。多様な地での人びとと自然のつながりを探究する、トポフィリア（場所愛）の研究こそが地理学だと言える。

しかし、地理的な知識は、異文化の蔑視も生み出し、植民地支配をも正当化した歴史がある。さらには、資源獲得に代表されるように、戦争の原因を作り出し、戦略づくりにも利用されてきた。日本がそうであったように、戦争への反省によって、学問自体が批判されたこともある。現在でも、日本の地理学のなかでは、政治的に中立であろうとして、情報提供に徹しようとする姿勢も少なからずある。

ある地域の地理的情報を統合する「地誌学」の書籍は、そのような流れのなかで、通常、自然－人口－産業といった、地域の文脈を示す内容が目次になっている。東京学芸大学の地理学教室による『東京をまなぶ』、そして東京都立大学の地理学教室による『東京地理入門』は、そのような基礎的な情報から現在の東京を考える書籍である。このような地理的知識の重要性は論を俟たない。他方、隣接分野に比して、地理学には、そのようなベースとなる情報からあまりに踏み外さないようにする傾向もある。せいぜい走り高跳びはしても、理論などの道具を用いた棒高跳びは避ける傾向である。そのようなあり方は、隣接分野から見れば、また時には地理学のなかにあっても、あまりに無批判となることもある。多様な立場の人びとが集まって暮らす地域の記述にあって、価値中立など、現実には不可能だからである。現代社会において、誰がどこでどう暮らしているのかには、政治や経済、社会動向が不可避的に関与している。

その意味では、本書は地誌学的知見から一歩踏み込むことを意識している。現代世界は、ひともモノも情報も目まぐるしく変化する。東京を見るというのは、そのダイナミズムを捉えることにほかならない。そのため、現状を提示するにとどまらず、その変化の過程や意味を示すことを試みている。とはいえ、解釈のために理論を複雑に組み合わせることはせず、あくまで人の営みを見つめるところからスタートする。そこには、良いものも悪いものもあろうが、まずは地に足のついた確かさを持った情報をもとに、これからの東京を考える。本書が目指したのは、そのような動態的地誌学の試みである。

たとえば、東京のそこここで見られる若い経営者による意欲的な店舗は、まちづくりに寄与しているのか、既存のコミュニティを破壊しているのか。田園回帰と呼ばれる現象は、都市からの逃避なのか、都市的ライフスタイルなのか。東日本大震災であらわになった、東京のエネルギーが東京で生産されているのではないという問題は、エネルギー消費においては何を意味するのか。暑さや災害は、気候変動で説明されがちだが、東京の人口や建造環境はそこに影響していないのか。絵画や文学が、いかに東京の微細な変化を伝えているか。地誌学を一歩踏み込み、巨大資本とスモール・ビジネス、中間層と低所得層、首都と地方、建造環境や表象のポリティクスを示しつつ、本書は現在の東京の見方の基盤を提示する。

東京を考えるためには、東京の情報だけでは視野が狭くなることもある。本書のコラムおよび第七章では、海外研究の成果から、東京を考えるための地理学的視点を提示した。日本で見落としがちなエスニシティや暮らし、国境や都市モデルから現れる課題を示していく。

今、東京では、誰がどこでどのように暮らしているのか。それは世界とどのように共鳴しているのか。本書で提示する問題や見方について、読者と共に考えていきたい。

文献

東浩紀・北田暁大 2007『東京から考える――格差・郊外・ナショナリズム』日本放送協会出版。
上野和彦・小俣利男編 2020『東京学芸大学地理学会シリーズⅡ 第4巻 東京をまなぶ』古今書院。
菊地俊夫・松山洋編 2020『東京地理入門――東京をあるく、みる、楽しむ』朝倉書店。
隈研吾・清野由美 2008『新・都市論ＴＯＫＹＯ』集英社。
サンド、J．著，池田真歩訳 2021『東京ヴァナキュラー――モニュメントなき都市の歴史と記憶』新曜社。
陣内秀信 1992〔1985〕『東京の空間人類学』筑摩書房。
町村敬志 1994『「世界都市」東京の構造転換――都市リストラクチュアリングの社会学』東京大学出版会。
町村敬志 2020『都市に聴け――アーバン・スタディーズから読み解く東京』有斐閣。

東京の批判地誌学＊目　次

第Ⅱ部　エネルギーと気候変動

第Ⅲ部　表象と都市

第Ⅰ部　社会階層と暮らし

第1章　ヴァーティカル都市の足もとで

川口太郎

一　はじめに

大手町から丸の内・有楽町、東京駅を越えて八重洲から日本橋にかけて、いま東京の都心では超高層のオフィスビルの新築が相次ぎ、ピカピカに輝いている。また月島・勝どきから晴海、豊洲・東雲に至る湾岸埋立地にはタワーマンションが林立し、都心で働くエリートや富裕層の出島と化しつつある。まさに「東京再生」の象徴ともいうべき光景である。一方、日本橋から北に向かって神田川を越え、あるいは東に向かって隅田川を越えると、開発のブームから取り残されたかのように老朽化した中小のビルや民家・アパート、町工場・倉庫などがいまだあちこちに点在し、勢いづく都心や湾岸とは別世界の落ち着いた佇まいを残している。しかしいま、こうした忘れられたかのような場所が注目されている。こだわりの逸品を提供する小さなショップやレストラン、工房を兼ねたアトリエやギャラリー、多様な人びとを受け入れるゲストハウスやシェアハウスなどが、古いビルや空き家を改装・改造して点々と静かに増え始めている。こうした動きをある種の隙間ビジネスと断じてしまえばそれまでだが、底流には、都市に異物を封入して過激な変化をもたらす大規模開発に対して、ゆっくりと穏やかな変化を呼び起こすような街づくりへの転換、あるいは金銭的価値では推し量れないような暮らしを求める人びとの意識の変化を垣間見ることができる。まさに成長の時代から成熟の時代への変化を街なかに見出すことができ、本章ではそうした痕跡を点描しつつ、その背景を考えていきたい[1]。

図1－1　東京都心部鳥瞰

国土交通省 PLATEAU VIEW により作成。

二　セントラル・イースト東京

皇居を中心とした概ね五キロ圏には新宿・渋谷・池袋の副都心をはじめとする山手線の主要駅が含まれ、東京の中心を成している（図1-2）。東京駅や副都心各駅の周辺、それに湾岸地区は都市再生特別措置法（二〇〇二年）に基づく都市再生緊急整備地域や、国際競争力の強化を目的にした同法改正（二〇一一年）による特定都

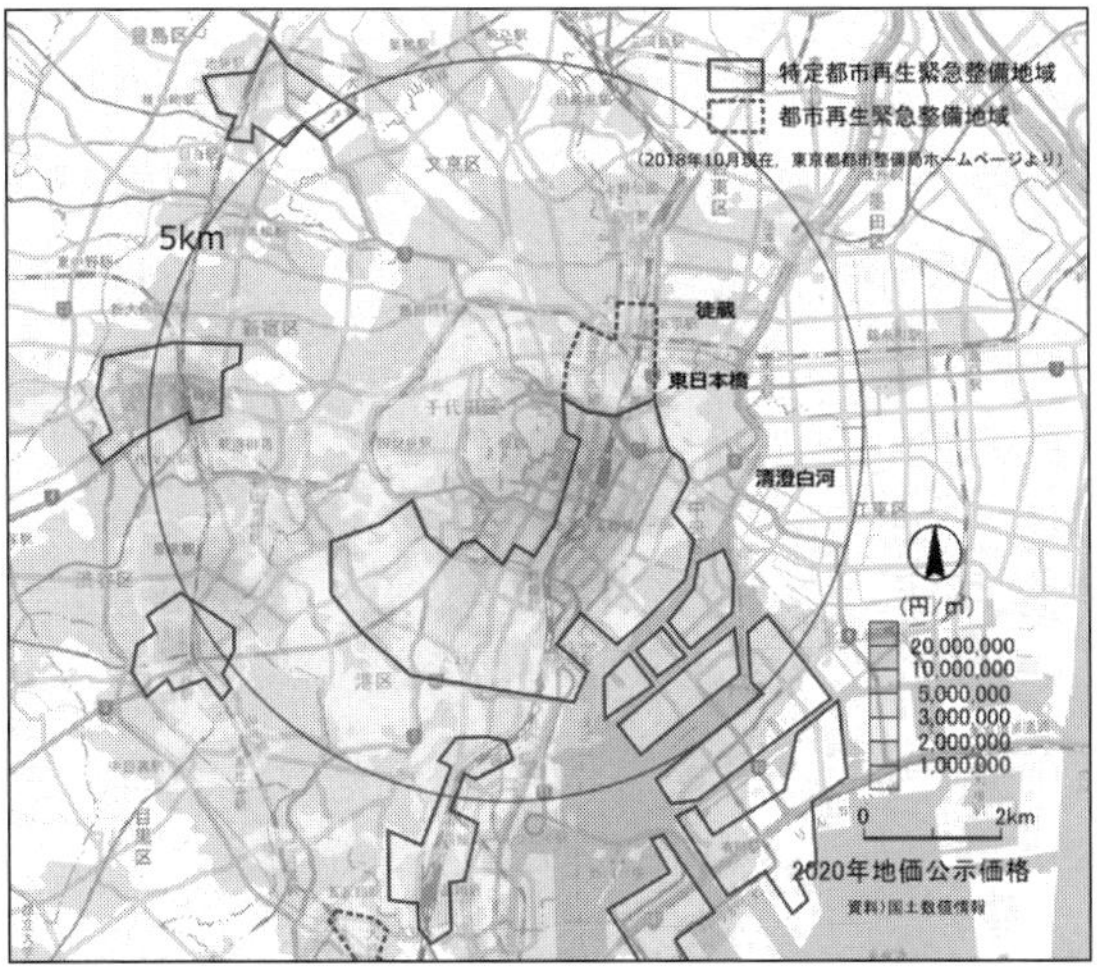

図１－２　東京都心５キロ圏の地価分布と都市再生緊急整備地域

市再生緊急整備地域に指定され、グローバル都市東京の化粧直しに忙しい。同時に、こうした都心部では居住人口も増加基調にあり、人口の「都心回帰」などともいわれている。国勢調査によると、千代田区・港区・中央区の都心三区の人口は一九九五年に過去最低の二四万三五八八人だったが、以後増加に転じて二〇二〇年には四九万六九二七人に倍増し、国立社会保障・人口問題研究所による将来推計人口（二〇一八年推計）でも、今後二〇四〇年まで人口の増加が続くとされる。

　なかでも湾岸地区にはタワーマンションが林立し、職住近接の新しい居住スタイルが注目さ

（1）本章は、主に二〇二〇年春に始まるコロナ感染症流行以前の状況を書き留めたものである。コロナ禍において経済活動が萎縮し、少なからぬ事業者が困難に直面しているが、本章では、彼らのアフターコロナの復調を信じつつ、その可能性を論じることにする。

れている。二〇一五年二月二三日付『ＡＥＲＡ』では、オンとオフの境界が曖昧なＩＴ系やコンテンツ系のビジネスでは、住むための場所と働く場所がハイブリッドな職住近接の「超都心」居住が、これまでの沿線型郊外居住にかわって注目を集めているという。ＩＴ系・コンテンツ系のように時代の寵児となった職種だけでなく、足回りの利便性を重視する共働きのパワーカップルにも職住近接の都心居住は人気がある。いま日本では首都圏と地方の格差が際立つようになり、東京一極集中の是正と地方創生が課題とされているが、東京にあっても都心部と周辺部では勢いに差があり、東京の中の都心一極集中が顕著になっている。

同じ都心部でも、上野から日本橋・銀座を縦貫する昭和通りを越えると中小の古いビルが建ち並ぶようになり、合間には木造家屋も所々に残る街並みになる。まさに開発から取り残されたかのようなエリアだが、それゆえに地価も相対的に安く、斬新な発想で老朽化した建物を利活用する試みが活発に行われている。都市再生の掛け声のもと、大手デベロッパーによる超高層のオフィスビルやマンションの建設ラッシュに沸くのとは対照的に、個人や有志によるユニークな取り組みがゲリラ的に随所で見られる。

(1) リノベーションで息を吹き返した東日本橋(2)

日本橋の室町から浅草橋を経て蔵前・浅草に続く江戸通りは（図1-3）、江戸の昔は本町筋といい、奥州道中の旅人や浅草・向島に向かう行楽客、沿道に軒を連ねる商店の買物客や出入りの商人で賑わっていた。近代以降も小伝馬町から馬喰町、横山町にかけては繊維問屋街として発展してきたが、昭和も終盤になると繊維産業の衰退や量販店の成長とともに存在感が低下し、老朽化したビルに空き室が目立つようになった。しかし二〇〇〇年代になり、空き室をリノベーションしてギャラリーや店舗・オフィスに転換し、新たなニーズを開拓して街の活性化につなげる動きが見られるようになった。また二〇一〇年代になると、インバウンド観光客の増加を受けてゲストハウスに転換したり、テレワークの拡大に伴ってシェアオフィスやコワーキングスペースに改装する動きも目立つようになった。

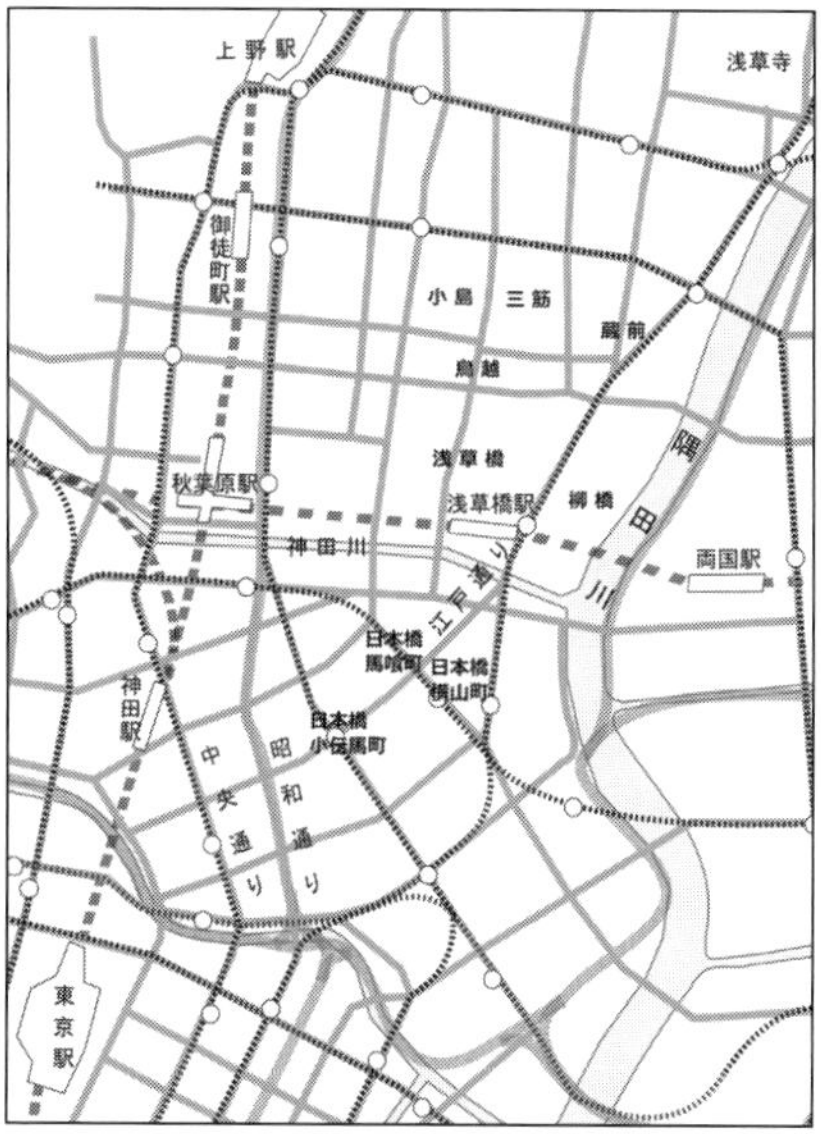

図１－３　日本橋から浅草橋・蔵前

Tokyo Designers Block Central East

なんといってもこのエリアが注目される

（2）ここでは江戸通り周辺の各町のうち昭和通り以東、および神田川以南をあわせて便宜的に「東日本橋」と称する。

きっかけとなったのは、二〇〇三年から二〇一〇年にかけて行われたTokyo Designers Block Central East（以下TDB-CE）のアートイベントであろう。[3] 空きビルや空き倉庫を改装したブースをあちこちに設けて街をギャラリー化し、そこでデザイナーやアーティストが作品を展示するとともに、シンポジウムでその意味を問い、街歩きで体感するイベントである。このイベントは若いクリエイターたちに表現の場を提供するとともに、クリエイティブな人たちの関心を東京の東側に向け、さらに不動産のオーナーには空き物件にも潜在的なテナントニーズがあることを示すきっかけとなった。

松村秀一によると、もともと二〇〇〇年前後から神田や日本橋では、中小の空きビルに注目してオフィスを住居に改造する試みや、再開発を頼みとしない街の再生を模索する動きがあったという（松村 2018）。すでにあるものをデザインの力を借りて再定義し、新しい物語を埋め込む試みが、アートやデザイン、建築・都市計画に関わるクリエイターが参集して同時多発的に起きていた。

TDB-CEの活動の中心的役割を担った馬場正尊によると、空きビルが目立ち荒廃していたニューヨークのDUMBO（Down Under the Manhattan Bridge Overpass）やMPD（Meat Packing District）が、若いクリエイター達の活躍によって建物だけでなく地域全体が劇的に活き返ったことに刺激を受けて、東京でも同じような試みをやってみようとしたのが発端だったという（馬場＋Open A編 2016）。二〇〇三年一一月に行われた第一回イベントでは二四か所七〇のブースで約一〇〇名のアーティストが参加し、一〇日間に三万人が来場して大成功を収めた。また、これをきっかけに一〇年間でギャラリーや雑貨店、カフェ、デザイン事務所など一〇〇件を超える新しい入居者を得たという。しかし回を重ねてイベントの知名度が増す一方で、参加者の熱気は失われてイベントは低調になり、八年目の二〇一〇年に終幕を迎えた。リノベーションが可能な物件にテナントが埋まって展示会場が減ったこともあるが、実験という非日常が次第に日常と化すことで、イベントを企画する側や参加するクリエイターにとっては刺激がなくなり興味が失われていったという。

一方で不動産オーナーにとっては、半ば諦めていた空き物件に思わぬ市場価値を見出すことができ、また新しいテナントや知名度を得て沈滞した街のイメージを払拭することにつながった。そうした変化を待っていたかのように三井不動産は二〇一九年八月、東京駅以東の旧日本橋区に相当する一帯を「グレーター日本橋」と称し、街のシンボルとなる商業施設やホテル、交流拠点を整備していく構想を発表した。(4) 構想では昭和通りを挟んだ西側と東側を、それぞれニューヨークのミッドタウンとブルックリンに擬えるが、クリエイター達が息吹を与えて露払いした衰退地区に大手のデベロッパーが乗り込んでくる様相は、ジェントリフィケーションの典型を見るようである。

（3）　TDB-CEの範型となったのは、二〇〇〇年に原宿や青山で始まった Tokyo Designers Block のイベントである。街を舞台にデザイナーが作品を展示したりコンペやシンポジウムを行うことでデザインの力を示し、都市の空間やライフスタイルの在り方を問い掛けようとしたものであり、そのイースト東京版ともいうのがTDB-CEであった。

（4）　「三井不、日本橋で超広域街づくり　オフィス街がブルックリンに?」日経クロストレンド二〇二〇年三月六日配信（https://xtrend.nikkei.com/atcl/contents/casestudy/00012/00335/）

ゲストハウス

再開発によるタワーマンションの建設が進んで注目を浴びる東京東部の人気タウンは、いまや湾岸エリアから内陸を北上して北千住や赤羽など下町の周辺部に広がる。その一方で東日本橋から浅草にかけての元祖「下町」では二〇一〇年代以降、都内各地や成田・羽田空港への好アクセスを追い風に訪日外国人宿泊客が集まるようになった。そして彼らは古都の風情でもなければ洗練されたモダン都市でもない、普段づかいの街の姿をそこに見出した。不規則に建ち並ぶ中小のビル、競い合う袖看板や立看板、せわしなく行き交う人や車、飲食店から漏れる匂いや客の声。統一された美観とは程遠いけれども街の息遣いを感じさせ、住民には見慣れた光景だとしても、観光パンフレットには載っていない、ここに居なければわからない東京の経験がある。

こうした外国人宿泊客の増加に応え、表通りにはチェーンのビジネスホテルが建ち並ぶようになるとともに、裏通りでは空きビルを改装し、低料金で客を惹きつけるゲストハウスのオープンも相次いだ。玩具メーカーの倉庫ビル、半ば倉庫代わりに使っていた繊維問屋やシャツメーカーの本社ビルを丸ごと改造したものばかりでなく、雑居ビルの数フロアをゲストハウスに転換したり民家やアパート・寄宿舎を改装した例、はたまたラブホテルを模様替えした例もある[5]。好立地ながら一泊三〇〇〇円からの手頃な料金に加え、趣向や内装に工夫を凝らし、「穴場の宿」として空きビルや空き倉庫など問屋街の「箱」を活用して訪日客を取り込んだ。

ゲストハウスというと世界を彷徨うバックパッカー御用達の安宿、あるいは旅館業法でいう「簡易

図1－4　東日本橋点描

左）築20年のビルを改装し，東日本橋のリノベーションブームの火付け役となった馬喰町「アガタ竹澤ビル」とその一画にあるギャラリー（2014年8月筆者撮影）／右）繊維問屋として使われていたビルを改装したゲストハウス「IRORI Hostel and Kitchen」（2018年9月筆者撮影，2020年7月に閉館）

宿舎」からいわゆる「ドヤ」を想像しがちだが、実態は大きく異なる。大通りから横道に入ると、スマホ片手にキャリーバックを引く普通の旅行者らしき人を見かける。そもそもゲストハウスの多くは、オフィスビルや民家を改造したものが多いから、周囲に溶け込んでいるし目立った看板もない。それでもみな目的地にたどり着けるのはスマホの地図に導かれるからだろう。そういえば予約の際も、ネット上のメタサーチを使って検索し、クチコミを確認して、そのままオンラインで予約するのが一般的だ。ゲストハウスの急成長は、もちろん旅行客の増加に

（5）ゲストハウスに関する調査は二〇一八年度の明治大学川口ゼミナールで実施し、その報告は『（2018年度地理学実習報告書）東京のゲストハウス――東日本橋・蔵前を事例に』（二〇一九年三月）にある。

与るところが多いのだが、スマホの登場と情報化の進展によって急成長を遂げたといってもよい。また、設備やサービスを切り詰め、その代わりに低価格を実現するビジネスモデルもゲストハウスの特徴である。ネットの利用で急成長を遂げ、サービスを切り詰めて低価格を実現した代表格は航空業界のＬＣＣであり、ゲストハウスは宿泊業界のＬＣＣといってもよい。

ゲストハウスが増えたのは、なんといっても改装が容易なことと人件費を節約できるからである。ゲストハウスには浴室の設置義務がなく、洗面所やトイレも必要最低限の需要を満たしていればよい。したがってゲストハウスはオフィスビルの配管を大きく変えることなく改装できるが、ホテルや住居に改造するとなると、躯体に埋め込まれた配管を大きく変える必要がある。また客室の清掃やベッドメイク、食事等は基本的にセルフサービスだから、フロントに人を割くだけでよい。その代わりにカフェやレストランを併設すれば人的資源を有効活用できるし、街の施設としてストリートに彩を加えることができる。

老朽化してテナントが埋まらない場合、当面は倉庫代わりに使ったとしても、固定費の負担を考えると何らかの手を打つ必要に迫られる。オフィスビルやホテル、マンションに改築しようとしても、中途半端な立地では一等地の大型物件に太刀打ちできないし、資金力にも限界がある。周囲の敷地と合わせて再開発を目論んでも、そもそも権利者の合意形成に時間がかかる。そうすると、手っ取り早くテナントの穴を埋めることができるのは、オフィス賃貸をあきらめてゲストハウスやシェアオフィス、コワーキングスペースに用途転換することになる。つまり、ゲストハウスは空きテナントに悩む中小のオフィスビルにとって救世主であり、コンバージョンやリノベーションがその魔法の杖となる。

（2）モノづくりの街・カチクラ

江戸通りを進み浅草橋で神田川を越えると台東区に入る（図1-3）。浅草橋から蔵前にかけての江戸通り沿いには人形や玩具・文具、帽子や服飾アクセサリーの小売店や問屋、材料商が軒を連ねている。さらに裏手に回ると民家の間に職人の作業場や小さな町工場、倉庫が点在し、雑居ビルには同業者組合の事務所が集まっている。台東区といえば上野や浅草が有名であり、国内外からの観光客で賑わう。御徒町の宝飾品や浅草橋・蔵前の問屋街もよく知られている。一方、これらに囲まれた台東区南部の大部分は「下町」とひとことで片づけられる空白の存在でしかなかった。この地域には、かつては生活と生業が密着した活気ある産業地域社会があり、地味ながらも下町のモノづくりを支えていた。しかしモノづくりの衰退とともに地域も沈滞し、人びとから忘れ去られようとしていた。

しかし昨今、この空白の地にも変化が起きている。デザイナーやクリエイターなどの新しい血を呼び込み、伝統の職人技と結び付けて付加価値のある製品を生み出そうと模索している。業界や地縁といった狭い世界を越えて、意欲と関心のある個人個人がつながって立ち上がろうとしている。近年では個性的な商品を扱うセレクトショップや工房一体型のアトリエショップも増え、雑誌にも取り上げられるようになった。そして御徒町の「徒」と蔵前の「蔵」からとった「カチクラ」は、モノづくりの街として知られるようになってきた。

下町の産業地域社会

小田宏信らによると、東京・城東の都市型産業集積は日用雑貨工業が中心で、隅田川を挟んで西岸の台東区には流通を仕切る問屋が、東岸の墨田区には製造卸が卓越し、その外周に各種加工を担う町工場が分布する三帯構造を成しているという（小田ほか 2014）。さらに詳細に見れば、台東区の南部は日本でも有数の製造業事業所が分布する地域であり、とりわけ雑貨のモノづくりを支える基盤技術や基礎素材を提供している。こうした問屋を頂点とした雑貨工業の地域的生産体系は、高度成長の終焉とともに円高や国際競争の激化、消費者嗜好の変化によって打撃を受け、生産拠点の海外移転や輸入品とのコスト競争によって苦境に立たされた。また地価の高騰や事業者の高齢化も事業の継続を困難にした。その結果、事業所の移転や廃業が相次ぎ、跡地には共同住宅が建ち、住商・住工併用住宅の多くは専用住宅に建て替えられていった。

こうした状況を憂慮した台東区は、伝統に培われたモノづくりが低迷しているのは、多くの事業所が下請に甘んじて、消費者に直接訴えるような付加価値の高いオリジナルな製品に欠けているからだと考えた。そして、斬新なデザインや商品企画を担う人材と伝統の職人技を結びつけて地域ブランドを確立し、モノづくりを再興する取り組みを始めた。そのひとつがモノづくり系の若手デザイナー誘致を目論む「台東デザイナーズビレッジ」の開設（二〇〇四年）であり、もうひとつがモノづくりイベント「モノマチ」の開催（二〇一一年）である。こうした努力の結果、いまやカチクラはモノづくりの街として再び注目されるようになるとともに、街全体の魅力を高めることにもつながっていった(6)。

台東デザイナーズビレッジとモノマチ

「台東デザイナーズビレッジ」はデザイン分野の人材を育成し創業を支援する施設として、廃校となった旧小島小学校を転用して二〇〇四年に開設されたインキュベーション施設である。入居に際しては、すでに事業実績があることと退居後は台東区で創業することが要件とされた。単なる技能習得の場ではないにもかかわらず入居希望者は殺到し、開設から二〇一三年までの一〇年間の平均倍率は六倍を超えた(7)。

デザイナーズビレッジは最大三年で退居しなくてはならないが、退居者の多くはいまでも台東区に残り、自らの工房を構えている。安くて手頃な仕事場を見つけやすいこともあるが、デザイナーズビレッジに入居することで築かれた地元業者との関係や入居者同士のつながりが、この場所を立ち去りがたくした面もある。地元に拠を構えていれば仕事上のつながりが生まれ、それが日常の人間関係にも発展する可能性があるし、入居者同士のネットワークが新たな試みを誘発することにもつながる。若いクリエイターが参入することで「触媒」になり、これが意図していた以上に地元の産業や地域の

---

(6)　JR東日本開発が秋葉原〜御徒町間の高架下を再開発した商業施設「2k540 Aki-Oka Artisan」(二〇一〇年開業)も地元をはじめとするクラフト品を積極的に取り上げることで、直接的なつながりはないにしてもモノづくりの情報発信に貢献した。

(7)　カチクラにおける調査は二〇一四年度の明治大学川口ゼミナールで実施し、その報告は『(2014年度地理学実習報告書)台東ルネサンス――台東区製造業の高付加価値化戦略』(二〇一五年三月)にある。

活性化に貢献した。

二〇一一年に始まった「モノマチ」は[8]、地元のモノづくり職人やクリエイターが中心になり、製品の展示や販売に加えて工房見学やモノづくりを体験するワークショップなどを随所で行い、来場者との交流を図る催しである。スタンプラリーを組み込んで「地域周遊型ワークショップ」にしたのが特徴で、さまざまなモノづくりを体感するとともに、昔ながらの町並みや横丁を散策することで、モノづくりだけでなく街の魅力を発信することにつながった[9]。初年度は春秋二回の開催だったが、その後春のみ年一回の開催になり、台東モノマチ協会のホームページによると、参加企業数は第一回の一六社から翌年には一一九社に急増し、第一一回（二〇一九年）には一九〇社を数えるまでになった。

イベントでは普段経験できないモノづくり体験や、製品の陰に隠れている職人やクリエイターとの交流の機会を持つことができる。また、そうした体験を新たにクチコミやSNSを通じて拡散することで情報発信の相乗効果が得られる。さらに地域住民もイベントを通して地元の魅力を再認識するとともに、イベントへの参加や運営を通して一体感が生まれ、地域を盛り上げることにつながった。モノマチをきっかけに、それまで小売りをしていなかったメーカーや問屋が、消費者に商品を直接販売するショップやショールームを開設するようになったり、外部からクリエイターのアトリエショップも集まるようになり、さらには文具やアクセサリー、服飾素材を扱う感度の高い店舗やカフェも増えている。

モノづくりの街として、それまで手堅く発注元の「ニーズ」に応えてきたカチクラだったが、若い

図１−５　カチクラ点描

上）元自動車整備工場をリノベーションして入居した三筋の文具専門店「カキモリ」／中）浅草橋の手芸用品専門店「コンポ」／下）浅草橋のボタン専門店「タカシマ」（いずれも2022年３月筆者撮影）

クリエイターの情熱や行動力がイベントを情報発信の場と人びとの共同作業の場に盛り上げることで、モノづくりが地域活性化の「シーズ」につながったといえよう。

（8）モノマチのきっかけは二〇〇五年に始まった台東デザイナーズビレッジの施設公開にあり、毎年一回、入居者の仕事場見学や商品の販売を通して地域との交流を図ることを目的としていた。そして、このような交流の場を施設のなかだけでなく地域全体に広げてカチクラのモノづくりを盛り上げようとする企画がデザイナーズビレッジの関係者の間から持ちあがった。

（9）例えば鳥越一丁目にある「おかず横丁」（鳥越本通り商店街）は、家族で営む町工場が多いこの地にあって、調理の手間が省ける総菜を扱う店が多く集まっていたが、町工場の減少で苦境にあったところ、伝統的な下町の匂いを残す商店街として「発見」され、その名を知られるようになった。

（3）トレンディスポット・清澄白河

東京駅から東に二～三キロ進み、隅田川を越えると清澄白河に至る（図1-6）。沿道を壁のように遮っていたビルが途切れがちになり、低平で小規模な建物が合間を埋めるようになるとともに上空が開けてくる。地価は平米一〇〇万円以下に急落し、都会の喧騒から一歩距離を置いたような空間になる。都心に近い好立地ながらも二〇〇〇年に都営地下鉄大江戸線が開業して清澄白河に駅ができ、二〇〇三年に東京メトロ半蔵門線が延伸されるまで、時の流れから取り残されたような場所だった。しかしそのことが幸いして、歴史や下町の風情とともに、遊休化した空き家や空き倉庫・工場などの空間資源を豊富に残すことになった。それがいま、清澄白河はブルーボトルコーヒーをはじめとするロースター系カフェの進出で一躍有名になり、あわせてギャラリーや手芸・工芸・インテリアなどの雑貨店、バルやビストロなどの飲食店、ホームメイドの菓子店などが競い合うように進出し、隅田川を挟んだ蔵前と並んでイースト東京を代表する人気スポットとして脚光を浴びるようになった。

アートの街・コーヒーの街

清澄白河の街を歩けば幾重にも折り重なった歴史の積層が顔を覗かせる。周りを囲む水路や街路は江戸の絵図そのままだし、清澄庭園や深川江戸資料館、霊巌寺をはじめとする寺社を巡れば江戸の街に思いが及ぶ。河岸のセメント工場や倉庫に明治の近代化の痕跡を見出し、清州寮や清澄長屋（旧東京市営店舗向住宅アパート）を覗けば戦前昭和のモダン建築の名残を垣間見ることができる。町工場や材木倉庫、木造アパートが並ぶ裏道に迷い込めば往時の下町風情が偲ばれる。忘れられた土地が幸いして、東京湾岸を席巻する再開発の嵐に巻き込まれることなく、至るところに歴史を感じることができる。

清澄白河(10)の人口（住民登録人口）は一九五七年に二万四三三二人を数えた。その後二万三〇〇〇人台で増減を繰り返すが、一九六九年に木場が新木場に(11)、一九七三年に江東区役所が東陽町に移転したため街の活気が一気に失われて人口は減少の一途を辿り、一九九〇年代まで一万七〇〇〇人台後半で推移していた。一九八六年に区役所跡地に深川江戸資料館が誕生し、資料館と清澄庭園、それに郷土食の深川めしを加えたセットが観光ルートになったものの、中高年を惹きつけただけに留まった。しかし二〇〇〇年に清澄白河の駅が開業し、二〇〇〇年代後半になりマンション開発が活発化すると人口は著しく増加し、二〇二〇年の人口は統計を取り始めてから最大の二万八〇七六人に達するように

(10)　ここでは隅田川と小名木川・大横川・仙台堀川に囲まれた清澄町、白河町、平野町、三好町の各町をあわせて清澄白河とする。

(11)　木場《きば》とは、一般に木材を水面に浮かべて保管する貯木場のことをいう。江戸の木場は、もともとは日本橋の木材河岸付近にあったが、明暦の大火（一六五七年）後、隅田川対岸の深川に移転し、江戸の発展とともに木材商や川並鳶が集まり、独特の気風を持つ文化を築いた。近代になると、木場の沖合いの埋立てが進み内陸化したので、一九六九年に新しい貯木場・新木場に移転、跡地は埋立てられて木場公園（一九九二年開園）となり、その一画に東京都現代美術館（一九九五年開館）ができた。

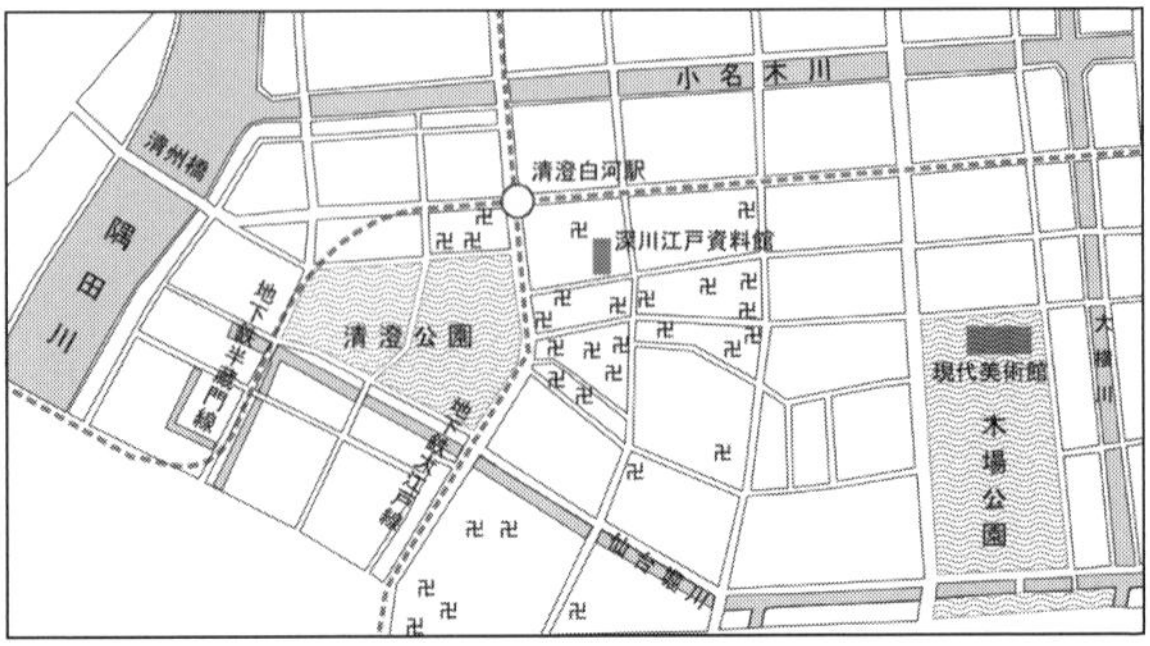

図1－6　清澄白河

なった。

一九九五年に木場の跡地、木場公園の一角に東京都現代美術館が開館したことは清澄白河に転機をもたらした。いまや現代美術館は清澄白河のシンボル的存在だが、開館に伴いアートに関心のある来場者を目当てにギャラリーが立地し、同時に美術ファンを念頭に置いたカフェや専門書を取り揃えた古書店も集まってきた。木場の移転で空いた倉庫や工場が多く、ギャラリーに改装するには格好の建物が多かったという[12]。これによって清澄白河はメディアで「アートの街」と紹介されるようになったが、本格的に「アートの街」のイメージが定着したのは二〇〇〇年代後半になってからである。地下鉄の開業でアクセスが飛躍的に向上したこともあるが、隅田川沿いにあった丸八倉庫ビルの空きスペース三フロアを改装して、現代アートを扱う六画廊が集まった「清澄白河アートコンプレックス」が二〇〇五年に開設されたことが大きなインパクトになった。折しも欧米ではアートバブルがあり、日本のアートシーンにも注目が集まっていた時期であり、清澄白河にギャラリーが集積して「アートの街」の世評を高めた[13]。

いまやこの街のキャッチコピーとなった「コーヒーの街」として知られるようになったのは二〇一〇年代以降である。その端緒は二〇一二年、ベルギーの高級チョコレート「ピエールマルコリーニ」を手掛ける会社がコーヒー豆の焙煎所を兼ねたカフェ「ザ・クリーム・オブ・ザ・クロップコーヒー」を出店したことにある。店はかつての木材倉庫を改造したもので、店内にはサードウェーブコーヒー(14)の店に特有の大きなロースター（焙煎機）が置かれている。その後二〇一四年にニュージーランド発祥のオールプレス・エスプレッソ、そして二〇一五年に米カリフォルニアのブルーボトル

(12)　もともと隅田川の東岸は隠れたクリエイティブスポットとして知られており、清澄白河の南、佐賀町の旧食糧ビルには「佐賀町エキジビットスペース」（一九八三～二〇〇〇年）があり、小名木川対岸の森下にはセゾン文化財団の「森下スタジオ」（一九九四年開館）や多くの貸スタジオがあった。

(13)　なお、アートコンプレックスは倉庫閉鎖に伴い二〇一五年に閉館し、主要ギャラリーは六本木に拠を移し、跡地には分譲マンションが建った。

(14)　サードウェーブコーヒーとは一九九〇年代後半から始まったコーヒー文化の新しい潮流のことをいう。一九世紀の後半、家庭や職場でもコーヒーが飲まれるようになって浅煎りのアメリカンコーヒーが登場し、これがブームの第一波とされる。二〇世紀の後半になると、浅煎りへの反動から深煎りが流行るようになり、エスプレッソにミルクを合わせるカフェラテを目玉に一九七一年開業のスターバックスコーヒーをはじめとする「シアトル系コーヒー」が世界を席巻する第二波がおきた。二〇〇〇年代に起きた第三の波は、豆の産地にこだわるとともに豆の個性を最大限に挽き出す淹れ方をする新しいコーヒー文化のことであり、店内に大きなロースターを置いているのが特徴である。

コーヒーが日本初出店の場所に清澄白河を選んだことでメディアの注目が一気に増した。そしてサードウェーブの流れを汲むカフェが続々と清澄白河に出店してきた。

サードウェーブのロースター系カフェが相次いで出店した背景には、清澄白河の独特な環境があった。ひとつは、この街にはかつて木場があったため材木を保管・加工する倉庫や加工場が多くあり、それが木場の移転で空いたまま残されていたことである。天井が高く柱の少ない倉庫は高さがある焙煎機を置くのに適していたのと、フロアを自由にレイアウトし、そこに輸入家具やコレクションを置いてインテリアに凝ることで、デザイン性に富んだ、ゆったりとした空間を創り出すことができた。もうひとつの理由は焙煎が許容される環境である。この辺りは準工業地域に指定されているため、豆の焙煎の際に発する臭いや騒音が許容される。また四方を水辺に囲まれていることや比較的区画がゆったりとして高い建物がない環境は、意欲的・実験的な空間利用を誘う要因になった。

ブルーボトルコーヒーをはじめとするロースター系カフェの進出は清澄白河の客層を変え、若者層を取り込むことに成功した。提供する商品の特徴やメディアによる紹介もさりながら、こうした新しい店舗のコンセプトや内装へのこだわりが若者を惹きつけた。若者の間ではSNSが浸透しており、なかでも写真の投稿を目的としたインスタグラムは人気がある。インスタグラムに投稿される写真は自分をアピールするためにその舞台装置も重要であり、ロースター系カフェの見栄えのする商品や雰囲気を重視する店舗は非常に映えやすい。投稿は友人たちと共有され、評判を呼び、それが清澄白河へのさらなる集客につながった。

なぜ清澄白河に

二〇一六年に行った調査によると、[15] 一九九五年以降に新しく出店した店舗にチェーンの店はなく、前職でそれなりの経験を積んだ個人が独立して構えた店がほとんどである。観光客の増加を当て込んだのであろうかカフェ等の飲食店が圧倒的に多いが、個性的なデザインやコンセプトの雑貨を扱うセレクトショップやジャンルを絞り込んだ古書店、カフェやショップを兼ねたアトリエ・工房やスタジオも目に付く。多くの店は品揃えや内装に思いが込められていて、食材や素材にこだわりホームメイドを売りにしたり、モノづくりの過程を可視化している店も少なくない。土地の伝統に根差した職人のモノづくりの精神が、店の意匠や店頭に並べる商品に対するこだわりや、客とのコミュニケーションを大事にする風潮を生んだのであろうか。

清澄白河に店を構えたオーナーはそれぞれに思いを語るが、いくつかの共通点がある。都心に近いにもかかわらず歴史性があり、また清澄庭園や木場公園、小名木川など自然に恵まれている点、空き倉庫や空き工場、木造の民家やアパートが多く残っていて、賃料が安いうえに改装の自由度が大きい点、そして来る人を拒まず、新参者の風変わりな商売や新奇な建物を受け入れる寛容性がある点などを指摘する。

---

(15)　清澄白河の店舗調査は二〇一六年度の明治大学川口ゼミナールで実施し、その報告は『(2016年度地理学実習報告書) 新たな風吹く清澄白河』(二〇一七年三月) にある。

図1－7　清澄白河点描

左）解体寸前の築50年のアパートを改装して誕生した複合施設「fukadaso」（2019年８月筆者撮影）／右）木材倉庫をリノベーションしたロースター系カフェ「The Cream of the Crop Coffee」とその内部（2016年11月筆者撮影）

そうしたなかに清澄白河は中目黒と感じが似ているという声があった。そういわれれば目黒川沿いの中目黒だけでなく、隅田川沿いの蔵前、東京スカイツリーの足もと北十間川沿いの押上、それにジェントリフィケーションの本家、ニューヨークのブルックリンにしても、いずれも川沿いのライトインダストリー地区だったところが注目されている。手頃な大きさの空き倉庫や空き工場がふんだんにあり、準工業地域（及びそれに類する地域）だから周囲にあまり気を使うことなく土地利用を改変でき、忘れられたかのような工場・倉庫街が醸し出す場末感がむしろ街の個性のなさを強調し、色のついていないキャンバスに彩を添えていくような意欲をもたらすのであろうか。

しかし改めて二〇二〇～二一年に再訪すると、コロナ禍で休業・閉業に追い込まれた飲食店が目に付くなか、少なくない店舗は建て替えられて中層の小ぶりなマンションに変わっていた。知名度が上がって住宅地としての人気が高まることで、半ば遊休化していた資産を一時的に店舗に転用したものの、より収益の見込める土地利用に最終的になったということであろうか。[16] ロースター系カフェやアートギャラリーなど特にこの場所に誘因を持つ一部の業種を除き、多くの店舗が惹きつけられた最大の理由は賃料の安さにあったのかもしれない。コーヒーブームで評判だからニッチな分野でも営業が成り立つという算段はあっただろうが、懐事情と相談してこの場所に決めたというのが凡その実態だろう。そして土地の価値が上がることで賃料が上昇し、撤退を強いられたのかもしれない。

ただし、内装や品揃えに一家言ありそうな独自の世界観を持つ店を受け入れたこの場所の土壌は軽視できない。音や臭いなどの生活のノイズ、奇抜な意匠や風変わりな商売を許容する寛容性がないと窮屈になり、何も起こらない場所になる。街並みだけを整えても、猥雑さを含めた特有の雰囲気がないと人を惹きつけることはできない。一時的であったとしても、新しい風を呼び込んだことは街の新陳代謝に効果をもたらしたと評すべきか。また、カフェやアトリエの多くはギャラリーやイベントスペース、レンタルスペースを兼ねたり併設するものが多く、なかにはコミュニティスペースを標榜して、商品やサービスの提供よりも人のつながりを意識的に創出することを目指した店もある。あらか

(16)　大手町からほぼ同距離にある清澄白河駅と牛込神楽坂駅付近（徒歩一〇分以内）の賃貸物件の平均賃料を比べると（二〇一六年一〇月時点。家賃はHOME'Sによる）、３ＬＤＫだと牛込神楽坂三〇・七万円に対して清澄白河は二〇・一万円、２ＬＤＫだと二三・五万円に対して一五・七万円というように、ファミリー向け物件ではほぼ三分の二の水準である。

じめ近しい関係にあったわけではない人びとが交わるサロン的な場所、オルデンバーグのいうサードプレイスのような場所はカフェブームを支える理論的背景となったが（Oldenburg 1989）、それを意図していたのかどうかはともかく、コミュニティに寄り添った交流の拠点を描いていたことは、この場所に根付いていこうとする意欲の表れと捉えてもよいかもしれない。

ところで、清澄白河の魅力を説くとき、下町の人情や風情に関わる言説を交えるのはメディアの常套であり、街歩きのスポットに仕立て上げようとする戦略が見え隠れする。清澄白河には庭園や寺院、近代の歴史的建造物、そして現代の美術館というように観光の資源は散りばめられているものの、そうした歴史の積層を街並みのなかに見出すのは難しい。また下町の風情や人情といっても、それは実態ではなくイメージにすぎないので、来街者が体験することは極めて稀である。現実には開発から取り残されていたがゆえに遊休化した空間が豊富にあり、半ば来るものを拒んではいられない窮状が新奇な店舗の進出を呼び、個性溢れる人びとを招きこんだのであろう。まさに想定外のブームだったが、それが街の認知度とイメージのアップにつながり、居住地としての付加価値も高めることになったのだろう。

大規模開発であったとしても街の認知やイメージが好転することはあるだろうが、そこで描かれるのは予見可能な姿であり、そうでなくてはビジネスとして成り立たない。しかしそれは、どこか別の場所で見たことがあるような、金太郎飴のような姿かもしれない。誰も意図せず予想もしていなかったような展開があり、旧いものと新しいものが雑然と同居する、これが清澄白河の街の面白さである。

三　成熟時代の街づくり

高度成長期のように社会全体の大きな動きのなかに身を委ねることができた時代、誰もが寄りかかることができる大きな物語があった時代は終わった。そして人それぞれが自らの生き方と結びついた小さな物語を見出し、それを人の輪のなかで共有しながら生活を楽しむ時代に変わった。街づくりも、空き家や空き地などあるものを活かし、そこに新しい暮らしや活動を埋め込んで小さな物語を挿入し、それが点から線、線から面へとつながり、街全体が新しい生活の場に変わっていくことが志向されるようになってきた。短期間に大規模かつ急激な変化をもたらす大規模開発とは対照的に、ゆっくりと穏やかな変化を呼び起こす様子は「街の養育」(Gratz 1989) といってもよい。

そうしたときに大事なのは、起爆剤となるようなちょっとしたきっかけであり、きっかけとなるような刺激をもたらす新しい感性と飛び込む勇気や冒険心を持った人であり、またそうした人を惹きつけるとともに受け入れることのできる場であろう。時間をかけた街の養育に向いているのは、計算された戦略に基づくビジネスではない。ビジネスとしての大規模開発は街の姿を一変させ、劇的な効果をもたらすかもしれないが、撤退するのも早く、あとはゴースト化した施設と焦土が残るだけである。いわば外来商品作物の大農園に擬えられるかもしれない。それに対して、それぞれの興味関心の赴くままに始まるポップアップの小さな活動は、試行錯誤の中に失敗もあるかもしれないが、静かに浸透して街の姿を大きく変えないし、街の遺伝子を引き継ぎ次世代につなぐ苗床になる可能性を秘めている。

(1) イースト東京の力

ヒトの力

新しい街づくりの担い手として期待される若者には一九八〇・九〇年代生まれが多い。この世代は青年期に新世紀を迎えたことから「ミレニアム世代」などと呼ばれるが、この世代が注目されるのは、単に世紀の変わり目に遭遇したからではなく、まさに時代の転換点を経験し、それ以前の世代とは生き方の価値観を大きく異にしているからである。

ミレニアム世代は物心がついたときからインターネットの環境に囲まれ、デジタル機器に馴染んできた世代であり「デジタルネイティブ」とも呼ばれる。最新のテクノロジーを手繰りながら時空を超えてつながる世界が当たり前になる一方で、バーチャルではない直接的な顔の見える関係や人間にしかできない創意工夫、職人的な手仕事、身体性のあるモノや場所に対して強い関心を抱く。また、かつての景気の良かった右肩上がりの時代を知らず、そのうえ未来も不透明で親世代よりも豊かにはなれそうもないことを実感する「足るを知る」世代である。「さとり」の境地といってもよいかもしれない。物質的豊かさを目指すのではなく、ワーク・ライフ・バランスのとれた自然体の生活や自分らしい生き方を大事にし、人間らしい生活を求めて田舎暮らしや路地裏の人間関係に興味を抱く。さらに、資本主義の暴走や格差と分断、環境破壊が深刻化していることを体感し、社会正義や環境問題、社会貢献に敏感な「ソーシャルネイティブ」でもある。

二〇世紀を生きてきた世代にとっては、組織の一員になることは安定した地位と収入、生活の保障を確保でき、成功のひとつの証だった。しかし二一世紀の今日、会社も倒産するかもしれないしリストラに会うかもしれない。ブラック企業という名の組織も世に蔓延っている。組織に奉仕したとしても必ずしも報われるとは限らなくなった。その一方で、情報化の進展は個人の情報力や交渉力を飛躍的に高め、組織に縛られずに個人の可能性を試す機会を広げた。リスクが全くないとはいわないまでもチャンスは大きく広がったし、横に広がるネットワークがリスクを緩和してくれるかもしれない。組織に属して働くことの意識が変わり、経済的成功や社会的栄達を求めるのでなければ独立自営、フリーランスなどの「雇われない働き方」（中澤 2020）は必ずしも否定的なものではなくなった。

不透明な将来展望のなか、雇われることで時間と場所が拘束される代償の価値は低下している。だとすれば、さほど多くの収入は見込めなくても、自分のやりたいことや社会的に意義があることに時間の多くを割く生き方を選択する若者が増えたとしても不思議はない。幸い情報技術の発達により、自らの価値観に共感し、商品やサービスに興味を示してくれるコアな顧客を集めるのは容易になった。そうした価値観のもとに起業するスモールビジネスは「小商い」（平川 2012）とか「新しい自営」（松永 2015）などとも呼ばれる。その特徴は利潤志向や拡大志向ではなく、自らの世界観に共感してくれる相手との距離を大事にするビジネスであり、また夢を叶えるためにはリスクも覚悟のうえでとりあえず動いてみて、いまここにある自分を大事にする生き方である。ライフスタイルビジネスといってもよいだろうか。未知の領域に踏み込もうとするチャレンジ精神やそのスピード感、フットワークの軽さは周りの重い腰を上げさせるのに十分な刺激になり、社会を変える貴重なきっかけになる可能性を秘めている。

アートの力・モノづくりの力

利益よりもやりがいやそのための時間を優先する生き方の典型といえば、アーティストやデザイナーであり、その他諸々のクリエイターであろう。彼らの表現力は場所が持つ価値や魅力を見直させ、時にネガティブなイメージすらひっくり返すことで、新たなビジネスや人を呼び込むきっかけとなる。東日本橋のアートイベントはその成功例であり、全国各地でアートプロジェクトが街づくりや街の活性化に取り込まれるのは、その斬新で奇想天外な発想に周りが刺激され、情熱を蘇らせるからであろう。

しかしながら東日本橋のアートイベントは一〇年ほどで幕を閉じた。アートによって街に新風を吹き込み、活性化に光明をもたらしたとはいえ、彼らが居つくことはなかったし、地元のコミュニティを意識していたとも思えない。そもそもアーティストは集団に順応しない個という生き方を追求する人たちであり、自らに忠実なボヘミアンといってもよい。その生き方は極めて流動性の高いノマドな生き方である。アートイベントは一過性のイベントであり、そこにアーティストは出展するのであって出店したのではなかった。

それに対してモノづくり系のクリエイターは工房やアトリエを構え、地域と密接な関わりを持たざるを得ない。清澄白河でアートやコーヒーが街のイメージを一新させた後、競うように集まってきたのは物販や飲食の店舗であった。しかしこれらの店舗も、カフェやレストランはもちろんだが、菓子店にしてもアクセサリーや家具の店にしても、顧客の前で手仕事を披露する厨房や作業場を兼ねた工房型店舗が多い。こうした工房型店舗を矢作弘は「ショップ」と称し、仕入れた商品を陳列棚に並べるだけの「ストア」と区別している（矢作 2014）。素材に何かしらの手を加えて付加価値を付けた商品を提供する形態であり、手仕事のワークショップにほかならない。カチクラが工芸のモノづくりであるとすれば清澄白河は食のモノづくりであるといってもよく、職人の手仕事に価値を見出す点は共通する。さらに想像を逞しくすれば、カフェやギャラリーが提供するコミュニティスペースも、街づくりのワークショップをあちこちで展開しているといえないだろうか。

モノづくりを行うスモールビジネスは、工作品であれ調理品であれ、自宅と作業場が同じか近接していることが多い。江戸の言い方をすれば「居職」であり、自宅などに見世と呼ばれる作業場を持ち、そこで仕事をする職人のことをいう。いま風にいえば見世はアトリエ工房やショップということになろうか。それに対して大工や左官・鳶など出先に赴く職人を「出職」といった。職住一致もしくは職住近接の居職に対し職住分離の出職は、いまでいえば自営と勤め人の違いであり、居職や自営がフルタイムの二四時間住民であるのに対し、出職や勤め人は寝に帰るだけのパートタイム住民ということになろうか。当然ながらフルタイム住民であれば地域に根付いた生活を送る／送らざるを得ないから、コミュニティとの距離が近くなり、わが身のこととして街の問題に拘わらざるを得ない。アートは爆発的な力で場のイメージに新風をもたらすかもしれないが、一時の清涼をもたらしただけに終わってしまうこともある。それに対してクリエイティブなモノづくりは場所に根差すことで、場が持つ創造的価値や文化的価値の再評価を通じて地域のアイデンティティを覚醒させ、そしてそれらを通じたコミュニティの紐帯の再生と、これらを伴った人間の身の丈にあった街づくりにつながる可能性を秘めている。

場所の力

モノづくりと街づくりは親和性が高い。継承されてきた手仕事をベースに、新たな創意工夫を織り込んで時代のニーズに即した製品をつくるのがモノづくりだとすると、街づくりは古い街区や建物に何らかの手を加えることによって新たな形で利活用することであり、時代を超えて継承されることに何かしらの価値を見出す点や、日常に違和感なく溶け込む様子がよく似ている。

徹底的に使い倒され、身体感覚のセルフビルドによって個性あふれる下町の空間には、全体主義的な統一感や近代の管理主義とは一線を画した生活の息遣いが感じられる。ピカピカの先端都市に対して、いぶし銀の街を思い起こさせる。また、いまや濃密とはいわないまでも他人に無関心ではいられない下町の人付き合いは、人のつながりを通じて築きあげるソフトな街づくりを展開する可能性を感じさせる。こうした下町の風情が、感度の鋭い若者にとって、多少のリスクを負ってでも足を踏み入れてみたいと思わせることにつながっているのかもしれない。

木造の古い建物には古着や古本の店が入っても、雑貨店やカフェ、美容院が入っても、なぜか格好がつく。それは、その建物を店主自身が気に入り、好みに合わせて外装もインテリアも照明もデザインしているからだろう。また、改造といってもそれほど大規模ではないから周囲に溶け込み、違和感がない。そうしたことが街並みの安定につながり、いつまでも変わらない安心感と懐かしさを覚えさせる。

カチクラや清澄白河は「東京のブルックリン」と称されることも少なくない。ニューヨークのジェントリフィケーションのホットな場所に擬えられるのである。確かに、小さな町工場や倉庫、商店、民家が密集し、開発から取り残されたような場所は安くスペースを確保できるし、改装・改造の自由度も高く創造性を刺激される。また、職人が培ってきたモノづくりの伝統は、何も語りかけはしないけれど店の物語のなかに流用できる。ショップやギャラリーを兼ねた工房・アトリエ、焙煎機や蒸留器をインテリアの一部にしたようなカフェやビアバー、ホームメイドの手作りをアピールする菓子店など、制作の過程を可視化させることで来店者が観客になり一体感を醸し出す。雑貨や古本の店であっても、商品の品揃えや店の意匠に店主の個性が溢れていて、それもひとつの表現だとすれば、その創作の世界に惹きつけられた人の共感を呼ぶ。つまり製造であれ物販や飲食であれ、送り手の世界に受け手が惹きつけられ、その場を共有することに価値を見出しているとすれば、それはモノからコトへという時流に合致したものであり、そうしたモノづくりを呼び込む場所の力がカチクラや清澄白河にあったといえるのではなかろうか。

（2）下町の魅力

大きな都市計画から小さな街づくりへ

二一世紀もすでに二〇年が経ち、日本がもはや成長の時代ではないことは多くの人が実感しており、かつては自明と思われていたことが揺らいだり制度疲労を起こしている。都市計画の分野でも同様であり、世界都市の再生を目論む都市開発と、身近な街を暮らしやすく親しみのある場所に変えていこうとする街づくりが、東京のなかでも同時に進行している。

日本都市計画学会編『都市計画の構造転換』によると、テクノクラートによるトップダウンの近代都市計画から、市民によるボトムアップの街づくりへというように、都市計画の構造転換が起きているという（日本都市計画学会編 2021）。成長の時代の都市化社会では、集中する人口や産業を受け止める器として都市を用意することが求められ、都市施設の「整備」、新市街地の「開発」、そして自然や緑地の「保全」が都市計画の主要な課題とされた。しかし都市化が落ち着き成熟した今日の都市型社会にあっては、間延びした都市を再編するとともに、産業や文化など様々な活動が共有する場として都市を再構築することが課題になり、そのためには都市施設の適正な立地を促す「誘導」、都心市街地の「再生」、そして市街地を管理運営する「マネジメント」に重心が移っているという。

また、都市化社会における都市計画は施設の配備や土地利用の改変など「つくる計画」であり、それは都市レベルの「大きな公共性」が求められるため、行政が主体となってトップダウンで行われた。それに対して今日の都市型社会の都市計画は、限りある資源を有効に活用して新たな価値を吹き込む「つかう計画」であり、それは街区レベルの「小さな公共性」を満たせばよいから、小回りの利く民間団体や地域をよく知る住民による市民主導の街づくりになるという。

都市計画や街づくりの対象が身の丈にあった肌感覚のスケールになり、また量から質に目的が変化してきたということは、効率化のために平均化・標準化されるなかで消えてしまった小さな差異、個性や地域性をいま一度よみがえらせようとすることにつながる。街の人びとの暮らしを見つめ直し、合理性や機能性を重んじる近代都市計画で見過ごされてきた街区やコミュニティの多様性や創造性に注目するジェイコブズの都市論（Jacobs 1961）が、いま改めて注目されるのもこうした背景があるからだろう。

このような都市計画の構造転換を中島直人は、社会技術としての都市計画から文化運動としての都市計画への変化といい、その担い手が専門家たるプランナーから、文化的存在として都市の在り方に共感し実践する市民としてのアーバニストへのバトンタッチだという（中島 2021）。同様の文脈で武者忠彦は、合理主義に貫かれた工学的アーバニズムから、文脈化や認識論を背景とした人間主義に基づく人文学的アーバニズムが求められているという（武者 2020）。また松村秀一は、成長の時代から成熟の時代への変化を象徴するのは「大きな街づくり」から「小さな街づくり」への変化であり、それは異物を挿入し急激な変化をもたらす大規模な面的開発ではなく、ゆっくりと小さな街区に穏やかな変化を呼び起こすリノベーション街づくりであるといい、それは都市の養育の考え方に通じるものがある（松村 2018）。

プレイスメイキング

園田聡は、小さな街づくりに際してプレイスメイキングの概念を提唱する（園田 2019）。人の活動の舞台となり、街への思い入れや結びつきを強めるような居場所をプレイスといい、そうした愛着や居心地の良さといった心理的価値を空間に吹き込むことをプレイスメイキングという。同時にプレイスメイキングは実現のためのプロセスも重視し、様々なアイデアを持つ参加者が、とりあえず素早く実現できることから事業に着手し、試行錯誤を重ねながら考えていく仕掛けをさす。参加者の動機はビジネスのためでも自己実現のためでも何でもよく、また出入りも自由だという。「プランニング」が多くの関係者との調整のもとに入念に計画され、時として一度決まったことを変えるのが難しいのに対して、「メイキング」は迅速・俊敏を旨として、柔軟に試行錯誤を繰り返しつつ実績を積み上げていくという。その意味では、最近ソフト開発の現場で話題になっているアジャイル開発(17)の手法に似ているともいえるし、自ら関わり何らかの手を加えていく手順はモノづくりの工程に似ていなくもない。松下慶太が、マスタープランに基づく都市計画が「戦略的アーバニズム」であるのに対して、プレイスメイキングの手法は「戦術的アーバニズム」であるというのは、小さな集団が臨機応変にあちこちで声を上げる様子をさしている（松下 2019）。

馬場正尊は「今までの20世紀型の都市計画は、マスタープランや理想的なゴールを描き、それに向かってスタートを切るものだった。〔中略〕しかし今は、市民も多様になり、経済も昔のように上昇基調ではないから、あるゴールを設定して、それに一斉に向かうという方法はとりづらい。だとすると、現状に即しながら現実的な措置を毎年積み上げていくという、演繹型でなく帰納型の都市計画みたいなものが時代に即している」（馬場＋Open A編 2016）と述べているが、その時代に即した帰納型の都市計画がプレイスメイキングによる小さな街づくりなのであろう。イースト東京にはその萌芽がたくさん見られるし、またその余地を豊富に残している。それがピカピカのヴァーティカル都市とは対照的に、人を惹きつけてやまない下町の魅力につながるのであろう。

(17) アジャイル開発とは、あらかじめ厳密な仕様を定めて開発に乗り出すのではなく、開発中の仕様変更に柔軟に対応しつつ最終的には納期の短縮やコストの削減につなげるソフトウェアの開発手法をいう。二〇一九年に発表された東京都『未来の東京』戦略ビジョンでも、時代や状況の変化に弾力的にアジャイルしていくことが繰り返し謳われている。

四　おわりに

下町の魅力とは何かと問われれば、街が徹底的に使い倒され、雑然としつつも個性あふれる街並みが残っていることにあるといってもよい。つまり人びとの毎日の手仕事の積み重ねが街のあちこちに垣間見えるのである。使い込まれたものには独特の生気があり、捨てるに捨てられぬ愛着がわく。そしてそれを大事にしていこうとする気持ちがわくし、思いを同じくする人の輪をつなぐことができる。それに対して再開発で生まれた場所は清潔で美しいかもしれないが、すべてが計算され尽くされた出来合いの完成品を思わせる。安心安全な空間が提供され、機能的で心地よい空間が演出されているとしても、どこか機械的で無機質な空気を感じる。全体主義的な管理主義を彷彿させ、計画に手繰られているかのような気にさせる。

そもそも都市の魅力は機能的快適さや審美的美しさだけにあるのではなく、ジェイコブスの言葉を借りると、多様な人びとが織りなす雑踏性や界隈性が、思いもよらない展開や意図しない出会いをもたらすことにあったのではないだろうか。グローバル化や情報化が進展するなかで匿名性が高まる昨今、顔の見える関係や半匿名の領域に対する注目が集まっている。こうした魅力をより濃縮した場所が路地裏や横丁、雑居ビルであり、路地や横丁がちょっとしたブームになっているのは単なる懐古趣味だけではなかろう。生活が丸ごと交錯するような、体温や息づかいをも感じさせるような人びとの交わりのなかに、何ともいえないぬくもりや心地よさを感じるのであり、イースト東京がそうした可能性のある場所を数多く残しているのは幸いである。

文献

小田宏信・遠藤貴美子・山本俊一郎・山本匡毅 2014「台東・墨田産業集積の伝統と革新――第60回大会エクスカーション総括」『経済地理学年報』60：204-214。
園田　聡 2019『プレイスメイキング――アクティビティ・ファーストの都市デザイン』学芸出版社。
中澤高志 2020「地方都市の若手創業者にみる雇われない働き方・暮らし方の可能性――長野県・上田での調査から」『地理学評論』93-3：149-172。
中島直人 2021「都市計画の担い手の100年、その展開と展望」日本都市計画学会編『都市計画の構造転換――整・開・保からマネジメントまで』鹿島出版会、88-97。
日本都市計画学会編 2021『都市計画の構造転換――整・開・保からマネジメントまで』鹿島出版会。
馬場正尊＋Open A編 2016『エリアリノベーション――変化の構造とローカライズ』学芸出版社、55-87。
平川克己 2012『小商いのすすめ――「経済成長」から「縮小均衡」の時代へ』ミシマ社。
松下慶太 2019『モバイルメディア時代の働き方――拡散するオフィス、集うノマドワーカー』勁草書房。
松永佳子 2015『ローカル志向の時代――働き方、産業、経済を考えるヒント』光文社新書。
松村秀一 2018『空家を活かす――空間資源大国ニッポンの知恵』朝日新書。
武者忠彦 2020「人文学的アーバニズムとしての中心市街地再生」『経済地理学年報』66-4：337-351（箸本健二・武者忠彦『空き不動産問題から考える地方都市再生』ナカニシヤ出版、二〇二一年、終章に再掲）
矢作　弘 2014『縮小都市の挑戦』岩波新書。
Gratz, Roberta 1989 *The Living City: How America's Cities Are Being Revitalized by Thinking Small in a Big Way,* Simon & Schuster.（林泰義監訳『都市再生』晶文社、一九九三年）

Jacobs, Jane 1961 *The Death and Life of Great American Cities*, The Random House Publishing Group（黒川紀章訳『アメリカ大都市の死と生』鹿島出版会、一九七七年／山形浩生訳、鹿島出版会、二〇一〇年）

Oldenburg, Ray 1989 *The Great Good Place: Cafes, Coffee Shops, Community Centers, Beauty Parlors, General Stores, Bars, Hangouts, and How They Get You Through the Day*, Da Capo Press（忠平美幸訳『サードプレイス――コミュニティの核になる「とびきり居心地よい場所」』みすず書房、二〇一三年）

第2章　銭湯的ジェントリフィケーション

中澤高志

一　導入

　近代以降の都市における公衆浴場は、政治的な存在である。産業革命期、都市住民の生活はみじめなものだった。上下水道やごみ収集といったインフラが整わない都市において、風通しも日当たりも望めない穴倉のような住宅にぎゅうぎゅう詰めで暮らしていたのである。当然、衛生状態は劣悪で、コレラなどの感染症がしばしば人々の生命を脅かした。医学や疫学の知識が蓄積されると、不衛生な状態が感染症をもたらすことが認識され、さらには不潔が悪徳と結びつけられるようになる。こうして一九世紀の欧米では、労働者から不潔という悪徳を文字どおり「洗い流す」べく、公衆浴場を設置する運動が起こった（川端 2016）。しかし欧米の公衆浴場はあくまで清潔を保つための空間であり、それがコミュニティの核をなすものとはならなかった。

日本ではどうであろうか。江戸時代の銭湯は混浴であったというが、明治政府は風紀紊乱を招くものとして公衆浴場での混浴を禁じた。銭湯は公衆衛生のインフラと位置づけられ、社会政策の一環として欧米に倣った公衆浴場も設置された（川端 2016）。現在でも、銭湯（一般公衆浴場）は公衆浴場法の管理下にあり、その経営には都道府県知事などの許可が必要である。毎年の銭湯数が掲載されている『衛生行政報告例』という統計は、銭湯がどのような政治的範疇に含まれるのかを示唆する。この統計は、精神保健福祉、栄養、衛生検査、生活衛生（銭湯はここに含まれる）、食品衛生、乳肉衛生、医療、薬事、母体保護、難病・小児慢性特定疾病、狂犬病予防の一一章からなっている。欧米であろうが日本であろうが、公衆浴場は近代を特徴づける生‐権力が、国民に衛生や栄養に気を配り心身ともに健康であろうとする規範を植え付け、それを実践させようとする生‐政治の出先機関であったといってよい（フーコー 2008）。

しかし近代期に限ってみても、多くの日本人は、国家の求める清潔で健康な国民像に自らを近づける実践として、いいかえれば主体‐臣民（subjects）として、風呂に入ったわけではない。日本の入浴文化は、産業化以前から存在し、江戸の町人たちは、衛生だけを基準にするなら必要ないほどの頻度で銭湯に通っていた。確かにまちの名前が江戸から東京へと変わると、銭湯は近代国家の衛生行政に絡めとられていくが、入浴が一時の安らぎをもたらし、銭湯が近隣の住民にとって重要な交流の場であることは変わらなかった。銭湯は憩いの場であり、町場の公共空間、より適切にはコミュニティの核として「公」と「私」の間にある「共」空間（コモン）であった（栗生 2017）。

日本、とりわけ東京において銭湯が長らく必要とされた背景には、特有の住宅事情がある。二〇世紀初頭まで、東京の都市下層の住まいは江戸時代の長屋に毛が生えた程度の水準であった（中澤 2019）。関東大震災によって下町はほぼ更地となり、その上に引かれた震災復興都市計画と軌を一にして住宅も近代化したが、戦前の東京市の持家率は三〇％程度にとどまっており（小野 2014）、庶民には内風呂など望むべくもなかった。第二次世界大戦によって東京は再び焼け野原となり、絶対的な住宅不足の中で再スタートを切る。一九五〇年代にはようやく住宅政策が開始されるが、それがままならないうちに高度成長期が到来し、東京は莫大な人口＝労働力を迎え入れることになった。のちにみるように、一九六三年の東京都区部において、浴室を備えた住宅は三分の一しかなかった。風呂好きであるという日本人の特性と、にもかかわらず風呂付き住宅は高根の花という住宅事情が重なって、高度成長期までの銭湯は近隣の人々が必然的に裸の付き合いをする場であり続けたのである。

しかし、郊外化の進展とともに居住水準が上昇すると、学生向けのアパートでさえ風呂付きが当たりまえになっていった。内風呂の一般化による需要の低下に伴い、多くの銭湯が廃業を余儀なくされた。銭湯の喪失は、近隣の不動産商品化の契機となり、廃業した銭湯の多くはマンションなどの住宅に底地を供給することになった。銭湯がなくなれば、それを頼りにした日常生活は成り立ちがたくなり、風呂なし住宅は淘汰されて、排他的で閉鎖的な近代的住宅がこれにとってかわる。銭湯をめぐって自然発生的に生まれたコミュニティは失われ、日毎銭湯に通った人々とは異なる新たな住民が、近隣を席巻することになる。

本章は、上記のような銭湯の衰退に関連する都市空間の変容と住民層の入れ替わりを「銭湯的ジェントリフィケーション」[1]と名付け、そうした現象がどのような性質を持ち、いかに進展してきたのかを東京を舞台に分析する探索的論考である。銭湯的ジェントリフィケーションという言葉を使っていることからわかる通り、筆者は銭湯の衰退とそれに関連するまちの変化を一種のジェントリフィケーションと解釈している。しかし、現象の命名と現象の理解は別の次元であるし、本章が扱う現象に的確な位置づけを与えない限り、ジェントリフィケーション研究に貢献することも叶わない。そこで次章では、ジェントリフィケーション研究の最近の論点を整理し、その中に銭湯的ジェントリフィケーションを位置づけてみたい。

二　定位

（1）「良い」ジェントリフィケーション？

ジェントリフィケーションの定義は人それぞれであるが、最大公約数的には、ある地域が有する雰囲気や利便性に注目した中間階級の転入とそれに伴う資本投下により、地域における住民の階層が上方に移動し、居住水準が向上することをいう（藤塚 2017）。結果として地域の物理的・社会的環境が変化し、往々にして相対的低所得者の直接的・間接的立ち退きが発生する。グラスによる「発見」を経て（Glass 1964）、一九八〇年代に至ってジェントリフィケーション研究が本格化したとの見解（藤塚 2017）は、衆目の一致をみるところであろう。当時の研究では、ジェントリフィケーションの発生について、地代格差が発生しているインナーシティへの資本投下すなわち資本の論理を重視する立場（Smith 1996）と、インナーシティが有する雰囲気や「らしさ」（オーセンティシティ）を評価する中間階級の文化的指向性すなわちジェントリファイアーの居住地選好を重視する立場（Lay 1996）が拮抗・対立していた。しかし、ジェントリフィケーションを生活環境の悪化から都市を追われた中間階級の報復であり、失地回復であるとするスミスの主張は、立場を異にする研究者にも広く受け入れられてきたといえる（Smith 1996）。そのため、中間階級の「報復」による低所得者の立ち退きをめぐる問題は、当初からその重要性を指摘されていた（Marcuse 1986）。それを承けて、ジェントリフィケーションに伴う立ち退きに臨んだ研究はそれなりに蓄積されてきたが、今一つインパクトに欠けるものが多かったことは事実である。

その背景には、立ち退きを客観的に認定することの難しさがある。立ち退きには、物件所有者の意向や土地収用などに伴う直接的なものと、賃料の上昇やまちの雰囲気の変化などに伴う間接的なものとがある。ジェントリフィケーションが起こっている地域では、こうした立ち退きは多かれ少なかれ

（1）「銭湯的ジェントリフィケーション」という言葉は、矢部・山の手（2001）の「銭湯的階級」から着想を得た。

起こるが、立ち退きに見舞われた人は既にそこにおらず、捕捉することは非常に難しい。統計に依拠して研究するにしても、そのような地域における住民層の変化や転出者をすべて立ち退きによるものとみなすわけにはいかない。したがって、立ち退きの発生を定量的に示そうとすると、どうしても恣意的になってしまう。ジェントリフィケーション研究が建造環境の変化とそこにおけるジェントリファイアーの生活に傾斜してきた（Elliot-Cooper et al. 2019）のは、とりわけ批判的地理学者が、従来型の実証主義的分析では立ち退きに効果的なアプローチをすることが難しいと判断したからと推察する。

二〇〇〇年代は、一九九〇年代に一時停滞したジェントリフィケーション研究が今に続く活況をとりもどした時期であった（藤塚 2017）。その活況は、世紀の変わり目にジェントリフィケーションが質的に大きく変化したことと関連する（黄 2017）。とりわけ重要なのは、ジェントリフィケーションに対する国家や都市政治の姿勢が、一九八〇年代とは一八〇度変化したことである。一九八〇年代の政府は、地域的不平等を是正し国土の均衡ある発展を目指す「空間的ケインズ主義」（Brenner 2004）の名残をまだ残しており、過度な「選択と集中」を良しとせず、ジェントリフィケーションに対して規制者の立位置にあった。しかし、一九九〇年代を経て二〇〇〇年代に至ると、グローバルな都市間競争に打ち勝つための都市再生や都市再開発、さらにはその梃子としてのメガイベントが国家の一大プロジェクトとして浮上する（荒又 2020：大城 2020）。こうして政府はジェントリフィケーションの推進者に転じ、さらには国家が主役を演じる国家主導のジェントリフィケーション（Davidson 2008）

すら企てられる。

そうなると政策当局は、自らの立場を正当化してくれる「良い」ジェントリフィケーションに関する言説を集めるようになる。こうして、産業構造・職業構造の高度化は一般的傾向であるから立ち退きとされる現象は住民層の入れ替わり（replacement）に過ぎない（Hamnett 2003）、立ち退きの悪影響よりも多くの住民がそこにとどまって改善された居住環境の恩恵を受けるメリットの方が大きい（Freeman 2005）といった研究結果が当局の賞賛を浴びることとなった。

（2）倫理的問題提起

「良い」ジェントリフィケーション言説に対して、多くの地理学者は批判的であった。しかし、実証主義という同じ土俵で勝負しても、政策当局の軍配がどちらに挙がるかは自明であるし、立ち退きの認定が恣意性を帯びることから、学問的にもせいぜい水掛け論にしかならない。そのような認識を当のジェントリフィケーション研究者たちが持っていたか否かはわからないが、私見では、二〇〇〇年以降の批判的ジェントリフィケーション研究は二つの方向から、「良い」ジェントリフィケーション言説に抗っていった。

一つは、ジェントリフィケーションの場所的な制約を取り除く方向性である。中間階級の嗜好や美的感覚に沿うように資本投下がなされて物理的・社会的環境が「高級化」し、場所をめぐる軋轢が発生する事態は、インナーシティに限らずさまざまな場所で起こっている。ジェントリフィケーションはそれらすべてを傘下に収めるアンブレラ・タームとなり、ルーラル・ジェントリフィケーション、リテール・ジェントリフィケーション、グリーン・ジェントリフィケーション、サイクル・ジェントリフィケーション、ステューデンティフィケーションといった、数々の「冠」ジェントリフィケーションが提唱された（Lees and Phillips eds. 2018）。それは、「ジェントリフィケーションの増殖」（Lees et al. 2007）と揶揄される状況を招きはしたものの、もともと住んでいた低所得者や社会的弱者が場所の「高級化」の欲求の犠牲になる構図が、まさに全球規模（global）で展開しこの星を特徴づける（planetary）現象になりつつある（Lees et al. 2015, 2016）ことを認識させる上では、大いに役立ったといえる。

もう一つは、立ち退きの概念的再検討とその拡張である。この動きは、松尾卓磨が整理するように（松尾 2020）、スレーターによるマルクーゼの再評価が口火を切る形で、二〇一〇年代後半に活発化した（Slater 2009：Marcuse 1986）。一言で整理すれば、それは立ち退きを人の移動に限定せず、ジェントリフィケーションに伴う場所の変化がもたらす喪失感や疎外感といった、現象学的で主観的なものへと拡張していく動きである。それは、モビリティが礼賛される中で、「地域住民にしろ建物にしろ、今日ここにあるものが明日も続いていくという希望」（ズーキン 2013：16）という意味でのオーセンティシティとともに、「留まる権利」を擁護し（Elliot-Cooper et al. 2019）、広くはルフェーブルおよびその問題意識を引き継いだハーヴェイのいう「都市への権利」の主張につながっていく（ルフェーブル 2011：ハーヴェイ 2013）。

立ち退きという言葉には物理的な含意があるが、ある場所がホームになっていく過程（homing、ホーム化）と逆の過程を考えてみるならば、立ち退きの概念を現象学的に拡張することの意義は納得しやすい。ブラントとダウリングによれば、ホームとは建築物としての住宅にも、壁で仕切られたその内部空間にも還元できないものであり、そこに起居する身体的行為や家族とのコミュニケーションといった生きられた経験を通して構築されていく過程的で現象学的な概念である（Blunt and Dowling 2006：福田 2008）。住宅のホーム化は、一住宅の領域や敷地にとどまらず、コミュニティ、地元（hometown）、祖国（homeland）といった多様なスケールのホーム化と共鳴して進んでいく。

アトキンソンは、メルボルンとシドニーでの調査から、立ち退きの事実よりも彼／彼女たちが抱いていたやりきれなさや地域とのつながりを断ち切られた感覚にむしろ焦点を当て、これを脱ホーム化（un-homing）と称した（Atkinson 2015）。アトキンソンは、ジェントリフィケーションによって立ち退きを余儀なくされたと自認する賃貸住宅居住者を対象としていたが、エリオット‐クーパーらは、脱ホーム化の概念を評価したうえで、ジェントリフィケーションが不可避に伴う住民とコミュニティの物心両面でのつながりを断ち切る過程へと拡張した（Elliot-Cooper et al. 2019）。脱ホーム化は、ホーム化と同様に生きられた経験である。「良い」ジェントリフィケーション言説がいうように、ジェントリフィケーションによって客観的には近隣の環境が改善し、実質的にその恩恵を受けている住民がいるとしよう。それでも、去っていった人々に対する喪失感と新しい住民への違和感、かつてのまちのたたずまいへの思慕と今の景観に対して抱く疎外感は、受けている恩恵では決して埋め合わせられない。これが、脱ホーム化の概念に込められた主張である。

二〇〇〇年以降の批判的ジェントリフィケーション研究は、ジェントリフィケーションの発生範囲やその（悪）影響の定量的把握を目指す実証主義を乗り越え、それを倫理的な問いに仕立て直すことで、自らの立ち位置を確立してきたといえる。ジェントリフィケーションはあらゆるところで発生し、脱ホーム化にさらされている人々もまたあらゆるところに存在する。私たちは、私たちが思う以上に、そのことに対して意識的でなければならない。

（3）穏やかな（gentle）ジェントリフィケーション

国家主導の都市再生や再開発によるジェントリフィケーションは、先進国であれ、途上国であれ、往々にして新築ジェントリフィケーション（new-build gentrification）の形態をとる（Davidson and Lees 2005, 2010）。先進国では、新築ジェントリフィケーションは低未利用地の再開発に伴って行われ、前住者の直接的な立ち退きを伴わない事例が多い。しかし、タワーマンションのような垂直的・卓越的で排他的な建造物が屹立する結果となるため近隣の変化は劇的であり、周辺の地価を釣り上げ、間接的な立ち退きや脱ホーム化が発生することは明らかである。

そのような誰の目にも明らかな変化ではなく、穏やかなジェントリフィケーション（Kahne 2018）が、ゆっくりと、しかし確実に、低所得者や社会的弱者を排除していることが指摘されはじめている。カーンの地元であるトロントのインナーシティの一角は、鉄道と製造業の衰退でさびれた地区であったが、九四年に及ぶ禁酒地区としての歴史が終わると、この一〇年でアンティークショップ、クラフトビア推しのレストラン、オーガニックの菓子店などが軒を連ねるようになった（Kern 2016）。まちではフリーマーケットやファーマーズマーケット、音楽フェスティバルといった「健全な」消費イベントが頻繁に企画され、その雰囲気を求めて来街者が押し寄せるようになった。

まちはジェントリファイアー――典型的には若い中間階級の白人――好みのオーセンティシティ、つまりはビンテージという美的文法に沿った過去への「タイムトラベル」の感触が得られる空間へと、少しずつ作り変えられていく。さび付いて動かないように思われたまちはイベントだらけ（event-full）になり、まちの日常生活はその忙しいリズムに同調させられていく。なじみの店が閉店し、そこにおしゃれな店が開店することや、オーガニック野菜を売るファーマーズマーケットが開かれることは、破壊的とは到底思われない小さな出来事に過ぎない。しかしその積み重ねからなる穏やかなジェントリフィケーションは、セックスワーカーや高齢者、シェルターに住む女性たちといった、もともとまちに住んでいた社会的弱者をますます周縁化し、脱ホーム化に直面させていく。

あからさまな土地収用などを伴わず、モニュメント的なタワーマンションが建つわけでもない穏やかなジェントリフィケーションは、目に見えにくいため、反ジェントリフィケーションのような異議申し立てに結びつかない。それが厄介なのは、社会的弱者を脱ホーム化している張本人であるジェントリファイアーが、自らの行使する「緩やかな暴力」（Nixon 2011）に気づくことができず、ジェントリフィケーションに反対する古き良き下町の理解者を自認することすら起こるからである（Elliot-Cooper et al. 2019 : Bernt and Holm 2009)。明確な中心を持たないため、典型的なジェントリフィケーションが起こりにくいとされたロサンゼルスでは、当事者が自覚しがたい穏やかなジェントリフィケーションが進む土壌があった（Kahne 2018）。ニューヨーク的な多様性に惹かれた東海岸からの移住者も多い近隣において、来住者はジェントリフィケーションに対する否定的見解を示したが、彼／彼女たちもまた、穏やかなジェントリフィケーションに加担していた。「惑星的」とも称されるジェントリフィケーションの全面展開の中では、ロサンゼルスもまた決して「例外都市」（Scott and Soja 1996）ではなかった。

（4）小括

これからの分析を先取りするような格好になるが、ここまでの議論を下敷きに、銭湯的ジェントリフィケーションの位置づけを考えてみたい。銭湯の衰退にまつわる都市空間の変化に伴って、近隣における住民階層の上方移動と住宅水準の向上は確実に起こる。銭湯の衰退は、風呂なし住宅の淘汰と密接に関連しているため、そうした建築物の更新を契機として低所得者の立ち退きは必ず発生する。銭湯的ジェントリフィケーションと呼ぶ現象が、ジェントリフィケーションの一類型であることについては、同意が得られるであろう。

銭湯的ジェントリフィケーションを分析するにあたって、注目したい点がいくつかある。まず、銭湯的ジェントリフィケーションが数十年単位で進行してきた緩慢なプロセスである点である。ただし、

第三節で扱う一九九〇年代までの段階は、カーンやカーネが報告した穏やかなジェントリフィケーションとは様相が異なる（Kern 2016；Kahne 2018）。穏やかなジェントリフィケーションは、近隣の雰囲気に惹かれた中間階級のリノベーションによって引き起こされる。これに対して、銭湯的ジェントリフィケーションは、居住水準の向上によって風呂なし住宅が淘汰され、それによって銭湯が廃業して風呂なし住宅がさらに減少するというサイクルが動因であり、基本的にはスクラップ・アンド・ビルドの過程である。しかし、進行が緩慢であるだけに、当事者がその過程にかかわっていることを意識しづらいことは共通している。

スクラップ・アンド・ビルドによって、従前の住居からの移動を伴う直接的な立ち退きが発生するが、同時に立ち退きが引き起こす脱ホーム化にも注目したい。銭湯に依存した生活を送る人々が暮らす近隣を銭湯的近隣と呼ぶならば、そこにおける銭湯は、公衆衛生上のインフラであるのみならず、人と人との生活の軌跡が自然に交わるコミュニティの核でもあった。銭湯がなくなれば、銭湯的近隣は建造環境とコミュニティの両面において消失する。不十分ながらも、第四節では、再開発に伴って銭湯的近隣を追われた人々の脱ホーム化について言及する。

二〇一〇年頃から、銭湯を取り巻く状況は変わりつつある。苦境を生き抜いてきた銭湯にクリエイターが注目し、さまざまなイベントが開催されるようになったり、あえて風呂なし住宅に住まうことをライフスタイルとして選択したりする人が出てきたのである。それは、単なる個人的趣味ではなく、銭湯を中心とする新たなコミュニティづくりの様相をみせている。まさに銭湯自体がジェントリファイされ、銭湯的近隣を巻き込んで穏やかなジェントリフィケーションが起こりつつある。第五節で議論したいのは、今起こりつつある銭湯・銭湯的近隣の変化をどのように評価すべきかである。

三　過程

銭湯は、公衆浴場法とそれに基づく都道府県の条例によって規制されている（木藤 2008）。公衆浴場は、一般公衆浴場とその他の公衆浴場に区別され[2]、銭湯は一般公衆浴場に対応する。一般公衆浴場は、終戦直後の混乱期に制定された物価統制令の名残を残し、都道府県ごとに入浴料金が定められている（東京都は大人四八〇円（二〇二一年八月一日以降））。また、公衆浴場は、都道府県の条例によって、原則として既存の一般公衆浴場から一定の範囲内への新設が制限されている[3]。これは、料金統制を含めたさまざまな規制の下にあり、なおかつ公衆衛生において不可欠である一般公衆浴場の経営を過当競争から守るためである。以下では特に必要がない限り、法律用語である一般公衆浴場ではなく、銭湯というよりなじみのある言葉を使う。

さっそく手持ちのデータを使って東京都の銭湯の盛衰を跡付けてみよう（図2-1）。高度成長期真っただ中の一九六三年には、区部の住宅の六六・四％は風呂なしであった。東側の区ではおおむね四分の三が風呂なしであり、荒川区に至っては風呂なし住宅が八割を超えていた（図2-2）。風呂のない生活など、なかなか想像しがたいが、当時の東京の生活者にしてみれば、それなしでの生活など

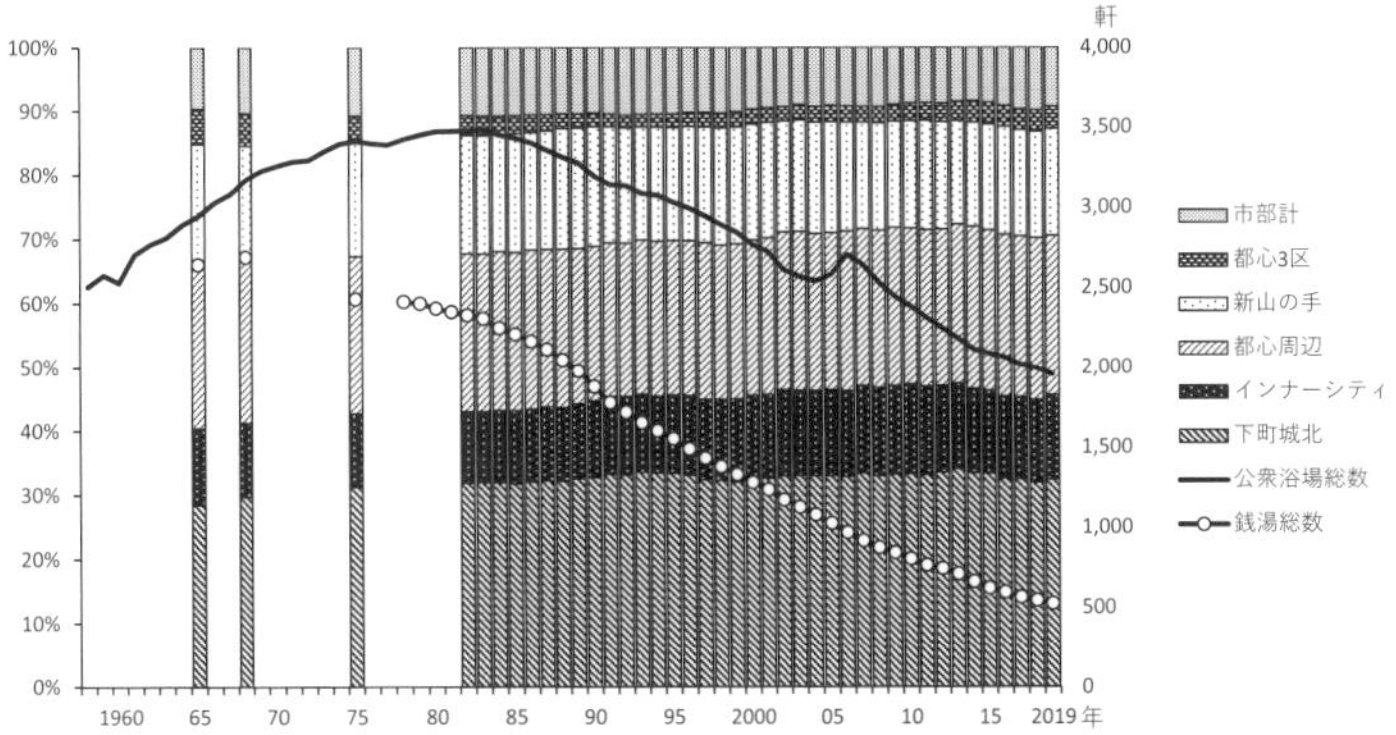

図2-1　東京都における公衆浴場数と銭湯数の推移

注1：銭湯総数は、普通公衆浴場の総数。
注2：地域区分は、橋本・浅川編著（2020）により、以下の通り。
下町城北：北区、板橋区、練馬区、足立区、葛飾区、江戸川区
インナーシティ：台東区、墨田区、荒川区
都心周辺：新宿区、文京区、江東区、品川区、大田区、豊島区
新山の手：目黒区、世田谷区、渋谷区、中野区、杉並区
都心三区：千代田区、中央区、港区
資料：東京都統計年鑑により作成。

全く想像もできないほど、銭湯は必要不可欠のインフラだったのである。とびとびにしかデータが得られなかったが、銭湯数は一九六〇年代後半(4)にピークを迎えたとみられる（図2-1）。基本的には内風呂の普及

（2）保養・休養を目的とした健康ランド、スポーツ施設併設の風呂、サウナ、エステの泥風呂などがこれに当たる。
（3）東京都の場合、特別区では二〇〇m以上、市町村では三〇〇m以上、既存の普通公衆浴場から離れていなければならない。
（4）日本住宅公団向けに開発されたバランス釜（風呂用のガス給湯器）が一般家庭に普及していく時期である（https://www.gasmuseum.jp/life_warmth/ 二〇二一年七月一四日閲覧）。

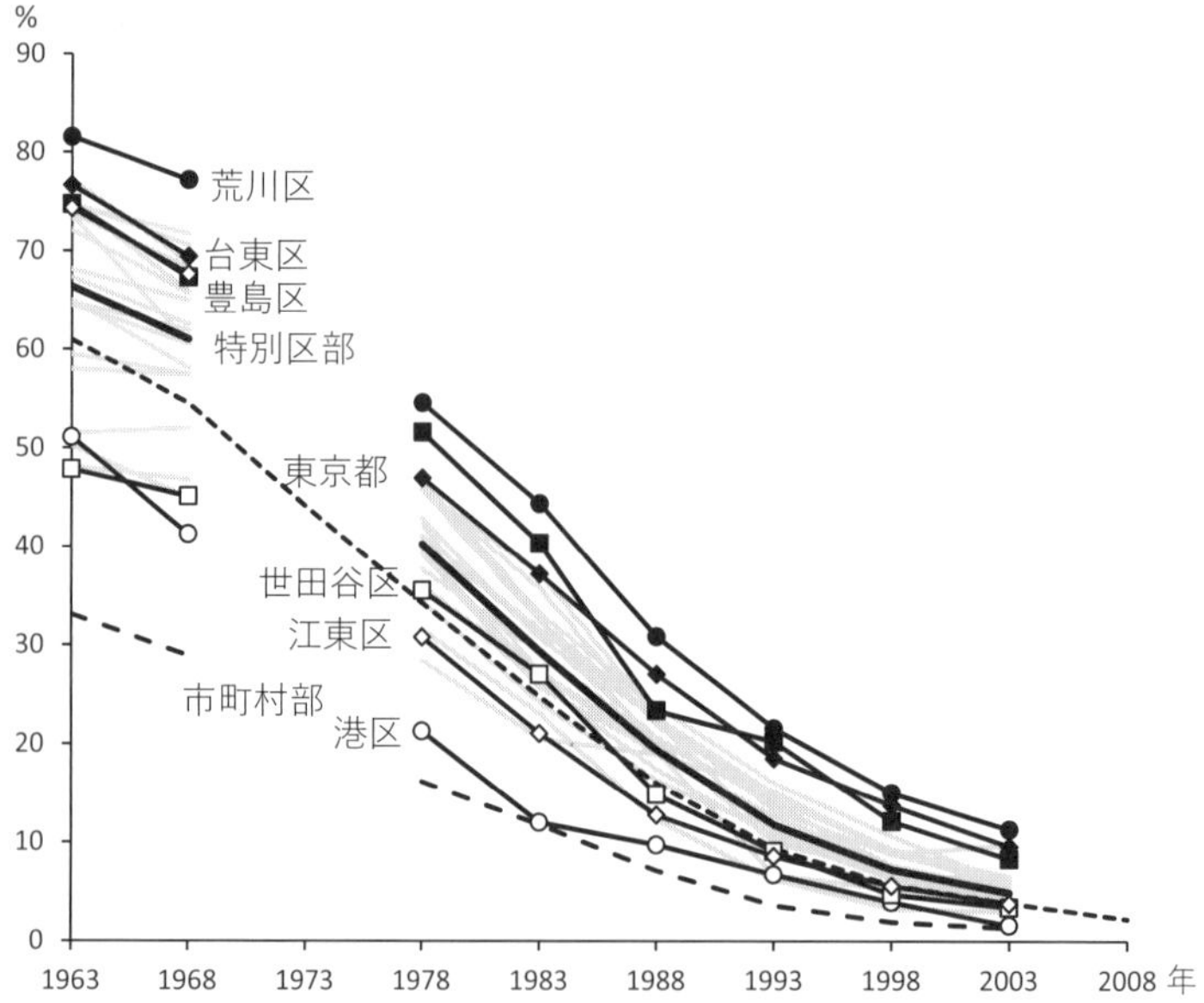

図２−２　東京都の区別浴室のない住宅の割合

注：1973年は、区別のデータなし。2008年は東京都全体のデータのみ。2013年からは、浴室の有無が調査されていない。

資料：住宅・土地統計調査により作成。

による利用者の減少が銭湯を追い詰めていくのであるが、この頃には重油・廃油を主な燃料とする銭湯が多かったため（保坂 1990）、オイルショックによる原油の高騰は銭湯の経営に直接的な打撃を与えたとみられる。公衆浴場総数は、高度成長期に比べれば増加ペースは落ちたが、オイルショック後も微増し、一九八〇年代前半に頭打ちになって以後減少をみせる。

一九七〇年代を通じて東京都の銭湯数はほぼ一定であった（図２−１）。一九七八年のデータをみると、以前に比べれば減ったとはいえ、いまだ風呂なし住宅は区部の住宅の四〇・〇％を占めており、

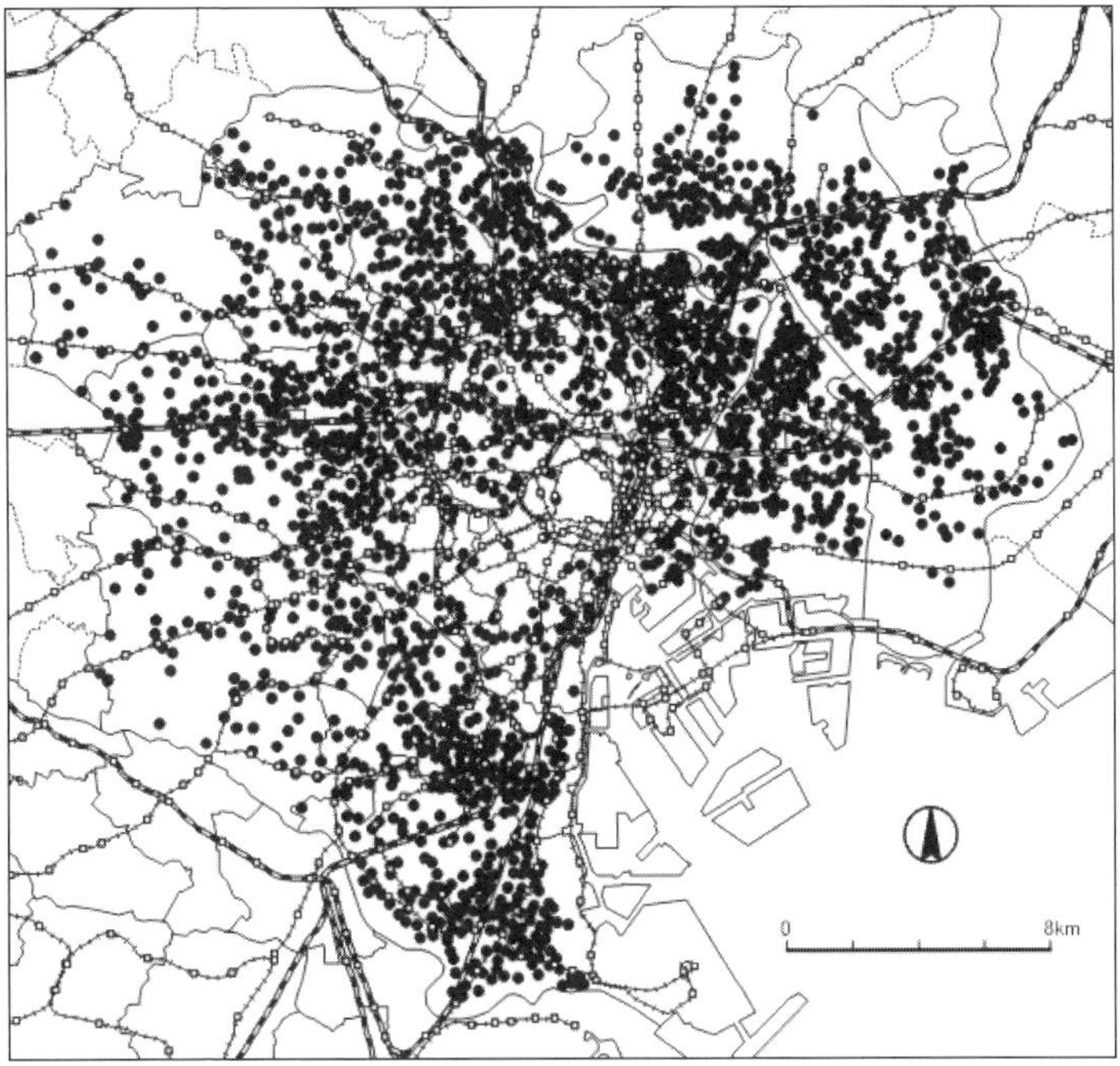

図２－３　1980年の東京都区部における銭湯の立地

注：住居表示の変更などの理由から、位置の精度が低いものもある。13軒については、位置が特定できず、図には示されていない。

資料：東京都公衆浴場業環境衛生同業組合（1980）により作成。

荒川区（五四・六％）、豊島区（五一・六％）では過半数の住宅が風呂なしであった。まだまだ銭湯のある生活は、ごくありふれた存在であった。

　銭湯激減のとば口にあたる一九八〇年頃の東京都の銭湯数は約二五〇〇軒で、九割程度は区部に立地していた。一九八〇年の同業組合員名簿に記載された銭湯のリストによってその分布を地図化すると、皇居周辺と山の手の住宅地、都市化が遅れていた足立区や葛飾区の北部を除く区部全体にびっしりと銭湯が分布していたことがわかる（図2-3）。豊島区、荒川区、台東区、墨田区にかけては特に銭湯の密度が濃く、品川区の西大井周辺や大田区の京浜急行・京浜東北線沿いも銭湯密集地帯である。それらをつなぐと、いわゆる「木賃ベルト」[5]が浮かび上がる。区部内部をいくつかの地域に分けてその構成比をみても、銭湯が下町に多く山の手には少ないことが確認できる（図2-1）。この構成比自体は、銭湯が減った今もあまり変わらない。

一九八〇年代に入ると、銭湯ははっきりと減少を示すようになる（図2-1）。一九八〇年代後半に土地投機によって地価が実需を超えて高騰する不動産バブルが発生すると、減少は加速した。これと歩調を合わせるように、風呂なし住宅率の高い区において、この割合が急落する。一九五〇〜六〇年代に建設された低スペックの住宅ストックが更新されて風呂付き住宅となり、それが銭湯の利用客を減少させ、銭湯の経営を難しくするサイクルが回っていった。土一升金一升といわれたバブルの時代、店を閉めて土地を売却することは、銭湯経営者にとってしごく合理的な判断であった。

バブル崩壊後も風呂なし住宅の減少は続き、一九九〇年代後半に入ると地価の下落を背景にマンションブームと人口の都心回帰が起こった（宮澤・阿部 2005）。潜在的利便性の高い木賃ベルトすなわち銭湯密集地帯は、格好のマンション立地点であり、残された風呂なし築古物件のスクラップと銭湯の廃業が進んでいったとみられる。区別のデータが最後に得られる二〇〇三年の風呂なし住宅率上位三区は、荒川区（一一・三％）、千代田区（九・七％）、台東区（九・六％）である。約一〇％を多いとみるか、少ないとみるかは、意見が分かれるであろう。注目すべきは、千代田区において一九九八年

（八・八％）に比べて風呂なし住宅率が上昇したのみならず、その絶対数も七一〇戸増加したことである。二〇〇三年の住宅・土地統計調査によれば、浴室の有無について、「シャワー室だけの場合も「あり」とした」とあるので、都心によくあるシャワー付き狭小賃貸住宅の増加を反映したものではない。風呂なし住宅は中央区でも二〇戸増加しており、人口の都心回帰と関連する住宅ニーズの変化を映し出している可能性がある。二〇〇八年を最後に、住宅・土地統計調査では浴室の有無は調査らされなくなったが、この時点での都下の風呂なし住宅数は一三万七〇〇戸である。これも多いとみるか、少ないとみるかは、意見が分かれるであろう。

こうした変化を経た現在の銭湯の立地は、おおむね過去のパターンをそのままに密度を低下させ、木賃ベルトに相当する山手線のやや外側に多く立地する（図2‐4）。一九八〇年のリストにあった銭湯の八割近くは消えたわけだが、その跡地はどうなったのだろうか。Googleマップと住宅地図を手掛かりに調べた結果が図2‐5である。都心三区や新宿区、渋谷区では、事業所や商業施設に利用された銭湯跡地が一定の割合を占める。住宅の敷地内に土地を確保することが難しい区部では、駐車場は必ずしも過渡的な土地利用ではなく、周辺区では駐車場としての継続的な利用がそこそこある。しかし区部全体で圧倒的に多いのは、住宅への転用であり、集合住宅が約五割、戸建住宅が約二割で合計約七割に達する（図2‐6）。ここではマンションとアパートの線引きが難しいため、合算して集合

（5）　老朽化した木造賃貸住宅が都心を取り囲むように集積することから、このように表現される。

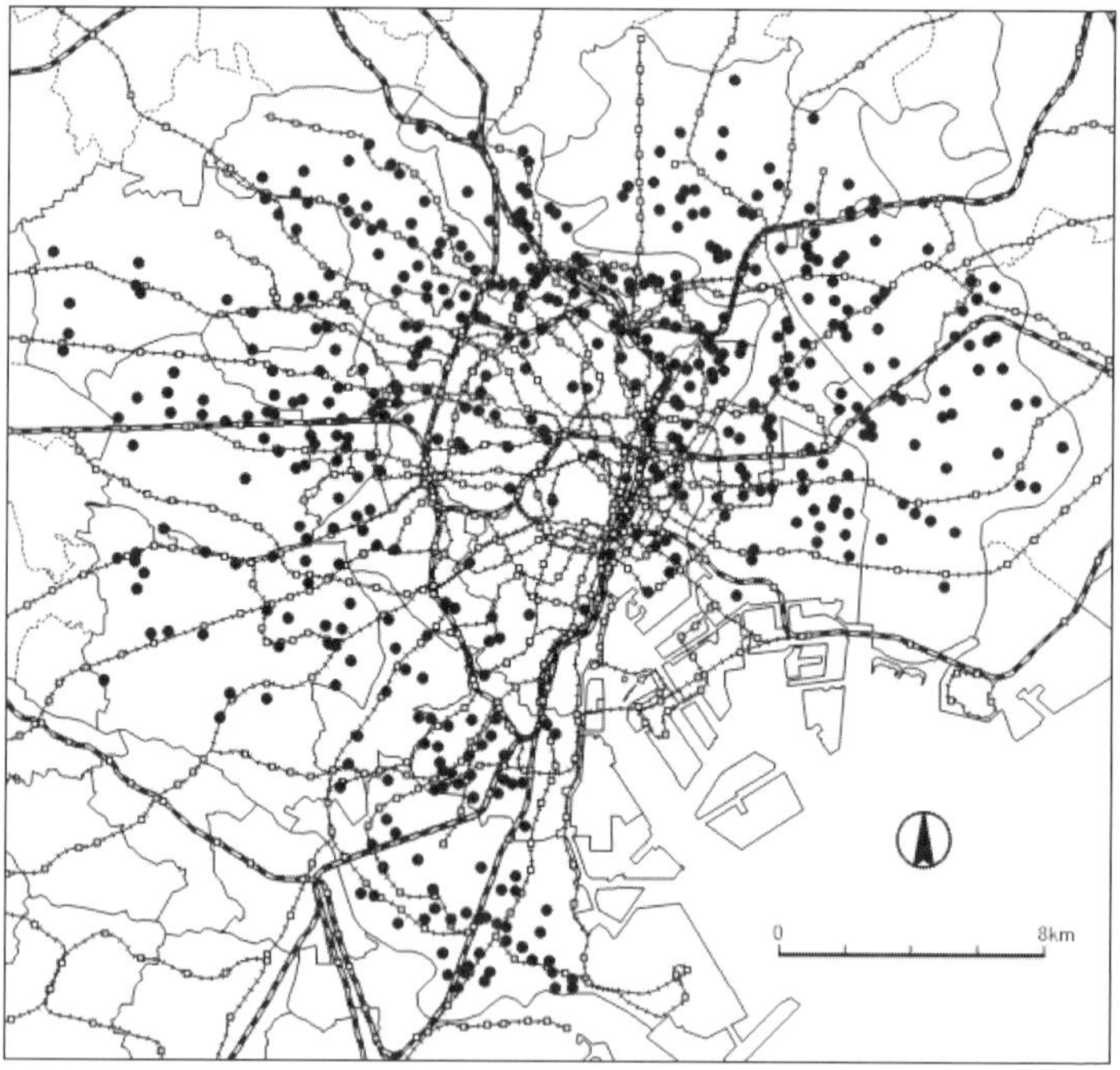

図２－４　2020年の東京都区部における銭湯の立地

注：時期には若干の幅がある。

資料：https://www.1010.or.jp/map/place、Google map、住宅地図により作成。

住宅としてあるが、実際には軽量鉄骨のいかにもアパートといった物件は限られており、敷地が比較的大きければ鉄筋コンクリートの分譲マンションになっていることが多い。周辺の土地と合わせて大規模な開発が行われていることもある。戸建住宅に変化した銭湯跡地は周辺区に多い傾向にあり、分布をみても集合住宅に変化したものよりも外側に位置している。住宅地図をみる限り、いわゆる「まちなか居住」(熊野 2020) 向けの狭小住宅が銭湯跡地にいくつか並ぶ場合がほとんどである。

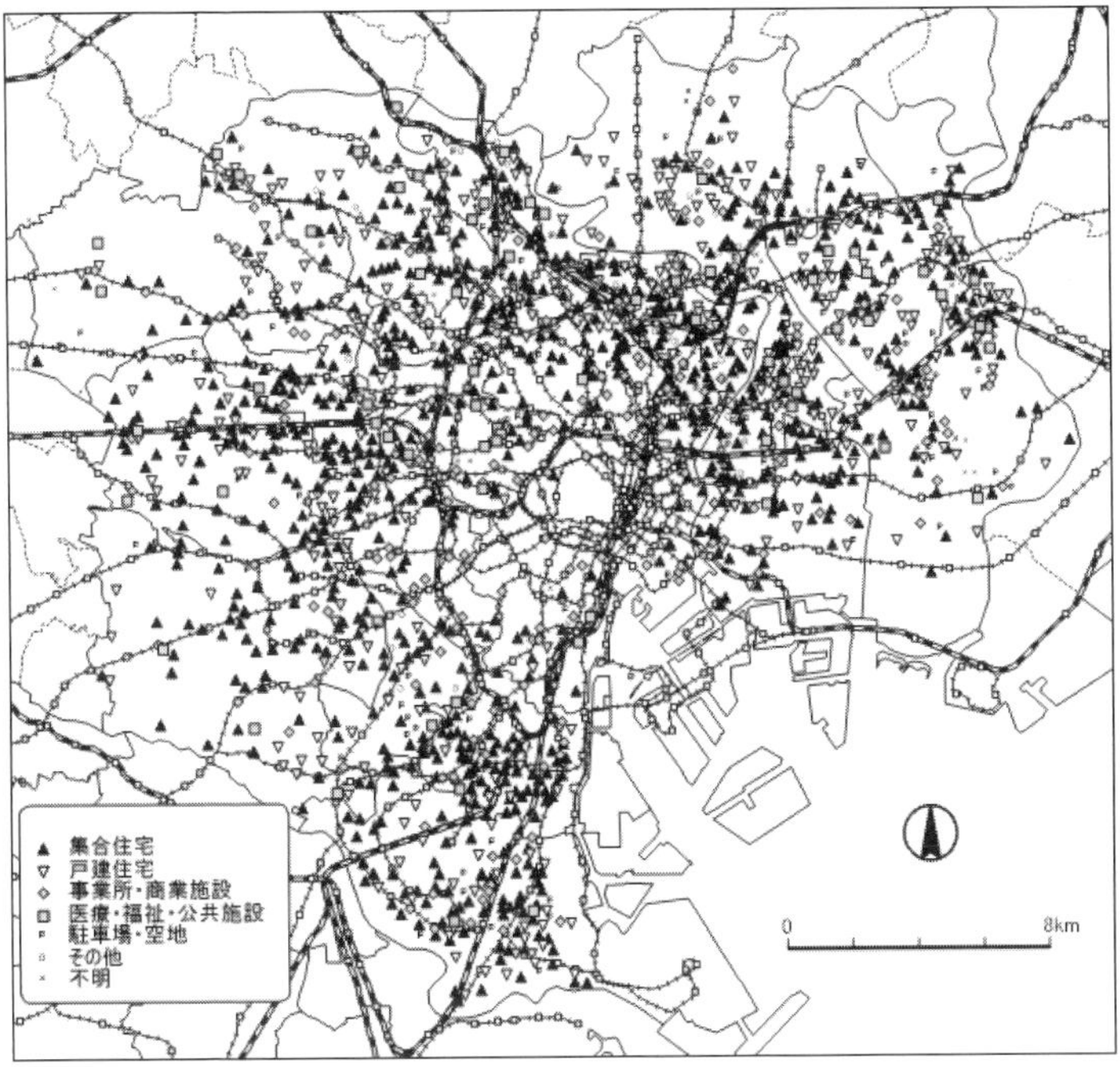

図2-5　1980年から2020年の間に廃業した銭湯の跡地利用

注：不明となっているのは、住居表示の変更などの理由から正確な位置が特定できなかったもの。その他は、廃業したが建物等が残存しているものを含む。

資料：東京都公衆浴場業環境衛生同業組合（1980）、https://www.1010.or.jp/map/place、Google map、住宅地図により作成。

十分な敷地があれば、貫くように道路を通して三方向に狭小住宅を配したミニ住宅地になっている。

そもそも、銭湯の跡地は住宅への転用に適している。商店街やその近傍など、利便性の高いところに立地しているうえに、まとまった土地が得られる（図2-7）。そして、東京都区部の銭湯は、近隣商業地域をはじめとして住宅専用地域よりも建蔽率や容積率が高い傾向にある用途地域に数多く立地している（表2-1）。

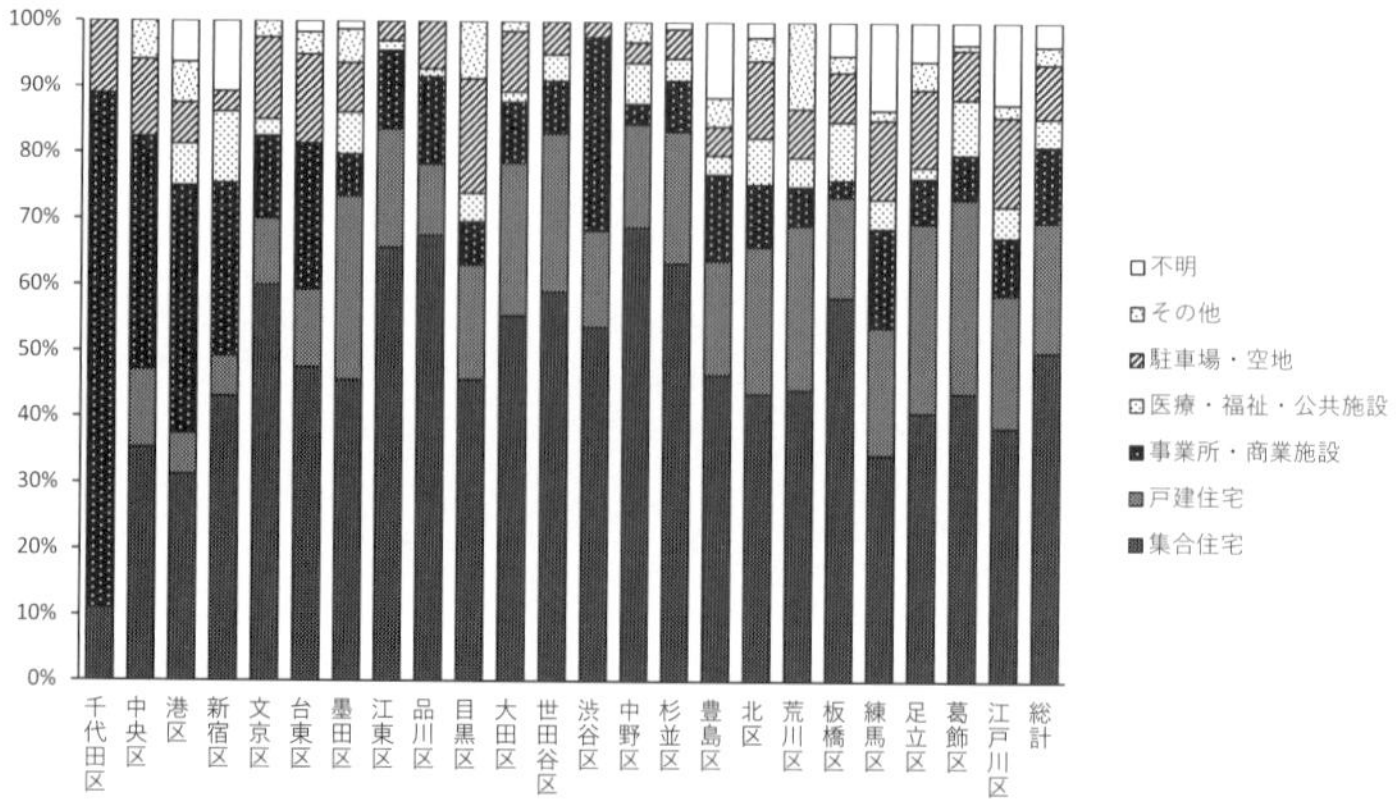

図２－６　東京都の区別にみた廃業した銭湯の跡地利用

注：東京都公衆浴場業環境衛生同業組合（1980）に掲載されていた銭湯のうち、2019年後半に存続していなかったものについて、Google Mapや住宅地図を利用して跡地の利用を調査した。調査時期が2019年から2021年にわたっていることによる誤差がある。

資料：東京都公衆浴場業環境衛生同業組合（1980）、Google Map、住宅地図などにより作成。

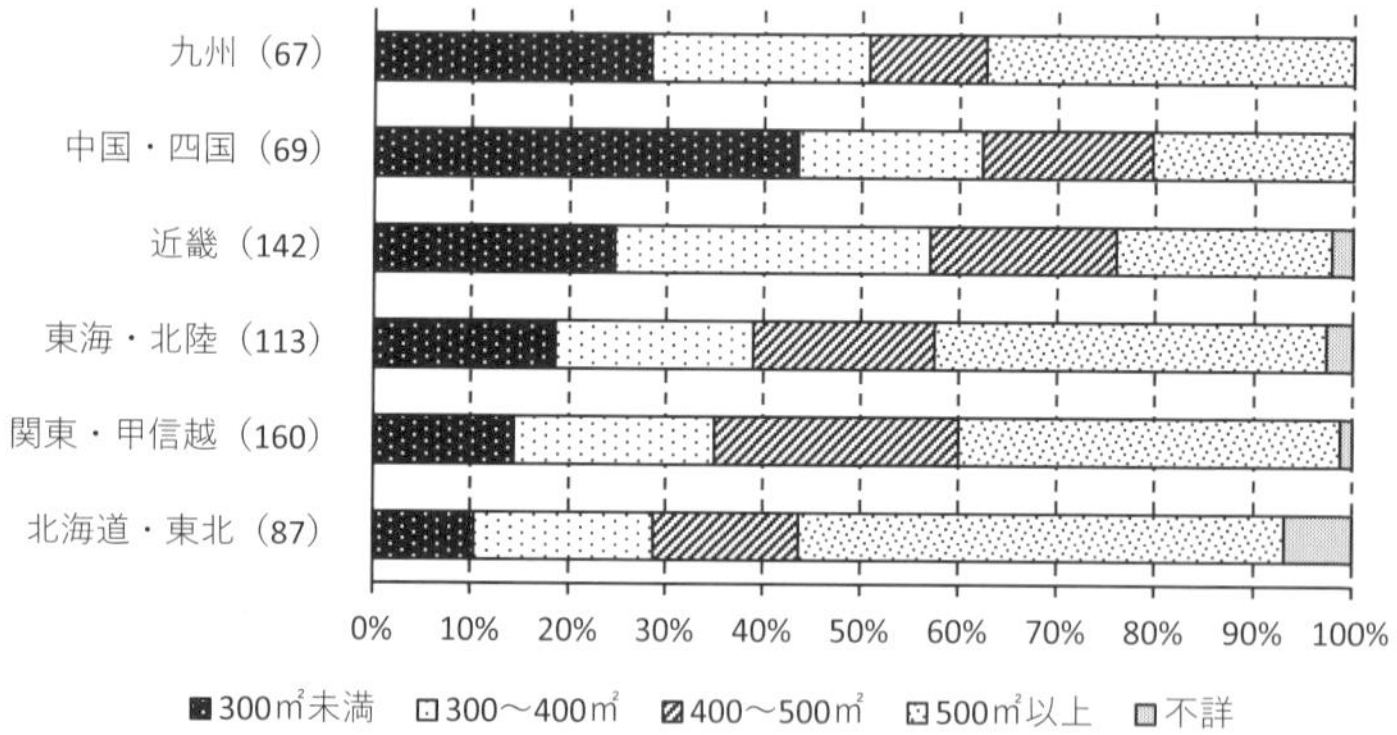

図２－７　地域別銭湯の敷地面積（2007年10月1日現在，全国）

注：カッコ内の数字は調査対象の銭湯数。より新しい調査もあるが、調査対象数が激減していたため、この年次を用いた。

資料：厚生労働省『平成19年度生活衛生関係営業経営実態調査　公衆浴場業（一般公衆浴場）』により作成。

表２－１　現存する東京都の銭湯立地点の用途地域

用途地域		建蔽率	容積率	区部		市部	
				銭湯数	%	銭湯数	%
住宅専用地域	低層	30～60	50～200	121	23.4	30	56.6
	中高層	30～60	100～300				
住居地域		60	200～400	119	23.0	6	11.3
近隣商業地域		80	200～400	86	16.6	10	18.9
商業地域		80	200～1000	76	14.7	2	3.8
工業地域		60	200～400	115	22.2	2	3.8
合計				517	100.0	53	100.0

資料：東京都公衆浴場活性化検討会（2018）、国土交通省ウェブサイトにより作成。

千代田区に四九〇棟ある分譲マンションの敷地面積は、一八・六％が二〇〇㎡未満、二〇〇～四九九㎡が四〇・〇％である（公益財団法人まちみらい千代田 2019）。ボリュームゾーンの三〇〇～四九九㎡の敷地があれば、建蔽率や容積率次第では十分にマンション建設が可能なのである。

数十年かけて進んできた風呂なし住宅の減少は、住宅スペックの上昇の確たる証拠である。それでは、ジェントリフィケーションの最も重要な表徴である住民の社会階層の上昇はどうであろうか。図2-8は、横軸に人口一万人当たりの銭湯数、縦軸に男性ホワイトカラー率を取り、一九八五年から二〇一五年にかけてのそれぞれの変化を示したものである。多くの区は、区部全体の動向を示す点線と似通った傾きを示している。この傾きに沿った変化では、人口一万人当たり銭湯数が一減ると男性ホワイトカラー率が三％前後上昇する。つまり、人口当たり銭湯数が激減すれば、社会階層の上昇がそれだけ顕著になる関係にあり、銭湯密集地帯である荒川区、台東区、墨田区ではまさにそのようになっている。銭

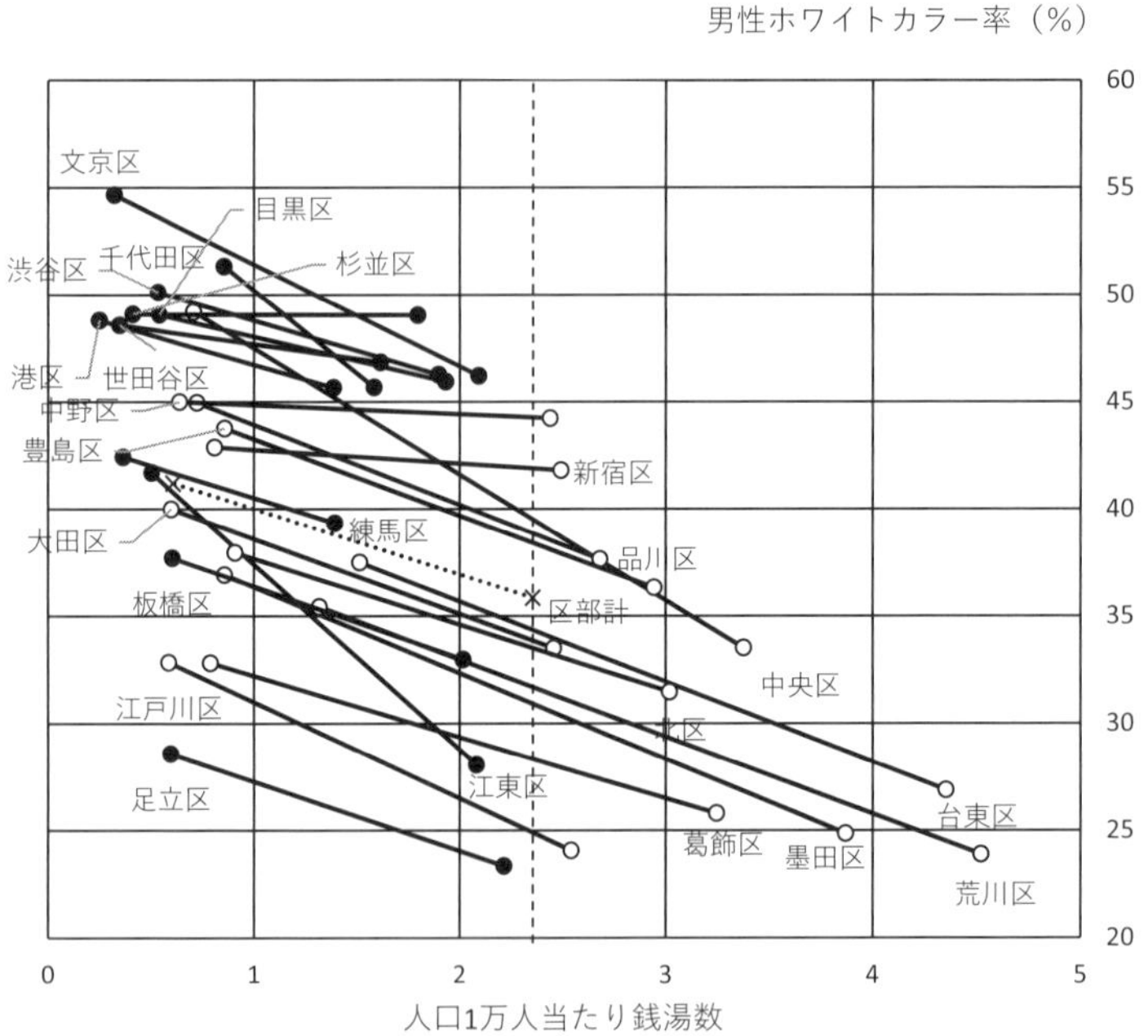

図２−８　東京都の区別人口1万人当たり銭湯数と男性ホワイトカラー率の変化（1985年→2015年）

注：白のマーカーは1985年の人口１万人当たり銭湯数が区部計よりも多い区。
資料：国勢調査および東京都統計年鑑により作成。

湯密集地帯は、銭湯的ジェントリフィケーションの震源地でもあったといえるだろう。山の手に相当する新宿区、杉並区、世田谷区、中野区などでは、人口当たり銭湯数が減少しても、もともと高水準の男性ホワイトカラー率がさらに引き上げられることはなかった。一方、江東区や中央区などは、人口当たり銭湯数の減少から想定される以上に、男性ホワイトカラー率が上昇している。江東区と中央区は、銭湯的ジェントリフィケーションによる住民の社会階層の上昇に加え、豊洲や晴海など、もともと人口が希薄であったウォーターフロントにタワーマンションが林立し、その入居者が住民の社会階層を大きく引き上げたと考えられる。

四　事例

(1) 銭湯を核に作られたまち

典型的な銭湯的ジェントリフィケーションは、内風呂が普及して銭湯が廃業し、風呂なし住宅が淘汰されるという、緩慢な建造環境の変化を伴って進行する。それによって直接的・間接的な立ち退きは確実に発生するが、近隣を去った人のどの程度が立ち退きに遭遇したのか、という問いに答えることは難しい。これに対して、再開発などを契機に銭湯的近隣もろとも消滅するタイプの銭湯的ジェントリフィケーションでは、前後の変化が劇的であるだけに、銭湯的近隣が「高級化」されることの核心が見えやすい。大規模な再開発の範囲内には銭湯的近隣が一つや二つあるのが普通であろうから、このタイプの銭湯的ジェントリフィケーションも決して例外ではない。そうした事例である荒川区汐入地区は、特殊な来歴を持つ近隣だけに、コミュニティにおける銭湯の位置づけや、立ち退きの現象学的意味について重要な示唆を与えてくれる。

汐入地区は現在の荒川区南千住八丁目に位置する。(6) かつては上杉謙信の家臣との伝承がある四家の草分けから分家した農家が点在する江戸近郊の農村であり、年三回の輪作による特産の「汐入大根」

でその名が知られていた。しかし、日本鉄道株式会社によって地区の南西に広がる農地が隅田川貨物駅の用地として買収され、周囲に大規模な繊維工場が相次いで立地した一九〇〇年頃から、汐入地区は都市化の波に飲みこまれていく。耕地は三八町歩から三町歩に激減し、「汐入二八軒」と称される地主たちは営農が難しくなる一方で、土地が莫大な現金を生むことを認識した。

一九二三年に関東大震災が発生すると、日本橋魚河岸が一時移転してくるなど、下町を焼け出された多くの人が汐入地区に移り住んだ。地主たちは、耕地を宅地へと地目変換して地代収入(7)を得るほか、流入人口の受け皿となる長屋を次々に建設して借家経営を始めた。もともと耕地であったことから、住民の生活を支えるインフラは皆無である。そこで地主たちは、一九二三年に潮乃湯、一九三二年に活気湯という二つの銭湯を建設し、貸湯屋の形式で店子を誘致して営業させるとともに、その周辺に商店や医者を誘致して商店街を作り、住民の便宜を図った。つまり汐入地区では、少数の地主の私的な「都市計画」によって、銭湯を核とした「まちづくり」がなされたのである。

縁故を頼って上京した人たちも住み着くようになり、汐入地区は昭和初期の時点で一〇〇〇戸四〇〇〇人のまちになっていた（岩本 1988）。のちに述べる再開発が都市計画決定された一九八三年の人口が四一三一人、世帯数が一四七一世帯であったから、戦前期には既にそれに匹敵する規模に達していたことになる。周辺に工場が立地していた高度成長期には、人口はもっと多く、まちは過密状態であった。地区の南側を限る「バス通り」と東西の商店街にこそ計画的な街路がみられるものの、それ以外の部分には、長屋や小規模戸建が隙間なく立ち並び、その間を狭い路地が抜ける迷路のような独特の空間が展開していた。戦災を免れた汐入地区では、再開発直前の段階でも風呂なしの借家暮らしが普通であり、銭湯的近隣の典型であったといえる。

路地や商店街は、人々の日常生活の場であり、コミュニティの土壌であった。横山ゆりかは汐入地区の独特な建造環境、特に錯綜した道路ネットワークがヒューマン・コンタクトにどのような影響を与えているのかという問いに応えるべく、「遭遇調査」なるものを行った（横山 2000）。一九九一年八月の日曜（晴天）の昼前後（一一時三〇分〜一二時三〇分）と夕食の買物時（一五時三〇分〜一六時三〇分）に汐入地区のすべての道を徒歩で往復し、遭遇した人の大まかな属性と活動内容、地点を記録したのである（図2-9）(8)。

横山の原図では、地図上に人と出会った地点がプロットされ、併せて簡単に活動の内容まで記されており、ジェイコブズの「路上のバレエ」という言葉が感覚的に理解できる（ジェイコブズ 2010）。庭のない住宅が立ち並ぶ汐入地区では、植木鉢や縁台などが敷地外に並べられるなど、いわば私的な空間が路上にあふれ出している。そこでの庭木の手入れ、物干し、子守などの活動が、偶発的な

(6) 汐入地区の概要を書くにあたっては、稲垣（1995）、岩本（1988）、横山（2000）を参考にした。
(7) 汐入の地主が土地を手放すことはまれであり、持家は借地の上に建設された。一九七九年の時点で、汐入地区の土地の八七・五％は借地であった（稲垣 1995）。
(8) 往復時、午前には二三七人、午後には二八五人と遭遇し、出会った際、移動中の人が六三・二％、何らかの活動をしていた人が三六・八％であった。

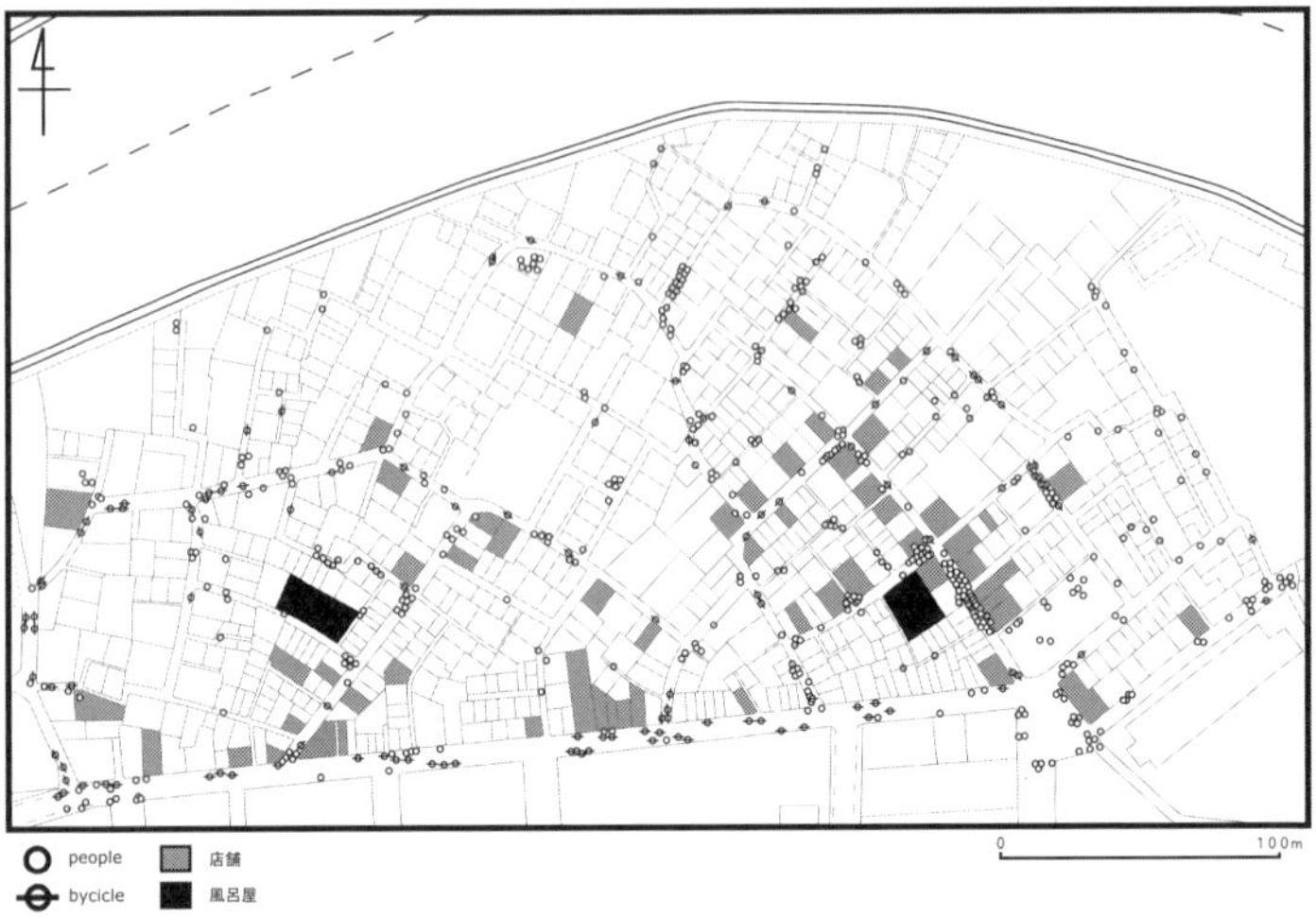

図２−９　汐入地区の銭湯・店舗の分布と街路における人々の活動

注１：店舗の分布については、ベースマップとした株式会社セイコー社（1992）において店舗とみなされた区画を示しているため、横山（2000、Fig.5）とは異なる。
注２：横山（2000、Fig.6）は、調査者が1991年８月に実施した「遭遇調査」で出会った徒歩および自転車・バイクに乗った人をプロットしている。本図はそれによっているが、原図の解像度の問題から完全に再現できていない可能性がある。原図では、徒歩の人について、man, woman, child, elderly が区別され、止まって何らかの活動をしている場合には活動内容も付記されているが、煩雑になるため省略した。
資料：横山（2000：Fig.5, 6）、株式会社セイコー社（1992）により作成。

ヒューマン・コンタクトの機会を創り出している。空き地が少ないため、路上は子供たちの遊び場でもある。人々の出会いは、何といっても商店街近辺に集中している。さかんに人々が行きかい、買物客はすぐに立ち去ることなく店主と世間話を交わしている。比較的幅に余裕がある商店街の道路は、女たちに立ち話の場を提供している。そしてその中心には、銭湯が位置している。

　風呂なし住宅が当たり前であった汐入地区において、最も濃密なヒューマン・コンタクトの場は、二つの銭湯の内部であったであろう。話し込むでもなく、いつも同じ時間に行くもの同士が、お互いの存在を確認しながら湯を使うような人との出会い方は、きわめてありふれた淡い関係である。しかし、そのような関係性の絡み合いこそが、コミュニティの雰囲気の基調をなしていたのである。

（２）政府主導のジェントリフィケーション

横山が調査した頃、汐入地区はすでに落日を迎えていた。汐入地区は、拡大する住宅需要を受け止めてきたが、客観的には住宅ストックとして質の問題を抱えていた。消防車が入れない路地に面して小規模木造住宅が密集する状況は、防災上明らかに危険であった。東京都は一九六九年に江東再開発基本計画を策定し、汐入地区を含む白鬚西地区を防災拠点の一つと位置づけた。同じ頃、周辺にあった大規模工場が相次いで撤退し、汐入地区の人口は減少していく。東京都は、再開発用地として地区の南側の工場跡地を一九七一～七七年にかけて買収し、一九八三年に白鬚西地区再開発として都市計画決定がなされた。

汐入地区では、事業を進める東京都・荒川区と住民がなかなか妥結点を見出せないでいたが、一九八九年に至り、ようやく汐入地区を含む地区全域の事業計画が決定した。必然的に発生する立ち退きに備え、受け皿として権利者が取得する権利床住宅と借家人のための再開発住宅が順次整備されていった。再開発住宅への入居が始まったのは一九九一年三月であり、権利床住宅や再開発住宅はほとんどが一九九〇年代に竣工している。したがって、一九九〇年代前半の短期間に、汐入地区は物理的にも社会的にも解体されたことになる。東京都都市整備局のウェブサイト(9)では、二軒の銭湯なき後、残された住民の入浴の場となったプレハブの仮設銭湯「けやき湯」の写真をみることができる。汐入地区は、最後まで銭湯的近隣であった。

再開発住宅と権利床住宅は棟ごとに分かれて配置され、大地主は中層住宅に居住し、その他の地主は所有していた資産に見合う広さの住宅を得たという（稲垣 1995）。入居する住宅は、汐入地区において住んでいた場所とはかかわりなく、転居が行われた時期によって決まっていた。こうして、従前のコミュニティとは無関係に、資産の有無とその保有量、そして再開発の進捗状況という無機質の論理によって、再開発後の住居は決まっていった。

リバーパーク汐入と名付けられた再開発団地での生活は、あけっぴろげで公私の空間的垣根がはっきりしないかつての汐入地区での暮らしとは大きく異なっていた。少し長くなるが、市岡綾子らの調査結果を引用する（市岡ほか 1994：183-184）。

扉1枚だけで家と外部とが遮断される点は、今までの生活と大きく異なるという意見が強かった。家の前の路地を通る人の存在を意識し、一歩外に出ると多くの人に出会うなど、外部と密接に関わって形成していた従前の生活環境と比較すると、「コンクリートの箱」「出入口は玄関ただ一つしかない」「扉がぴたっと閉まる」「人の声が聞こえない」「静か」という団地の物理的環境には、誰もが大きな戸惑いを覚えている。新しい環境に対して強い孤独を感じる人がいる一方で、近隣による干渉から開放《ママ》されたと歓迎する人もいた。

玄関には鍵もかけず、気軽に出入りしていた従前とは異なり、扉の施錠やインターホンを介する応対は、人間関係を分断するように挿入される形式的な動作として強い違和感が表されている。また、共用空間は住戸内部と外部を切り離している。中でもエレベーターを億劫に思い、用事や約束がないと外出しにくくなり、以前のようにふらっと出かける機会が減少した人も見られる。

親の立場からの子どもの遊びをみると、家の前の路地が遊び場で、なおかつ見守る人の目も多いので、安心して外で遊ばせていたが、団地ではエレベーターがネックとなり、遊びに自由さが失われたと感じている。

これこそが立ち退きの現象学であり、旧汐入地区の住民が直面した脱ホーム化の記録である。団地にも公共空間はふんだんにあるが、そこでは汐入地区でみられたような「路上のバレエ」はもうみられない。そして汐入地区住民の共空間であった銭湯もなくなった。

再開発によって住民層や住宅は大きく変化した。図2-10に示す南千住八丁目のデータは、一九九五年と二〇一五年のものであり、再開発の最終段階と事業完了から五年余りが過ぎた段階である。一

（9）　https://www.toshiseibi.metro.tokyo.lg.jp/dainiseibi/tikubetu/shirahige_nishi/archive02.html　二〇二一年七月一七日閲覧。

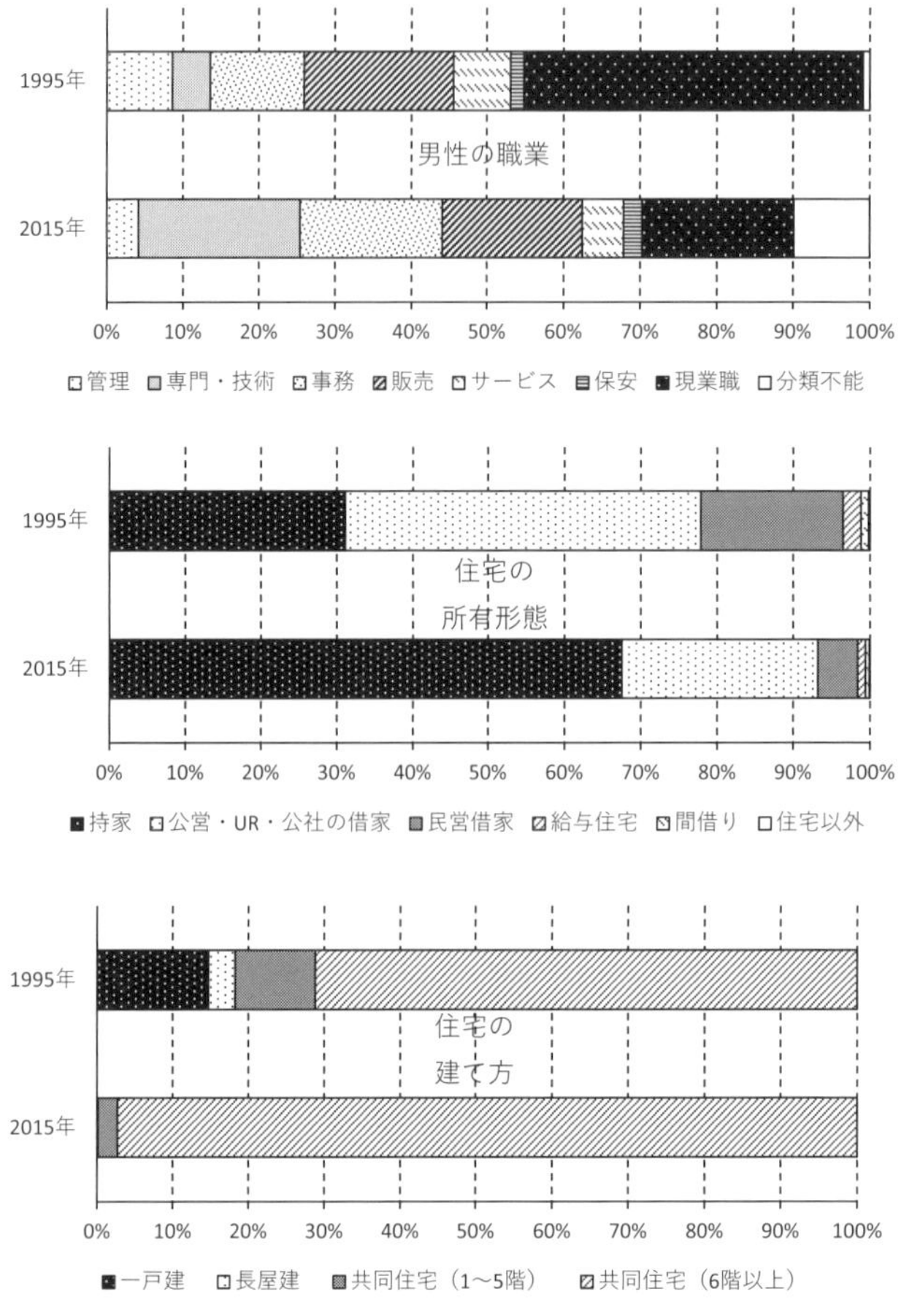

図２-10　荒川区南千住八丁目における常住者の職業（男性）と住宅の変化

注：現業職は以下の通り。
　1985年：G 農林漁業作業者、H 運輸・通信従事者、I 技能工、採掘・製造・建設作業者及び労務作業者。
　2015年：G 農林漁業従事者、H 生産工程従事者、I 輸送・機械運転従事者、J 建設・採掘従事者、K 運搬・清掃・包装等従事者。
資料：国勢調査により作成。

九九五年の時点での男性ホワイトカラー率は二六・〇%であり、荒川区全体の二六・六%とさほど変わらない。再開発住宅、権利床住宅ともにかなり多くが竣工していたが、民間ディベロッパーの分譲マンションはまだ竣工していないため、南千住八丁目の住民に占める汐入地区の（旧）住民の割合は高かったと考えられる。マルクーゼの言葉を借りれば「最後の居住者の立ち退き」（Marcuse 1986）を迎えるのは時間の問題であり、旧住民の大半は権利床住宅（おおむね持家に対応）や再開発住宅（都営住宅）に転居していた。しかし、旧汐入地区に残存していたと思われる長屋（五五世帯）や一、二階建ての共同住宅（一〇一世帯）に居住する人も残っていた。

権利床住宅の中には地権者が住む以外に分譲や賃貸に出されたものもあり、汐入地区にルーツを持たない住民は少しずつ増えていったであろう。二〇〇五年から二〇〇九年にかけて特定建築者制度によって民間ディベロッパーが供給する特権者住宅が合計約二四〇〇戸竣工すると、新たな住民が一挙に流入してきた。三度に及ぶ事業完了年度の延長を経て、再開発は二〇一〇年三月に完了した。二〇一五年の男性ホワイトカラー率は四四・一%となり、荒川区全体の三五・四%のみならず、区部全体の四二・一%をも上回る。地区のほぼすべての住宅は六階以上の高層建築物で、全世帯の六七・五%は持家に居住している。木造の長屋暮らしが卓越していた地区は、住民の三分の二が高層分譲マンションに居住する地区へと様変わりしたことになる。こうして、地主が誘致した二軒の銭湯を核とする銭湯的近隣は、東京都主導の再開発によって住民も住宅もジェントリファイされた。

五　現在

一九八〇年代を通じて風呂なし住宅は激減し、それと歩調を合わせて銭湯数も激減した。銭湯的ジェントリフィケーションの波は、バブル末期には区部をあらかた覆いつくしていたといっていいだろう。今なお、五〇〇軒弱の銭湯が残っていることは、むしろ驚きである。そして現在、銭湯や銭湯的近隣に審美の目を向ける新たな動きが展開しつつある。

必須のインフラであった銭湯にそれとは異なるまなざしが向けられるようになるのは、バブルが頂点を迎えた一九八〇年代後半からである。銭湯独特の建築様式を観賞したり、銭湯巡りをしたりすることが一つの趣味として確立してきたのを受けて、ＩＮＡＸが山田幸一監修『いま、むかし・銭湯』（山田監修 1988）を、ＴＯＴＯが町田忍『銭湯へ行こう』（町田 1992）を、それぞれ刊行したのが興味深い。一九九三年、銭湯の激減に直面した東京都公衆浴場業生活衛生同業組合は、ＰＲ誌『１０１０（いちまるいちまる）』の発行を始めた。銭湯の取材記事やイベントの案内に加え、銭湯経営者が修行時代のつらさや経営の紆余曲折などをつづった連載に特徴があった[10]。同じ年、上野の美術館群や東京芸術大学にほど近く、典型的な銭湯的近隣が残る台東区谷中において、ギャラリー「スカイザバスハウス」[11]が開業したのは、一つの画期であった。寺院を思わせる外観を持ち、屋根の切妻部に懸魚（飾り彫刻）が下がる典型的な銭湯建築の内部は、高い天井と白いモルタルに特徴のある現代美術に特化したギャラリーに改装されている。銭湯のアートスペース化の先駆けである。

一九九〇年代後半から二〇〇〇年代前半には、スーパー銭湯ブームが起き、自動車での来店を前提として郊外の遊休不動産などを利用して温浴施設が乱立した[12]。図2-1において二〇〇〇年代前半にみられる公衆浴場の増加は、それを反映していると思われる。法律上は一般公衆浴場と区別されるが、スーパー銭湯をきっかけとして広々とした湯船に浸かることの心地よさを再認識した人は多かったはずである。スーパー銭湯ブームが一巡した二〇一〇年頃になると、逆風続きであった銭湯に新しい風が吹き始めた。依然として銭湯の減少は続いているが、延べ利用者数が下げ止まり、一浴場当たりの利用者数ははっきりと増加に転じたのである（図2-11）。

二〇一五年には、ウェブメディア『東京銭湯――TOKYO SENTO』[13]（東京都公衆浴場業生活衛生同業組合とは別物）が立ち上がる。旧来の顧客層だけで銭湯の経営を維持することが困難である現状を踏

---

(10)　連載は好評だったようで、単行本化された星野（2006）や笠原（2010）などは、独特の親分子分関係や同郷ネットワークを知るうえで貴重な資料でもある。『1010』は二〇一五年まで発行され、以降、同組合は『東京銭湯』というウェブメディア（https://www.1010.or.jp/　二〇二一年七月二八日閲覧）で情報発信を続けている。

(11)　https://www.scaithebathhouse.com/ja/gallery/　二〇二一年七月二三日閲覧。

(12)　https://president.jp/articles/-/1386　二〇二一年七月二三日閲覧。

(13)　https://tokyosento.com/　二〇二一年七月二八日閲覧。

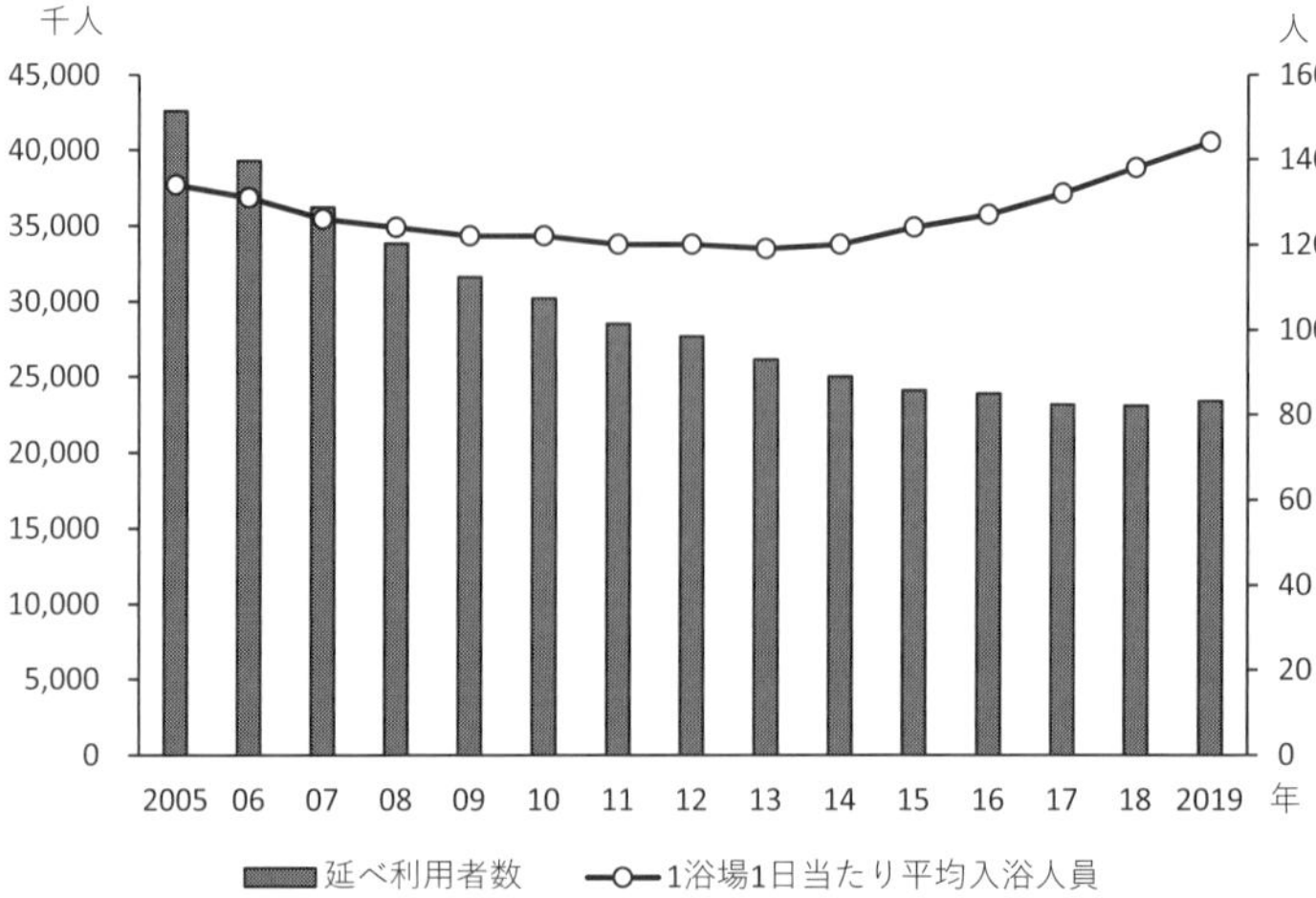

図2-11　東京都における銭湯の年間延べ利用者数と1浴場1日当たり平均入浴人数

資料：https://www.shouhiseikatu.metro.tokyo.jp/chousa/yokujyo/genjo.html により作成。

まえ、東京銭湯の運営会社はこれまで銭湯には縁遠かった一〇～三〇歳台の若年層に的を絞り、「〝入浴〟だけでなく銭湯体験をひとつのサービス」として提供すべく、地域イベントの企画や企業とのコラボレーション、関連グッズの販売などを通じて、銭湯のプロモーションを手掛ける。東京銭湯は、時代にあった銭湯の経営を模索し、それを核とするコミュニティのデザインを目指しており、それを体現するべく、実際に埼玉県川口市で喜楽湯を経営している。改装された内装、脱衣所、浴室は清潔感を醸し出しており、地域と連携し、不定期で古着屋や飲食店の出張販売、フリーマーケット、ライブなどのイベントを実施している。

東京銭湯の運営には、数多くのクリエイターや銭湯愛好家が参加している。二〇一六年、不動産仲介やリノベーションを手掛ける企業に勤める女性ボランティアライターが、銭湯と風呂なし物件の内見をセットにしたツアーを始めた。インタビュー記事には次のようにある。(14)

お風呂がないんじゃなくて、この物件のお風呂は〝銭湯〟なんだと。リノベーションを手掛ける会社にいることもあり、もともと大抵の風呂なし物件がそうであるように、昭和の味わいの残る木造モルタルの築古物件が好きでした。このツアーが実現すれば、銭湯文化を普及するとともに、そうした物件の魅力も伝えることができると考えたのです。

約二年続けたツアーのからの手ごたえと、東京銭湯からの働きかけを受けて、彼女は勤務先の協力の下、「銭湯のある暮らし」を提案する賃貸物件情報サイト『東京銭湯ふ動産』(15)を開設した。ウェブサイトでは風呂なしやシャワーのみ、銭湯近隣といった条件で物件が検索できる。ヒットする三〇〇件弱の風呂なし物件には成約済みもかなりあり、底堅い需要がうかがえる。「ＯＦＦ呂会」と名を変えて続いているツアーのレポートや、ＤＩＹによるリノベーションの指南といった記事も充実している。やむをえず風呂なし住宅に甘んじるのではなく、あえて風呂なし住宅を探して住まう時代になっ

(14)　https://www.re-port.net/article/topics/0000059409/　二〇二一年七月二三日閲覧。
(15)　https://tokyosento.life/　二〇二一年七月二八日閲覧。

たことを物語る。

風呂なし住宅をめぐっては、一年間にわたる実験的なプロジェクト「銭湯ぐらし」が行われた。高円寺に立地する小杉湯は、隣に風呂なしアパートを所有しており、解体までの期間の活用法を探っていた。そこに銭湯好きのクリエイターが集まり、一三の部屋に暮らして頻繁にミーティングを重ねながら、それぞれの専門性と銭湯を掛け合わせたプロジェクトを展開していったのである(16)。アパートは二〇一八年二月に解体されたが、一年の活動を経て、銭湯や銭湯付きアパート、あるいはそれを活用した民泊に事業としての展望が見出されただけでなく、銭湯を拠点とするまちづくりやコミュニティ形成、アートスペースとしての活用など、銭湯の有する数々のポテンシャルが見出された。その可能性を発展させるため、銭湯暮らしは法人格を取得してメンバーの拡充を図り、活動を継続することになった。ウェブサイトをみる限り、銭湯暮らしはクリエイティブ人材の集合体であり、銭湯を活かす総合的な空間デザインや、銭湯に関連したマーケティングやブランディング、イベントやツアーの企画など、いわば銭湯的コンサルティングを手掛けている。

銭湯的ジェントリフィケーションの現在形は、銭湯や銭湯的近隣をスクラップ・アンド・ビルドするのではなく、それらに審美の目を向けてリノベートしていく銭湯のジェントリフィケーションである。銭湯は本来的機能とは無関係なアートやイベントと結びつき、銭湯のある暮らしは一つの記号的価値を持ったライフスタイルとして認知され、主体的に選び取られるものとなった。そうした変化は、「銭湯好き」「建築好き」の銭湯巡りが市民権を得た段階では起こりえなかった。単なる懐古趣味に陥らない形で、まちづくり・コミュニティづくりに銭湯を生かそうとする理念や目的を持った運動体が立ち上がり、それが大なり小なり事業性を意識して動き出したとき、銭湯のジェントリフィケーションが顕在化したのである。

争点は、現在進行形の銭湯のジェントリフィケーションが、緩やかな暴力を伴った穏やかなジェントリフィケーションであるかどうかである。かつての銭湯的近隣の住民と比較して多くの文化資本を持った人々が主導する空間の再編が行われ、近隣がイベントフルになっている以上、そうではないと強弁することはできないだろう。間接的な立ち退きや脱ホーム化を味わう人が出て来ることは避けられない。しかしながら、旧来の顧客層だけでは銭湯の経営は維持できない現状を否定することもまた、難しい。新たな顧客のニーズを反映した穏やかなジェントリフィケーションを受け入れることで、銭湯はようやくその命脈を保っているとみた方がよい。

銭湯のジェントリフィケーションによって生まれつつあるコミュニティは、かつての銭湯的近隣に存在したコミュニティとは別種のものにならざるをえない。銭湯が必要不可欠のインフラであった時代、銭湯をめぐって偶発的なヒューマン・コンタクトが生じ、それがコミュニティの基盤となっていた。これに対して銭湯のジェントリフィケーションの基底にあるのは銭湯の目的化であり、銭湯の消

(16)　http://sentogurashi.com/archive/　二〇二一年七月二三日閲覧。ウェブサイトからはプロジェクトの報告書も得られる。

費空間化（栗生 2017）である。その結果、目的化・消費空間化された銭湯・銭湯的近隣に対する審美のまなざしを共有する人々[17]が閉鎖的なコミュニティを形成してしまうと、銭湯は存続したとしても、間接的な立ち退きや脱ホーム化が強く作用する。

西澤晃彦は、多様であることへの寛容性という都市の思想を体現する包摂的な空間として、銭湯を位置づけている（西澤 2000）。高度成長期の東京において、銭湯は文字通り多様な来歴の人間のごった煮であった。銭湯のジェントリフィケーションが起こる以前の一九八〇年代、木賃アパートに住む外国人（ニューカマー）が増えたとき、銭湯における遭遇は地元の人と外国人が共生していく端緒となったという。ジェントリファイされてもなお、銭湯は「異質なものを許容する都市の思想」（西澤 2005）を体現し続けられるかどうかが問われている。筆者は、銭湯のジェントリフィケーションを進める運動体が、ある程度は銭湯の消費空間化を進めながらも、銭湯をまちづくり・コミュニティづくりの軸に据えて活動している点に希望を見出している。

六　結論

高度成長期、風呂なし住宅とそこに住まう人々、最寄品を売る商店街、そして銭湯は、一つのエコシステムをなしていた。公衆衛生を担い、コミュニティの中心でもあった銭湯は、エコシステムの要であった。所得水準が上昇してくるにつれ、住環境に対する欲求が拡大してくると、人々は住宅双六の上がりである「庭つき郊外一戸建て住宅」に住まうこと、言い換えれば銭湯のない生活を目標とした（中澤 2019）。経済大国でありながら住宅貧乏との意識を強く持っていた政府は、不十分ながらも住宅政策を展開してこれを支えた。それでも一九八〇年頃までは、区部では風呂なし住宅の絶対数が多く、銭湯を要とするエコシステムは保たれていた。

一九八〇年代に入ると、一九六〇年代までに建設された風呂なし住宅が更新の時期を迎え、バブルによる地価上昇がこれに追い打ちをかけた。銭湯の利用者数は激減し、経営が悪化した銭湯は次々と廃業に追い込まれた。銭湯の跡地は、大半はマンションなどの住宅の底地となった。銭湯を失った近隣では、風呂なし物件の淘汰がさらに進み、建て替えや家賃の上昇による直接・間接の立ち退きを伴って、全体としてジェントリフィケーションが進行する。商店街の消費はスーパーやコンビニエンスストアに吸い上げられ、銭湯を要とするエコシステムは消えていった。

バブル崩壊までの銭湯的ジェントリフィケーションは、日本とりわけ東京における居住の貧困を出発点として、居住水準の向上という誰も反対のしようがない動機に基づいて発生した緩慢なジェントリフィケーションである。それは数十年を要する長期的な過程であったが、銭湯や風呂なし住宅のスクラップ・アンド・ビルドを伴っていたため、累積すれば数多くの直接的立ち退きが確実に発生した。

（17）　下村（2017：29）は、老朽建築物の審美化について、「建物の価値は、建物それ自体に備わるものというより、特殊なまなざしにおいて浮かび上がるものなのである」と述べている。これは、銭湯や銭湯的近隣にもそのまま当てはまる。

それに加え、家賃の上昇などによる間接的立ち退きや、コミュニティの核としての銭湯の喪失と環境の変化による脱ホーム化も発生した。しかし、風呂なしの生活から抜け出し、曲がりなりにも居住水準の向上を実現した人々――事実上都市住民のほとんどということになる――は、自分たちが銭湯的ジェントリフィケーションを引き起こし、誰かを追いやっていたなどとは思いもしないであろう。もとより、より良い住まいを求めることを責められるいわれはない。しかし、そうした営みの積み重ねによって風呂付き住宅が標準となったように、あるデ・ファクト・スタンダードが確立すると、それを達成できない人々は周縁化される(18)。銭湯的ジェントリフィケーションは、どうしても忘れがちなそのことを思い起こさせてくれる。

居住水準の向上という目標の達成が一巡すると、残された銭湯や銭湯的近隣は、希少価値を持ち、審美の対象となり始めた。それが、個人的な銭湯趣味を超えて、銭湯をまちづくり・コミュニティづくりに生かそうとする理念や目的を持った運動体・事業体が動き出したのは、二〇一〇年以降のことである。銭湯や銭湯的近隣そのものに価値を見出す点において、スクラップ・アンド・ビルドが前提の銭湯的ジェントリフィケーションとは異なり、銭湯のジェントリフィケーションの下では、銭湯や銭湯的近隣がアートやクリエイティビティと結びつけられ、特定の審美性に沿って作り変えられていく。銭湯や銭湯のある暮らしはアイコン化し、風呂なし住宅は貧しさの象徴ではなく自ら選び取られる住まいとなる。

銭湯のジェントリフィケーションは、銭湯を後世に残すためには不可欠であるともいえるが、それは嫌でも緩やかな暴力をまとってしまう。ただし、事の本質はそこにはないかもしれない。銭湯のある暮らしが選び取られるライフスタイルとなった今、経済的に周縁化された人々が賃貸借契約に基づいて風呂なし住宅に入居し、一回四八〇円の入浴料をその都度支払っているであろうか。ネットカフェや漫画喫茶にはシャワーがある。本当に周縁化された人々は、銭湯のジェントリフィケーションを待たずに銭湯的近隣から放逐され、不可視化（サッセン 2017）してしまっているのではないか。

（18）　関連する議論として、中澤（2016）のVを参照されたい。

文献

荒又美陽 2020「グローバル・シティのオリンピック――脱工業化、リスケーリング、ジェントリフィケーション」『経済地理学年報』66：29-48。
市岡綾子・伊藤毅・伊藤裕久・金行信輔・小林英之・菊地成朋・横山ゆりか・金子裕子・大月敏雄・金井透・稲垣栄三 1994「再開発による生活環境の変容過程――汐入研究 10」『日本建築学会大会学術講演梗概集F都市計画、建築経済・住宅問題、建築歴史・意匠』183-184。
稲垣栄三 1995「東京周縁の居住地形成と変容に関する歴史・計画学的研究――汐入の「まち」の記録」『住宅総合研究財団研究年報』22：167-180。
岩本通弥 1988「風呂屋に働く人びと――銭湯の民俗誌的考察」山田幸一監修『いま、むかし・銭湯』株式会社INAX、73-76。
大城直樹 2020「東京オリンピック1964と2020――都市再開発の様相に関するメモランダム」『経済地理学年報』66：49-59。
黄幸 2017「ジェントリフィケーション研究の変化と地域的拡大」『地理科学』72：56-79。

小野浩 2014『住空間の経済史――戦前期東京の都市形成と借家・借間市場』日本経済評論社。
笠原五夫 2010『東京銭湯三國志』文芸社。
株式会社セイコー社 1992『はい・まっぷ　東京荒川区』。
川端美季 2016『近代日本の公衆浴場運動』法政大学出版局。
木藤伸一朗 2008「公衆浴場と法」『立命館法學』5・6：1442–1470。
熊野貴文 2020「「まちなか居住」論を踏まえた大都市における戸建分譲住宅の居住者に関する予察」『駿台史學』168：49–70。
栗生はるか 2017「銭湯は公空間か共空間か消費空間か」『地域開発』619：24–29。
公益財団法人　まちみらい千代田 2019『千代田区分譲マンション実態調査報告書』。
サッセン、S.／伊藤茂訳 2017『グローバル資本主義と〈放逐〉の論理――不可視化されゆく人々と空間』明石書店。
ジェイコブズ、J.／山田浩正訳 2010『新版　アメリカ大都市の死と生』鹿島出版会。
下村恭広 2017「新しい商業地における老朽建築物の審美化」『年報社会学論集』30：27–38。
ズーキン、S／内田奈芳美・真野洋介訳 2013『都市はなぜ魂を失ったか――ジェイコブズ後のニューヨーク論』講談社。
東京都公衆浴場活性化検討会 2018『公衆浴場の活性化策』。
東京都公衆浴場業環境衛生同業組合 1980『昭和55年度　組合員名簿』。
中澤高志 2016「「地方創生」の目的論」『経済地理学年報』62：285–305。
中澤高志 2019『住まいと仕事の地理学』旬報社。
西澤晃彦 2000「東京の銭湯――思想としてのアーバニズムの一形態」『現代思想』28（11）：80–93。
西澤晃彦 2005「銭湯の思想」吉見俊哉・若林幹夫編著『東京スタディーズ』紀伊国屋書店、62。
ハーヴェイ、D.／森田成也・大屋定晴・中村好孝・新井大輔訳 2013『反乱する都市――資本のアーバナイゼーションと都市の再創造』作品社。
橋本健二・浅川達人編著 2020『格差社会と都市空間――東京圏の社会地図1990–2010』鹿島出版会。

フーコー、M.／慎改康之訳 2008『ミシェル・フーコー講義集成8生政治の誕生――コレージュ・ド・フランス講義1978-79』筑摩書房。
保坂武志 1990「東京北西部における公衆浴場分布の地図変換分析」『人文地理』42：427-441。
藤塚吉浩 2017『ジェントリフィケーション』古今書院。
星野剛 2006『風呂屋の親父の番台日記』草隆社。
福田珠己 2008「「ホーム」の地理学をめぐる最近の展開とその可能性――文化地理学の視点から」『人文地理』60：403-422。
町田忍 1992『銭湯へ行こう』ＴＯＴＯ出版。
松尾卓磨 2020「ジェントリフィケーションによる立ち退きをいかにとらえるべきか――ジェントリフィケーションの定義・Marcuseの類型化・多様化するアプローチの検討」『都市と社会』4：66-87。
宮澤仁・阿部隆 2005「1990年代後半の東京都心部における人口回復と住民構成の変化――国勢調査小地域集計結果の分析から」『地理学評論』78A：893-912。
矢部史郎・山の手緑 2001『無産大衆真髄』河出書房新社。
山田幸一監修 1988『いま、むかし・銭湯』ＩＮＡＸ株式会社。
横山ゆりか 2000「都市居住地域における道とヒューマン・コンタクト――戦前の地主開発型住宅地〈汐入〉のケース・スタディ」『人間・環境学会誌』6(1)：9-17。
ルフェーブル、A.／森本和夫訳 2011『都市への権利』筑摩書房。
Atkinson, R. 2015 “Losing one’s place: Narratives of neighbourhood change, market injustice and symbolic displacement,” *Housing, Theory and Society*, 32: 373-388.
Bernt, M. and Holm, A. 2009 “Is it, or is not? The conceptualization of gentrification and displacement and its political implications in the case of Berlin-Prenzlauer Berg,” *City*, 13: 312-325.
Blunt, A. and Dowling, R. 2006 *Home*, Routledge.
Brenner, N. 2004 *New state spaces: Urban governance and the rescaling of statehood*, Oxford University Press.
Davidson, M. 2008 “Spoiled mixture: Where does state-led ‘positive’ gentrification end?” *Urban Studies*, 45:

2385–2405.
Davidson, M. and Lees, L. 2005 "New-build 'gentrification' and London's riverside renaissance," *Environment and Planning A* 37: 115–1190.
Davidson, M. and Lees, L. 2010 "New-build gentrification: Its histories, trajectories, and critical geographies," *Population, Space and Place*, 16: 395–411.
Elliott-Cooper, A. Hubbard, P. and Lees, L. 2019 "Moving beyond Marcuse: Gentrification, displacement and the violence of un-homing," *Progress in Human Geography*, 44: 492–509.
Freeman, L. 2005 "Displacement or succession? Residential mobility in gentrifying neighborhood," *Urban Affairs Review*, 40: 463–491.
Glass, R. 1964 "Aspects of change, Centre for Urban Studies (ed.), *London: Aspects of Change*, MacGibon and Kee: xiii–xlii.
Hamnett, C. 2003 "Gentrification and the middle-class remaking of inner London, 1961–2001," *Urban Studies*, 40: 2401–2426.
Kahne, J. 2018 "Gentle gentrification in the exceptional city of LA?" Lees, L. and Phillips, M. (eds.), *Handbook of Gentrification Studies*. Elgar: 310–328.
Kern, L. 2016 "Rhythms of gentrification: Eventfulness and slow violence in a happening neighbourhood," *Cultural Geography*, 23: 441–457.
Lay, D. 1996 *The New Middle Class and the Remaking of the Central City*, Oxford University Press.
Lees, L. and Phillips, M. (eds.), 2018 *Handbook of Gentrification Studies*, Elgar.
Lees, R., Slater, T. and Wyly, E. 2007 *Gentrification*, Routledge.
Lees, R., Shin, H. and Lopez-Morales, E. (eds.), 2015 *Global Gentrification: Uneven Development and Displacement*, Polity Press.
Lees, R., Shin, H. and Lopez-Morales, E. 2016 *Planetary Gentrification*, Polity Press.
Marcuse, P. 1986 "Abandonment, gentrification, and displacement: The linkage in New York City," Smith, N. and

Williams, P. (eds.), *Gentrification of the City*, Allen and Unwin: 121–152.
Nixon, R. 2011 *Slow Violence and the Environment of the Poor*, Harvard University Press.
Scott, A. and Soja, E. 1996 *The City: Los Angeles and Urban Theory at the End of the Twentieth Century*, University of California Press.
Slater, T. 2009 "Missing Marcuse: On gentrification and displacement," *City*, 13: 293–311.
Smith, N. 1996 *The New Urban Frontier: Gentrification and the Revanchist City*, Routledge.

第3章　都市からの田園回帰に関する覚え書

コミューン運動の系譜を辿る

中川秀一

一　はじめに——都市からの田園回帰

(1)「ポリティコン」と地方創生

二〇〇七年八月から『文藝春秋』誌などで連載された『ポリティコン』(桐野 2014)は、東日本大震災直前の二〇一一年二月に単行本にまとめられ刊行された小説である。この作品では、二〇世紀前半(一九一七年)に白樺派の作家が建設したコミューンが主たる舞台として設定されている。著者は、この作品について、埼玉県入間郡毛呂山町に今も現存する武者小路実篤の「新しき村」を訪ねたことがきっかけになったと語っている(原 2011)。さまざまな背景を持った人々が集まる避難所のような場でもあった東北日本の共同体が崩壊していくという架空のストーリーだったが、結末では、新たな共同体の再建設へのかすかな希望をも暗示していた。それは偶然にも刊行直後に東北地方を襲った災害による行く末を予告するかのようでもあった。しかしこの作品は、大震災の前に書かれたものである。この作品が映し出しているのは、現代日本のさまざまな側面のひとつとしての、従来の社会の共同性の崩壊と、再生への兆しであると考えるべきだろう。

東日本大震災前後の日本の社会の変化についてはさまざまな視点から検討することができる。少なくともそのひとつには、日本の総人口が縮小過程にあることについての認識が広まったことが挙げられよう。もちろん総人口が減少過程に入ることは、政府の人口統計調査に基づいた分析結果による少子高齢化の深化に関連してもっと早くから予測されていた。でも、人びとの日常生活レベルで、何がどうなっていくのか、それぞれがどうすればよいのかを実感として理解することは、当時はまだ難しかったことだろう。

その状況を大きく変えたことのひとつが、増田レポートとも呼ばれる『消滅可能性都市』（増田 2014）の問題提起であることは論をまたない。若年女性の人口割合をもとに、将来消滅する可能性が高い自治体をリストアップして公開する方法はショックドクトリンともいわれ批判されたが、戦争や災害を除けば近代以降増加し続けてきた日本の人口が二〇〇五年前後を境にしてすでに減少過程にあったことを事実として認識を新たにするきっかけとなった。増田レポートは、こうした大きな状況変化が大都市と地方の間の年齢・性別選択的な人口移動によってもたらされてきたことを分かりやすく示したのである。すなわち、地方圏からの生産年齢人口が東京をはじめとする大都市への移住によって、地方圏での人口再生産水準が低下するだけでなく、東京が人口のブラックホール化しており、このことが日本における総人口の減少をもたらしてきたとする。いわば、人口再生産プロセスの停滞を人口移動の地域構造から簡便に説明したのである。

そして、限られた政策資源を有効に活用するための「選択と集中」を前提とした施策の必要性が唱えられると同時に、一連の地方創生政策が開始されるようになった。「人口のダム」戦略などの主として地方からの人口転出の抑制を図る一連の「地方創生」政策が、それまで用いられてきた地域活性化や地域振興などに代わる新しい用語として定着していることからもその影響を推し量ることができよう。

他方で、地方の「消滅可能性」を論拠とする、中央政府による政策手段を通じた自治体の「選択と集中」に対峙する視点として提起されたのが「田園回帰」論（小田切 2014）である。田園回帰論を主導してきた小田切徳美は、田園回帰を、「農山村の生活、生業、環境、景観、文化、コミュニティ、そしてそこに住む人々そのものに対する何がしかの共感を含むもの」であり、それが農山村への滞在や移住指向に結び付いていくこととしている。また、小田切らは、人口移動論、地域づくり論、都市農村関係論の三つに田園回帰を分類して整理している。筒井一伸らは、田園回帰の理論的枠組みとともにいくつかの県を単位に人口移動を分析している（筒井編 2021）。さらに、都市から農山村への人口移動の趨勢については、嵩和雄の整理に詳しい（嵩 2016）。しかし、人々の意識としての農山村への回帰については、総務省による近年の意識調査アンケートが分析参照されるのみで[1]、長期的、歴史的に検討したものはみられない。本章では、その考察のための手がかりを探ってみたい。

（2）都市からの田園回帰の意味

そもそも田園回帰という語の由来はどこにあるのだろう。「田園」の語は中国の歴史書『史記』にも用例があるが、田園回帰の起源を東晋の詩人、陶淵明（三六五〜四二七年）の「帰去来の辞」（帰去来兮辞）という詩に求めることはあながち誤りではないだろう。陶淵明はこの詩の冒頭で、「歸去來兮（かへりなん　いざ）」「田園將蕪胡不歸（田園　將に蕪れなんとす胡《なん》ぞ歸らざる）」と、帰るべき場所として「田園」を謳った。そして、故郷に暮らし、内在的に農村生活風景を描く「田園詩人」としてその生涯を終えたといわれている。この詩に謳われた思いが、まるで長い時間と国境を超えて現代日本の文脈において新たに解釈し直され、「田園回帰」として蘇ったかのようでもある。

日本でこの詩がどう受容されてきたかはここでの検討課題の範囲を超えているが、後述する武者小路実篤（一八八五〜一九七六年）（以下、実篤）の新しき村での出版事業で『陶淵明詩集』（石山徹郎訳）が刊行されていることからみても、農山村に理想郷を建設しようとする運動の底に流れていたことの証左といえそうである。そこでここでは、ひとまず日本における田園回帰の系譜の源流に新しき村を置いて論を進めたい。そのうえで、戦後のコミューン運動の足跡を素描してみよう。

表3-1は、日本におけるコミューン運動に関連する動向を概観したものである。ここには、いわゆる開拓村は含まれていない。コミューンの定義は必ずしも明確ではないが、この表から一定の動向

表3-1　コミューン運動の系譜

1904年	R	○	一燈圏　京都市山科区　西田天香
1911年	A	△	百姓愛道場　東京府豊多摩郡千歳村船橋（現・世田谷区）　江渡狄嶺
			→　1913年　三蔦苑（さんちょうえん）　高井戸村字原（現・高井戸東）開始
1918年	A	○	新しき村　宮崎県児湯郡木城村　武者小路実篤
			→　1925年　埼玉県入間郡毛呂山町に移植
1922年	A	×	狩太共生農園　北海道ニセコ町　有島武郎
1937年	R	○	心境農産　奈良県宇陀郡　尾崎増太郎　※精薄者との共同生活
1945年	R	○	大倭紫陽花邑　奈良県奈良市　矢追日聖
			→1963年　社会福祉施設・ライ回復者の宿泊施設「むすびの家」設置
1946年	R	○	松緑神道大和山　青森県東津軽郡　田沢康三郎
1947年	A	○	新平須協同農場　茨城県稲敷郡　上野満
1953年	A	○	山岸会　東京，埼玉，伊勢，大阪，神戸，西海
1961年	A	○	農事組合法人　東山産業　香川県木田郡　志渡勇一
1962年?		○	社団法人　日本協同体協会　栃木県今市　宮部一郎・手塚信吉
1962年	R	△	マハ・ラバ村　茨城県石岡市　※障害者との共同体
		○	※横塚晃一らが参加　→　全国青い芝の会総連合会
1967年		◆	金峰SCIセンター　山梨県東山梨郡　小林茂夫
1967年	H	×	部族　国分寺市
1967年	H	×	無我利道場　鹿児島県大島郡
1968年	H	△	あらくさ共同体　滋賀県滋賀郡　松本曜一　※精薄者施設建設運動
			※斉藤縣三らが参加　→　わっぱへ
1971年	H	△	ぐるーぷ・もぐら　福島県いわき市
1971年	H	×	夢見るやどかり族　宮崎市
1971年	H	◆	私都村の会 鳥取県八頭郡　徳永進　※ライ病者との共同体
1972年	A	○	弥栄之郷共同体　島根県那賀郡
1972年		○	集団わっぱ　名古屋市昭和区　※精薄者との共同体
1974年		○	共同学舎　長野県安曇郡小谷村など　宮嶋真一郎・新田目建　※障害者との共同生活
1975年	A	◆	阿寒学園村　北海道阿寒郡　草刈善進
1975年	H	○	長本兄弟商会　東京都杉並区　長本光男
1976年	A	○	大地を守る会　藤本敏夫
			→1981年　鴨川自然王国　千葉県鴨川市
1977年	R	×	緑のふるさと運動　栃木県那須郡　大山八三郎・新島淳良

共同体運動・コミューン運動（arsvi.com）に筆者加筆　http://www.arsvi.com/d/c23.htm
A：農業、H：ヒッピー、R：宗教・信仰　　○：現存、×：消滅、△：転化、◆不明

を概観できるだろう。一九六〇年代には無数のヒッピーの共同体と考えられるものが生まれその多くは消滅したといわれているが、この表のように今日まで存続しているものも少なくないとみられることに注目すべきである。本章では、日本におけるコミューン運動を過去のものとしてではなく、時代に応じて変化してきた面にも着目しながら持続する運動として理解する視点から今日の田園回帰を検討したい。(2)

二　「新しき村」をめぐる随想

(1)「新しき村」を訪れて

実篤の「新しき村」は、農山村に理想郷を築く取り組みとして広く知られ、その動向に関する情報も極めて公開性が高く、またさまざまに論じられてきた。そして、過去のものではなく一〇〇年を超えて現存する共同体でもある点が重要である。そこで、ここでは新しき村について概略を示し、他の事例と比較検討する起点としたい(表3-2)。

まず、「東の村」と呼ばれている、埼玉県の秩父山地の麓の新しき村を訪ねてみた。東京から車で一時間強のところにあり、県道のバイパスが走る近隣まで宅地開発が進んでいる。私が訪ねた時の村の周辺はひっそりと静かなたたずまいで、村はあるのか、心配になるほどであった。しかし、村の入口への道を進むと、太陽光パネルが並び、茶畑が広がり、川の向こうには大規模な鶏舎(今は使われていない）が見えてきた。そして実篤の「この門に入るものは自己と他人の生命を尊重しなければならない」ということばの書かれた門を通り抜けると、今は使われていない大きな井戸があり、生活館や美術館、売店を兼ねた公会堂といった少し大きな建物があり、ベンチに腰掛けて話をしている人たちや畑で農作業している人の姿も目に入ってきた。いくつかの古い建物は老いてくたびれたように崩れていたが、現在も居住している小さく質素な平屋の建物からはここでの落ち着いた生活感が漂っていた。訪れた日は一二月の総会の日で、(3) 公会堂では三〇人ほどの人びとが口の字型に並べた長机で会議をしているところであった。ほとんどが高齢者と思しき人たちであったが、スーツ姿をした若いビジネスマン風の数名の客人の姿も見かけた。売店に入ると柚子やジャガイモ、コメなどの農産物などが販売されていた。会議しているそばでは初老の女性が店番をしている様子だった。私は、シイタケ

（1）例えば総務省地域力創造グループ過疎対策室（二〇一八）など。

（2）ただし、先述の小田切（2014）は、実篤の新しき村のころにみられる農本主義的な動向と今日の田園回帰とは峻別すべきとしている。なぜならそれは「文化人のみに見られた、裾野の狭いもの」であり、「日本を戦争に導くファシズムへと接近していった」ものだからだとする。本章ではこの点を意識しつつも、時間軸を広げて戦後のコミューン運動の動向にも目を向けながら、今日との共通点や今日の視点からみて有用だと思われる点についても探ってみたい。

（3）「東の村」では、年間に定例の集会が八回開催される。一二月は第三日曜日に、「新しき村」評議員会が開かれており、次年度の事業計画などが審議される。このとき訪問したのは二〇二一年一二月一九日であった。

表3－2　新しき村の沿革

年	新しき村のできごと	武者小路実篤とその周辺	社会の動向
1918	機関誌「新しき村」創刊（7月） 新しき村創設（11月）	日向に向かう	
1919	新しき村に4000円余り入金	←我孫子の自宅売却	
1920	新しき村の精神　起草		
1922	大水路の工事開始（1928年完成）	房子と別れ、飯河安子と結婚	
1923	8時間の義務労働を6時間に変更	有島武郎情死	関東大震災
1925		離村し奈良へ、村外会員に	
1927	西巣鴨に東京支部設立	東京に転居、その後は都内在住	
1930	自家発電開始、電灯と精米機稼働	欧米旅行に出発	
1938	県営ダム工事計画発表		
	二家族を残し離村		
1939	毛呂山町で新しい村の開墾開始		
1941			太平洋戦争
1942	新村堂（神田神保町）開設	日本文学報国会劇文学部長就任 『大東亜戦争私感』刊行	
1945		秋田県稲住温泉に疎開	終戦
1946		貴族院勅選議員に 公職追放に指名され、議員辞職	
1949	東の村で主食自給達成、養鶏開始		
1954		東京・仙川に宅地購入（翌年転居）	
1958	東の村　自活達成　養鶏盛んに		
1968	「仲良し幼稚園」開設、~1984年		
1972	椎茸栽培本格化		
1976		妻安子（2月）、実篤（4月）逝去	
1980	新しき村美術館開館		
1993	卵価低迷によりこの後養鶏不振に		
1995	売店「新しき村の店」開店		
2004	無農薬の水稲栽培3年目蛍が舞う		
2010	太陽光発電開始		
2011	基準超の放射能検出で茶の出荷停止、椎茸は東電から賠償		東日本大震災
2014	大雪で椎茸小屋損壊、補助を受けて再建．養鶏は翌年終了		
2018	創立100年		

前田速夫（2017）をもとに作成。

図３－１　「東の村」の現在（埼玉県毛呂山町の「新しき村」）
2021年12月19日筆者撮影。

と「新しき村」の来年のカレンダーを買った。美術館では、実篤の描いた絵画を中心とした美術品が展示されており、生活館では村民の絵画や彫刻などの作品を集めて展示していた。それはしばしば公共施設で開催される一般市民の作品を寄せ合って開かれる展覧会のようであった。

新しき村は間違いなく現在も存続し、村の人々は贅沢ではないけれど文化的な生活を営んでいる様子だった（図３－１）。

（２）新しき村の理念

新しき村は、白樺派の代表的な作家であり、「或る男」や「真理先生」などの作品で知られる実篤が構想し、また自ら中心となって建設した農村理想郷である。実篤は、トルストイに深い影響を受けた思索的な小説や戯曲を発表したほか、絵画を含む文芸・芸術の各方面に通じて国境を越えた文化人たちとの交流をした人でもあった。しかし、新しき村の建設は、そうした創作活動を始めた当初から構想されていたという。その跡はいくつか確認できるが、明治四一（一九〇八）年五月の日記に次のような一文がある。

自分は此頃になって何か仕事ができる様に思へてきた。〔中略〕それは新しき社会をつくる事だ。理想国の小さなモデルをつくる事だ（大津山編 1977：ii）

そしてその理念は、実篤によって次の「新しき村の精神」（一九二〇年一二月起草[4]）に示された。

一、全世界の人間が天命を全うし、各個人の中にある自我を生長させることを理想とする。
一、自己を生かすため、他人の自我を害してはならない。
一、その為に自己を正しく活かすようにする。自分の快楽、幸福、自由の為に他人の天命と正しき要求を害してはいけない。
一、全世界の人々が我等と同一の精神をもち、同一の生活方法をとる事で全世界の人間が同じく義務を果せ、自由を楽しみ、正しく生きられ、天命（個性を含む）を全うする道を歩くように心がける。
一、かくの如き生活をしようとするもの、かくの如き生活の可能性を信じ、全世界の人が実行することを祈るもの、又は切に望むもの、それは新しき村の会員である、我らの兄弟姉妹である。
一、されば我等は国と国との争い、階級と階級との争いをせずに、正しき生活にすべての人が入る事で、入ろうとする事で、それ等の人が本当に協力する事で、我等の欲する世界が来ることを信じ、又その為に骨折るものである。

この「精神」に表現されているように、新しき村では、個人が自由で正しい生活を追求することがもっとも尊ばれた。こうした生き方を実現するために、共同で必要最低限の生産労働に従事し、それ以外の生活の時間を各自が創作などの自由な活動に充てることのできる生活共同体の建設を目指したのである。

（3）新しき村の土地

新しき村は大きく分けて全国に二か所ある。一九一八年の最初の入植地であった宮崎県児湯郡木城村（現在の木城町）字城「日向の村」とその後にあらたに建設された先述の埼玉県毛呂山町「東の村」である。

「日向の村」の土地の購入の経緯については、実篤ら新しき村をつくろうとする人たちの観点から『土地』（『解放』一九二〇年）に詳しく描かれている。はじめは東京から日帰りのできるところを探したがいい土地が見つからず、だんだん遠いところでもいいと考えるようになったこと、そこで北海道が次の候補地となったが、大規模経営に必要な資金が足りないとか、「初恋の女がゐる」など気が向かないからというあいまいな理由で実篤が反対したこと、そこで日向へと目が向けられることになったという。日向に目を向けたきっかけは友人から聞いた「いい処だそうです」という伝聞であった。

（4）現在の一般社団法人「新しき村」では一部改変されている。

表３－３　「日向の村」の土地の内訳

地目等		面積
畑	７筆	1町1反８畝７歩
田	15筆	1町３反2畝13歩
宅地	９坪	3反3畝9歩
城の民有地	8500坪余	
官有地借地（山林原野）		1町５反７畝８歩

南邦和（2018）による。

実篤自身、はじめは遠い気がしたが、妻や友人と話すなかで乗り気になり、「日向のどこかにしよう」と決めたという。実際、日向の地で土地を探索する途上で「この美しさは、天人が降臨しそうな美しさはほかにはない」と感嘆している。しかし、夢心地の印象とは別に、その後の『土地』に描かれているのは、候補地の行政者や地主との間のかけひきの中での失望の繰り返しであった。また、気が向くままに、乗り気で進めた土地選びは、必ずしも合理的な選択ではなかったかもしれない。後に「農業のことに詳しかったら、あそこの村は買わなかったかもしれない。地質がよくなかった」（『現代日本文学全集』月報四一、筑摩書房、一九五七年）と述懐している。

大正七（一九一八）年一二月に登記完了した時点の「日向の村」の土地は表3-3の通りである。

（４）村の経済と「東の村」

最初の入村者は実篤夫婦を含む一八名、内訳は、一〇歳と二歳の子どものほか一九歳から三〇歳までの若者たちで、実篤はもっとも年長で三四歳であった。入村当時について「創設期の村では栄養失調があいつぎ、ことに幼児の場合はみじめであった」（大津山編 1977）というように、長く十分な収穫が得られなかった。村の経済は、村内で「自活」を達成するにはさまざまな条件が不足していた。そこで、村外で趣旨に共感する人たちの力を借りて村での生活を維持する仕組みが当初から組み込まれていた。居住者である村内会員と、新しき村に賛同する村外会員の制度である。

創設期の収支は表3-4の通りであった。収入の内訳は、村内会員が入村する際に拠出する所持金、村外会員の会費と寄付、及び会員外からの寄付であった。この期間の総額約五万円は、現在の約七〇〇〇万円超（CPI換算）にあたる。実篤は現在の価値で三五〇〇万円弱の私財を提供していた。逆にいえば、村外での実篤の経済活動が村の主たる経済基盤だったのである。

表3-4　創設期の新しき村の収入の変化

年	収入		実篤拠出金	
1918	4027円	64銭	2400円余	
1919	11683円	21銭	5908円	25銭
1920	12016円	01銭	5123円	32銭
1921	9140円	70銭	4001円	49銭
1922	12723円	71銭	5941円	96銭
計	49591円	27銭	23375円	02銭

大津山（1977）による。

村内の生産活動で生活を成り立たせる「自活」の実現は容易ではなく、もともと畑作地であった「日向の村」では、水稲栽培のためにまず灌漑設備を建設しなければならなかった。大規模な水路が完成するのに一〇年余りを費やし、主食の自給が達成される前に実篤は村を離れている。さまざまな要因が実篤自身の著作の中でも述べられているが、共同体の経済基盤を考えれば、実篤が積極的に村外で活動することが合理的な判断だったともいえる。しかし、このことは実篤を慕って集まった人々の離村をも促し、五〇名ほどだった当時の村内会員は、実篤の離村を機に約半分にまで急減した。

新しき村は、このころ理想と現実の違いに直面していたはずである。「白樺派の坊ちゃん」実篤の離村に、もともと批判的だった当時の社会主義者や文士たちからは嘲笑が浴びせられた。さらに、村の土地が水没する県営ダム建設計画が発表されるなど苦境が続いた。ダム建設のために「日向の村」に二つの家族を残し、翌年に埼玉県に新たな土地を見出して新たに「東の村」の建設に取り組んだのは、当時四〇代の二名とその家族のみだった。実篤は、このときの「東の村」の建設について次のように記している。

〔前略〕僕は自分も時々行ける処に村を作りたい気になった。

村に居る人も東京に出たい時は出て来、村外会員も村に行きたい時はゆき、都会と農村の喜びを吸ってお互いに成長したいと思うのだ」「都会生活と農村生活の融合する村をつくりたいのだ
（「新しき村を」）

村外会員が訪ねることができる場所とは取りも直さず、その約一〇年前に東京に転居した実篤自身が通うことのできる場であり、東京では毎週木曜日に定例会が開かれるなどすでに支部活動が活発になっていた。実際、「東の村」ができると毎月第四日曜日には東京支部が中心になって、農作業の手伝いや創作活動が行われるようになった。

このころの村外会員には、実篤以外にも、詩人の千家元麿、宮崎丈二、作家の倉田百三演劇評論家などが名を連ね、新しき村の出版物に原稿を寄せていた。大阪の金箔商の茶谷半次郎、神戸の貿易商の山本顧弥太らは多額の寄付金で経済的に支援したほか、「美術館」のためにゴッホの「ひまわり」を購入して文化活動を支えた。村外会員ではないが、「白樺」同人の志賀直哉や長与善郎、柳宗悦らは直接村を訪れ、画家の岸田劉生は雑誌の表紙画を毎号提供した。こうした村外会員の活動拠点が都内に設けられるようになり、昭和一七（一九四二）年に神田神保町には「新村堂」が設立された。

現在の「新村堂」は、神田神保町の駅で降りて、地下鉄の階段を地上に上ったところのビルの八階にある。今日でも新しき村の東京支部の活動拠点として定例会が毎週開催されている。

（5）有島武郎の「狩太共生農園」のこと

実篤が新しき村の建設をしているころに、同じ「白樺」の中心人物である有島武郎（一八七八～一九二三年）（以下、有島）も異なる方法で農村共同体を新たに作り出そうとしていた。ふたりはそれぞれに農村に理想郷を建設しようとしたが、今日からみれば、その経過は対照的でさえある。そこで、高山亮二による農場を中心にした精緻な有島の研究を参考に新しき村と「狩太共生農園」（以下、共生農園）を対比させ、その特徴や時代背景を考えてみたい（高山 1972）。

有島は東京生まれで、学習院中等科で実篤らと同窓であったが、札幌農学校に進学し、欧米を遊学して帰国した後、北海道で教鞭をとりながら『白樺』同人として文筆活動を行った。有島の父・武は、一八九九年にマッカリベツ原野（現・ニセコ町）に娘婿・山本直良名義で貸下を受けて「山本農場」を拓き、この農場が一九〇八年に有島武郎名義に変更されて「有島農場」となった。そして地主となった有島が、一九二二（大正一一）年に土地共有を前提として小作人に無償解放して生まれたのが共生農園である。それは有島の代表作である小説「カインの末裔」の背景となった農場でもあった。しかし、その翌年（一九二三年）に、有島は、婦人公論の記者の波多野秋子と軽井沢の別荘で心中した。既婚者であったことから有島に対する当時の批判は大きかったといわれているが、共生農園は第二次世界大戦後まで存続し、一九四九（昭和二四）年一月に農地解放の影響を受けて解散している。

実篤の新しき村の建設が高らかに宣言されたのは、一九一八（大正七）年のことであった。それに対して有島は即座に「中央公論」誌上（一九一八年七月）に次のような反語的な一文を寄せている。

日本に初めて行はれようとするこの企てが、目的に外づれた成功をするよりも、何処までも趣意に徹底して失敗せんことを祈ります。

そして自身も機会が訪れたら実篤の企て（新しき村）のようなことをかたちにし、「存分に失敗しようと思って」いると宣言した。そうして創設されたのが有島の共生農園だったのである。

「生産の大本となる自然物即ち空気、水、土地の如き類のものは、人間全体のもので〔中略〕私有されるべきものではありません」（小作人への告別）という理念の下、北海道大学農業経済教室による経営計画によって、これまでの小作人が土地を共有し共同で運営するのが有島の理想とする農園像だった。しかし、「私の仕事は第四階級者以外の人々に訴える仕事として終始する外はあるまい」として自身では第四階級の解放を果たせぬものと諦観していた。第四階級とは労働者階級のことである。そして「共生農園の将来を楽観していない。それが四分八裂して遂に再び資本家の手に入ることを残念だが観念している」という。なぜなら、はじめから新しき村のような「理解した人の集まりではない」からだとその理由を説明している。

有島は社会主義者ではなかったが、社会主義の理想を共生農園にみていた面がある。その目的は、第四階級としての小作農の解放であり、共生農園はその手段とみなされるが、それは取りも直さず地主階級である自身の解放を意味していたのではないか。しかし新しき村は、「人間かう生きるのが本当だと思うとほりに生きる」ことを目指し、実篤が明言するように「資本主義や社会主義とどういう関係にあるか」は学者に任せるというスタンスだった。しかも、先述のように、大正末に実篤自身は新しき村での生活から離れさえしたのである。

こうして、大正期に企図されたふたつの農村の理想郷は、それぞれ別の意味で提唱者本人が不在となった。しかし、有島が失敗を予測したにもかかわらず、その後も共同体はそれぞれ長く存続した。転機は、第二次世界大戦後、農村民主化を図る農地解放であった。自作農創出の過程がふたつの農村の理想郷の行く末を分けた。

皮肉なことに、農民の解放を図った共生農園は、農地を解放するために解散してしまうのである。

当初は農林省も「これらの所有形態は見方によっては自作農創設を図る今次の農地改革より一歩前進している」とさえ評しており、北海道庁も理解ある態度であったという。それが農地改革の対象となった経緯は正確には明らかではないが、高山亮二は、有島家などからの支援がなかったことや土地共有や相互扶助の理念が、共産社会、共産国家を、連合国軍最高司令官総司令部に連想させたのではないかと推測している（高山 1972）。

一方、新しき村はどうだったか。結論からいえば、財団法人化することによって解体されなかった。「新しき村50年」に記されているところによると、はじめは実篤の個人名義の土地は不在地主のものとして農地改革の対象とされたが、東京支部など村外会員の財政を含めたサポートにより役所と交渉をした結果、国がいったん土地を買い上げて、新たに設立された財団法人「新しき村」に売り渡すという手続きが取られて存続したのである。

さらに高山は、メディアによるふたつの共同体の取り上げ方にも言及している。共生農園の解体を『東京朝日新聞』のみが取り上げ、①解放当時の小作の数が少なかったこと、②小作権の売買が行われていること、③故人の意思を踏みにじり農民自身が自作農になる意向が強かったことを、農地買収がなされた理由として報道した。それに対し、新しき村はＮＨＫが取り上げ、「初秋」として全国実況放送した。この違いについて、新しき村の個性自我の尊重が、戦前戦中の全体主義に対峙する戦後民主主義の時代風潮に合致したからではないかと推測している。

しかし、実篤自身は、終戦直前に貴族院議員となり、戦後は戦犯として公職追放の憂き目にあった。

トルストイに強く感化され、反戦、平和を強く志向した実篤であったが、太平洋戦争を積極的に支持した『大東亜戦争私感』（河出書房、一九四二年）は、思想家としての実篤の評価に深い影を落としている。本人自身は著作の中で、「今思えば我ながら愚かなことで、恥ずかしく思う」（「自分の歩いた道」）と率直に打ち明けている。

これらを踏まえて、戦前戦中の新しき村をどう位置付けるかは、実篤自身が述べていたように、それ自体を左右のイデオロギーで判別するには適当ではない気がするがどうだろうか。

（6）新しき村の現在

新しき村は二〇一八年に一〇〇周年を迎えた。この間に幾多の苦難を乗り越え、大きな転機を経てきた。その最大のものは、先述の「日向の村」に関するダム建設と「東の村」の建設（一九三八年）だといえるだろう。ここでは八〇年の時を経て今なお健在である「東の村」の経済事業の変遷に触れておきたい。

まず、先にみたように、実篤をはじめ村外会員からの援助によって成り立っていた村財政が、主食の自給（一九四九年）や自活の達成（一九五八年）によって自立した過程が重要である。野菜や水稲を中心とした食料生産活動が経済基盤となったことを意味するからである。こうした農業生産活動が順調に推移するなかで、村は新たに養鶏事業への取り組みを開始し（一九四九年）、全国でも有数の養鶏事業体として発展した。そこでは、ヤマギシ会などとの交流も影響していたとみられる。養鶏事業は、

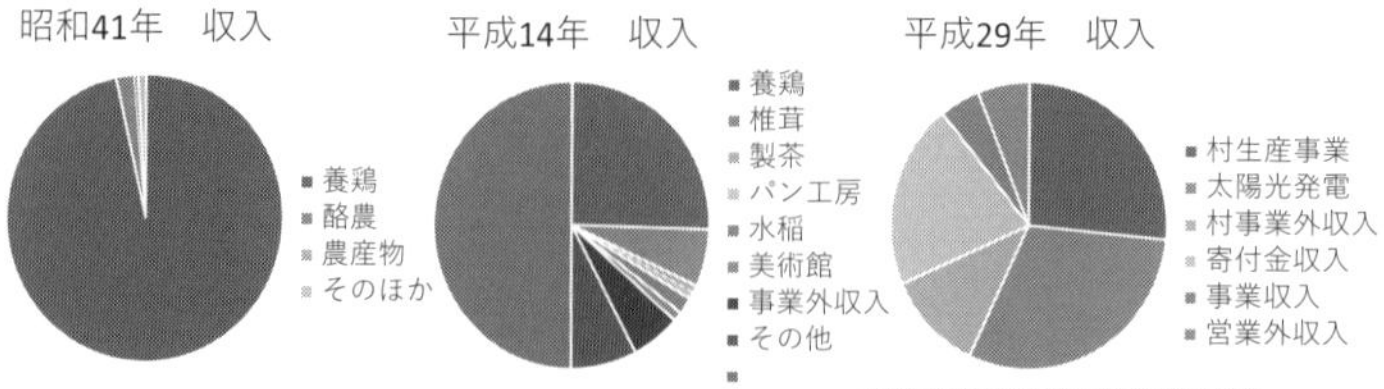

		（千円）
	収入	支出
昭和41年	54810	48710
平成14年	75783	87968
平成29年	31509	32400

図3-2　新しき村の収入の変遷

調布市武者小路実篤記念館（2018）より作成。

鶏卵のみの売り上げが五億円を超えるほどの展開をしたが、鶏卵価額の低迷や人手不足のため、二〇一四年に終了した。しかし、その後も太陽光発電事業を導入するなど一般社会の中の技術革新を導入しながら今日に至っている（図3-2）。もちろん高齢化は新しき村も例外ではなく、今後の存続が楽観を許さない状況なのは、日本の他の多くの地域と変わらない。

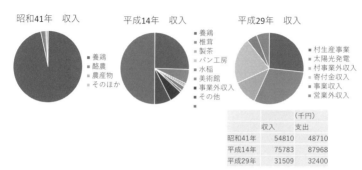

三　日本のヒッピーとコミューン運動
——「新しき村」以降の農村をめぐる共同体

(1)「部族」の誕生と解体

トルストイの思想から影響を受けた実篤らとは別の文脈から、戦争反対や平和を掲げた運動が日本でも興隆して、そこから新たな理想郷を建設する動きが戦後にもみられた。アメリカ発のヒッピームーブメントを受けて展開したコミューン運動である。

ヒッピーとは、一九五〇年代初頭のアメリカにおける公民権運動や女性解放運動などに端を発し、インドシナへのアメリカの侵攻、さらにはベトナム戦争への展開の中で、「愛と平和」を掲げた反戦運動と結びついた若者たちの風俗や共通性を持った様式で生活をおくる集団である。それは既存のキリスト教的価値観に対する反発を背景にドラッグやフリーセックス、ロックなどに象徴される反権力的な側面を持ち、カウンターカルチャー（対抗文化）としての性質を帯びていた。その一部は、東洋の思想や文化への関心と結びつき、日本の文化や思想への関心とともに日本の若者たちとの交流も行われていた。しかし、日本においてかつてヒッピーだったといわれていた若者たちが当時から自身をヒッピーと自認していたとはいえないようだ。むしろ彼らと交流があったのは、アメリカのビートニクと呼ばれる詩人たちであり、彼ら自身は自らを「部族」と名乗っていた。

「部族」は、当時新宿にあったカフェ「風月堂」に集う若者たちの間から生まれたといわれている。榊七男（通称、ナナオサカキ以下同じ）、長澤哲夫（ナーガ）、山田塊夫（ポン）、長本光男（ナモ）に山尾三省が加わって一九六五年に結成されたBum Academy（乞食学会の意、以下ＢＡＭ）がその前身であった。新宿の風月堂は、アメリカの旅行会社から一九六三年に刊行されたガイドブック「Japan and Hong-kong On the Dollars a Day」に「グリニッジビレッジの良いカフェに似たテイスト」として紹介されたように、当時としては一風変わった喫茶店だったようである。グリニッジビレッジとは、ニューヨーク・マンハッタン区のダウンタウンの地区のひとつで、東海岸における当時のビートジェネレーションやカウンターカルチャーのメッカであった。こうして東洋の思想や文化への関心の高いアメリカのビートニクたちが日本を訪れた際、新宿風月堂に立ち寄るようになったという。ビートニクを代表する詩人、ゲイリー・スナイダーやアレン・ギンズバーグなどとＢＡＭのメンバーたちも風月堂で交流しており、彼らをＢＡＭと命名したのもスナイダーだったといわれている。また「部族」の語は英語の tribe に由来し、アメリカのヒッピーたちの新聞 *San Francisco ORACLE* の記事に触発されて彼ら自身でも新聞を発行することとし、その新聞の名前にナーガが用いたのがきっかけだった。その創刊号に掲載された「部族宣言」に当時の彼らの考え方が表現されている。

ぼくらは宣言しよう。この国家社会という殻の内にぼくらは、いまひとつの、国家とはまったく異なった相を支えとした社会を形作りつつある、と。統治するあるいは統治される如何なる個人も機関もない、いや「統治」という言葉すら何の用もなさない社会、土から生まれ土の上に何を建てるわけでもなく、ただ土と共に在り、土に帰ってゆく社会、魂の呼吸そのものである愛と自由と知恵によるひとりひとりの結びつきが支えている社会をぼくらは部族社会と呼ぶ。（『部族』第一号（一九六七年一二月発行）

こうした考えが共同生活の拠点をつくるコミューン運動へと展開していった。一九六七年の春から夏の間に、雷赤鴉族（長野県富士見町）、がじゅまるの夢族（後のバンヤン・アシュラマ。鹿児島県十島村諏訪之瀬島）、エメラルド色のそよ風族（東京都国分寺）のように離島に、山村に、東京郊外にと、管理が強化されていく新宿を離れて、次々と部族のメンバーが直接関わって活動拠点であるコミューンを建設していった。なかでもバンヤン・アシュラマ（以下、アシュラマ）は、一九六〇年代の終わりごろのカウンターカルチャーに関する情報を掲載した『ホール・アース・カタログ（The Whole Earth Catalogue）』（一九七一年）で紹介され、日本のヒッピーたちの聖地として海外でも知られる存在となった。

諏訪之瀬島は、鹿児島港から奄美大島に向かう途上に位置する吐噶喇《とから》列島のひとつ、面積二七・六六㎢、周囲二七・一五㎞の島である。活発な噴火活動をしている火山島であり、一八一三年の大噴火のときに全島避難して以来一八八三年までは無人島であったが、現在は人口約八〇人、近年は増加傾向にある。はじめはナナオが奄美大島を訪ねる船中で乗り合わせた島民に誘われたのがコミューンをつくるきっかけだったという（上野監修・塩澤編 2020）。当時の島の人口は四〇名ほどに過ぎず、無人島になる手前であった。島民たちからみれば島の存続のためにも新住民を必要とする状況があった。港湾も整備されておらず、艀荷役を担う若い労働力も必要とされていたようである。

しかし、当時、アシュラマの番頭世話役であったというポンは、当初の二～三年の生活を次のように表現している。

　アシュラマへの来訪者は、原則として食料持参だったが、長期滞在者が多く、現金収入はゼロに近いから食料不足は慢性的だった。都市で働く仲間たちのカンパが頼りだったがそれも無い時にはぼくが南九州へ出稼ぎに行って、食料を買って帰った

〔前略〕飽食の時代の幕が明けようという頃に、僕らは集団的な飢餓を体験していたのだ（山田 1990）

絵描きであったポンは街角で似顔絵を描いて収入を得ることができたので、ここでいう出稼ぎとは、そのことをいっているのかもしれない。しかし、雷赤鴉では、資金調達に当時の国鉄中央線の線路の保守作業のようなことに従事していたようなので（赤田・片岡編 2019）、あるいはそうした日雇いによるものだった可能性もある。自給や自活とはほど遠い状態からの出発だった。しかし、現在も島で生活しているナーガの証言では、魚介類が豊富で自分で食べる野菜などを少しつくれば食べることには困らないところだという。また、一九七〇年ごろに島にいた部族のメンバーは二五～二六人だったが、旅をしながら滞在している者も多かったようだ。定住メンバーはそのための食料調達も担わなければならなかったと推測される。また、そのころは子供たちも加わり、修行の場としてのコミューンから生活・生産の場への変革が求められていた。

一九七二年のヤマハ日本楽器による「南西諸島開発計画」は、諏訪之瀬島のアシュラマのコミューンに大きな影響を与えた。諏訪之瀬島を観光リゾートの拠点として開発整備しようとする計画であった。計画を受け入れるかどうかについて定住メンバー以外の部族のメンバーたちも集まって話し合いが続けられた。地元と対立してでも反対するかどうか……。結局、子持ちの三家族がコミューンを離れ、地元部落に住居を移転することを選んだ。このことは共同生活を前提としたアシュラマ・コミューンが解体したばかりではなく、すでに他のコミューンが消滅していた「部族」自体が存続基盤を失うことを意味していた。

他方で開発計画に対する反対行動は、アシュラマを超えて展開した。先述の海外の友人たちが問題をこのままでは終わらせなかったのである。スナイダーやギンズバーグらはアメリカでヤマハ不買運動を展開し、何万人もの署名を集め、さらには上野圭一が映画を制作した（上野監修・塩澤編 2020）。そして、東京にいた次世代のコミューン運動を担う若者たちが、ポンと一緒になってＣＣＣ（宇宙子供連合）大使館（西国分寺）を立ち上げることになった。この運動はこれまでのコミューン運動の枠を超えて拡大していくことになった。

（2）ミルキーウェイキャラバンからほびっと村へ

ＢＡＭの次の世代のコミューン運動の担い手のひとりに大友映男（一九四八～）がいる。彼は、学生時代から自主コンサートや演劇活動を行う集団を立ち上げて活動しており、砂川基地をめぐる反戦運動に関わって反戦祭りのイベントを開催したほか、砂川の基地付近の国有地を約半年間にわたって占拠して共同生活を送った。この砂川共同体は防衛庁によって排除されたが、こうした経験から「自分たちの生活そのものを変えなければ社会は変わらない」と考え、まちにコミューンをつくるというアイデアによる石神井村コミューン計画を発案し、一九七一年には自身が住む東京都練馬区石神井町のアパート近隣の仲間を「村民」と呼び合い、情報誌『石神井新聞』を発行、公園でイベントを開催

表3－5　星の遊行軍

都市名	コミューン名
札幌市	ピキピキ舎
仙台市	雀の森
福島市	ぐるうぷもぐら
東京都	谷原ファミリー
長野市	MOO の館
名古屋市	灯源郷
岡山市	しらけ鳥
鳥取市	私都村

資料：赤田・片岡編（2019）。

するなど、近隣の若者たちが生活機能を分担し合う新しいコミューンのあり方を実践的に示した。こうした行動は、当時、全国に生まれており、一九七四年には、仙台に八つの団体の代表者が集まり、その連合体を「星の遊行軍」と称するようになった（表3－5）。そして、この連合体を中心として集団で徒歩とヒッチハイクでキャンプしながらイベントを行脚する「ミルキーウェイキャラバン」が翌一九七五年に石神井公園で発足した。こうして全国へのキャラバンが開始された（表3－6）（赤田・片岡編 2019）。

キャラバンの最後の目的地、北海道藻琴山での「宇宙平和会議」には約一七〇名の参加者が集まった。そこでは自然農法や流通機構、フリースクール、共同保育、瞑想などについて話し合われ、全国的なネットワークと情報の共有化の必要性が確認された（槇田 2007）。東京の中央線沿線ではさまざまなグループの交流が活発になり、年末には大友が情報センターを吉祥寺に立ち上げた。そこでは、帰農希望者への土地情報の提供や無農薬野菜・リサイクル製品を扱う月例市、手づくり品の市、関係するフィルム（「75キャラバン花まつり」「スワノセ第四世界」）の貸し出しや雑誌『ミルキーウェイ』の刊行が行われた。この活動が引き継がれ、西荻窪の住宅街にある四階建てのビルに開設されたのが、今日の「ほびっと村」である。

国内ではもっとも早い時期に有機野菜を専門で扱い始めた「長本兄弟商会」（一階）、アクセサリーやインテリアを扱う「ジャムハウス」（一階。現在は「STUDIO JAM」）、べ平連の流れをくむ喫茶店「ほんやら洞」（二階。現在は有機野菜をふんだんに用いたカフェ&レストラン「BALTHAZAR」）と、部族の中心メンバーだった山尾三省らが参加した、環境に負担のない生活技術やフリースクール、旅などの項目からなる出版物の刊行を目指した「プラサード編集室」（三階。現在は、書店「ナワプラサード」）、そして「西荻フリースクール」の後にフリースペース「ほびっと学校」（三階）がそれぞれのフロアにはいった。独立経営、独立採算で運営されながらゆるやかに連携している、かつて大友が構想したような新しい都市型のコミューンが出現したのである（図3-3）。

表3-6　ミルキーウェイキャラバン（1975年）の過程

月/日	集合地点（Joint Point）
4/25-29	沖縄県那覇市　読谷村海岸
5/10-12	宮崎県日南市　和郷牧場
5/20-30	鳥取県鳥取市　佐治村キャンプ場
6/8-12	京都府京都市　京大西部講堂前
6/22-27	長野県諏訪市　入笠山
7/6-8	群馬県前橋市　赤城山頂，大利根河原
8/1-10	宮城県仙台市　広瀬川原
9/6-8	北海道富良野市　金山湖キャンプ場
9/14-21	北海道弟子屈町　藻琴山キャンプ場

資料：表3-5に同じ。

(2)「食」をめぐる共同体の運動と政治
——鴨川自然王国と藤本敏夫

上記のようなアメリカのビートジェネレーションに連なる日本のコミューン運動は、学生運動や平和運動を時代背景としており、それらと無関係ではなかったが、必

図３－３　ほびっと村の外観

2022年１月16日筆者撮影。

ずしも政治的な党派性を持った運動だったわけではなかった。また、それ以前の共同体が、中心的な指導者の存在にもとづく信仰を核とするものも多かったのに対し、仏教や東洋思想への関心や傾倒を含んでいたものの、特定の信仰に帰依している集団ということもなかった。

しかし主たる活動内容からみると、①生命への関心を食や農に関する活動に結びつけているものや、②障害者や女性らとの共生を課題として実践的な活動へと展開していったもの、③音楽を共通のコミュニケーションの手段として「まつり」と呼ばれるイベントを通じた活動をしているもののように大別することはできるだろう。本章では、農山村に向けた活動を展開したコミューン運動に関心の焦点をあてているため、②および③については触れていない。これらの側面については、末尾で簡単に述べたい。

長本兄弟商会が野菜の販売を始めた一九七五年、「大地を守る市民の会」（藤田和芳会長）が設立され、翌年には「大地を守る会」と改称し、新たな会長として藤本敏夫（以下、藤本）を選出した。当時の学生運動、全学連元委員長として知られていた藤本は、学生時代にワークキャンプやヤマギシ会での活動を経験し、共同体運動にも早くから親近感を持っていたと考えられるが、食や農業への関心を深めたのは、学生運動のリーダーとして活躍した後、刑務所での留置生活でのことだった（加藤編 2009）。

「大地を守る会」は一九七七年に販売事業を株式会社化し、現在は「オイシックス・ラ・大地株式会社」として一般消費者への有機野菜、特別栽培農産物、無添加加工食品等、安全性に配慮した食品・食材の販売を業務としている従業員数一七〇〇人強の大企業となっている。この半世紀の間に食の安全性を広く日本の一般消費者に認知させ、有機野菜の市場を作り出してきた立役者といっても過言ではないだろう。藤本は、「化学農薬、化学肥料の弊害をより広く啓蒙することと有機農業実践農家の農産物を販売し有機農業を社会化する」ことを目的とし、運動部門を担う任意団体の代表をも引き続き務めていたが、事業の拡大とともに矛盾も感じ始めた。次の提案は藤本の苦悩を端的に表しているものだ。

労働時間を半分にしよう。週休4日制にしよう。半分だけ働いて、残りの時間を好きなことをして過ごそうじゃないか。労働時間を半分にするためには、働く人間は2倍必要になる。給料は、従って半分になる。でも、しばらくは会社でみんなで努力して、農地などを確保して、それぞれが得たものを交換して、相互に補完しあうノウハウがあれば、カネがないとしても、そこそこ楽

しい生活が送れるじゃないか……（藤本 1992）

自然生態系に沿った有機農業の普及を目指した事業が、既存の経済システムの一部となって成長を志向していくことを、「旧来型農産物流通の磁場に常に引っ張られ、「生産者」と「生活者」の狭間にあって、その利害調整にエネルギーを吸い取られる」と感じていたのだろう。ここでは「消費者」と「生産者」の分断を「それぞれが得たものを交換して、相互に補完しあう」ことでその問題の解消策が示されている。この表現には、新しき村に共通する生活共同体の像も感じ取られよう。

そして藤本は一九八一年に千葉県鴨川市の山中に移住し、そこで設立したのが農事組合法人「自然生態農場鴨川自然王国」である（図3-4）。そこで藤本が目指したのは、農業と都市住民とを結びつけるネットワーク型組織による「百姓親類付き合い」であった。一九八三年には「大地を守る会」の代表を辞している。妻である加藤登紀子は「その理由は主人公である生産者よりも、消費者の主張の方が強いことに疑問を持ったからです。彼は農業者の立場で販売をやりたかった。そうでないとただの消費者組合になってしまうと考えたのです」と述べている。藤本は東京との間を往復する暮らしの中に、単に消費という側面ではとらえられない生活者としての自己の実現をみようとしたのかもしれない。同時に藤本は農場での実践的思索に基づいて、積極的に政治へのコミットを深めていった。その集大成は、「持続循環型田園都市」「里山往還型半農生活」の実現によって農業の復活と都市生活の活性化を図ることを記し、農林水産大臣に提出した建白書だった。その思いは、『現代農業』二〇〇

図３－４　鴨川自然王国　藤本敏夫記念館　Café En を併設し、収穫された有機野菜を素材とした料理を提供している

2021年11月20日筆者撮影。

二年八月号「青年帰農」に寄せた文章に集約されている（藤本 2002）。

（３）消費者からの農場建設――「たまごの会」の葛藤と分裂

まさにその消費者から発した組合であるたまごの会の葛藤と分裂は、都市と農村が連携した共同体の関係のあり方として課題化したものだった。それはあたかも藤本が自然王国の実現によって自己の中で解消しようとした矛盾が、集団の中で顕在化したかのようであった。ここではこの点をもう少し掘り下げて考えてみたい。

第二次世界大戦後の高度経済成長の過程で農産物の生産に化学肥料の使用が大きな問題となっていた。こうしたなかで安全な食を求めた東京圏の消費者たちの存在が、「たまごの会」の基盤となった。「生活クラブ生協」（一九六五年）、「北海道よつ葉牛乳共同購入運動」（一九七二年）、「安全な食べ物をつくって食べる会」（一九七四年）など、このころに生まれた食をめぐる消費者による農産物の共同購買運動は数多く、現在まで活動を広げてきたものも少なくない。埼玉県の酪農経営者であった岡田米雄（一九一四〜）は、こうしたなかで「消費者が生産者農民と組む」という「消費者自給農場」の構想に基づいて北海道根釧台地の牧場から牛乳の共同購入運動を始め、有機農業研究会を設立した一楽照雄らとともに当時の有機農業を通じた産消提携運動を実践的に進めたひとりだった。

たまごの会は、ブロイラーで工業的に生産される卵に代わる平飼いによる安全な卵を求めた消費者、それに応じた養鶏の実践家や有機農業を試みようとする若者たちが結びついて一九七二年に発足した。当初は岡田米雄が栃木県の農場から供給する規格外の卵を受けとる産直の活動であった。そのためには、購入希望者を会員として取りまとめてグループをつくることや農場を建設し、維持するために出資することが消費者に求められた。それが生産者が企業の支配を受けないで消費者の求める「良い」農産物を供給する方法だというのである。しかし、実際に農場を訪問した会員から「良い」卵ではないのではないかという疑義が呈されてから会のあり方は大きく転換していった。まず、会員たちは、供給が止められた卵を自ら運び出して配送を始めた。当時六地域に一七五名の会員がいたという。これをきっかけに会員間の交流が進み、会員自ら「作り、運び、食べる」運動が開始された（図3-5）。この運動では、さらに会員の出資によって茨城県石岡市（旧八郷町）に新たな農場の建設も実現した。東京郊外のベッドタウンの造成とあいまって、農場の規模に応じて設定された三〇〇世帯という会員数も維持され続けたようである。その過程は、会員の声を集めた書籍『たまご革命』（たまごの会編1979）や映画『不安な質問』（松川八洲雄監督、一九七九年）に記録された。鶏卵以外にもさまざまな農産物の供給をするようになり、周辺農家との契約も行うようになった。それは自分たちの農場の周辺に有機農業を広げていくことをも意味していたのである。

このことはその後の運動が分裂していくひとつのきっかけとなった。一九八二年には、これまでの農場を拠点に「作り、運び、食べる」にこだわる都市の生活者の運動を目指す農場派と、地元の生産組合との連携を通じて地元農家に有機農業への転換を促しながら農業と都市の暮らしを変えようとする契約派との路線の違いが明確になり、前者は「新生たまごの会」として一二〇名ほどの都市会員と七人の農場生活者で再出発し二〇〇七年には「Organic Farm 暮らしの実験室」に改称されて今日まで活動を続け

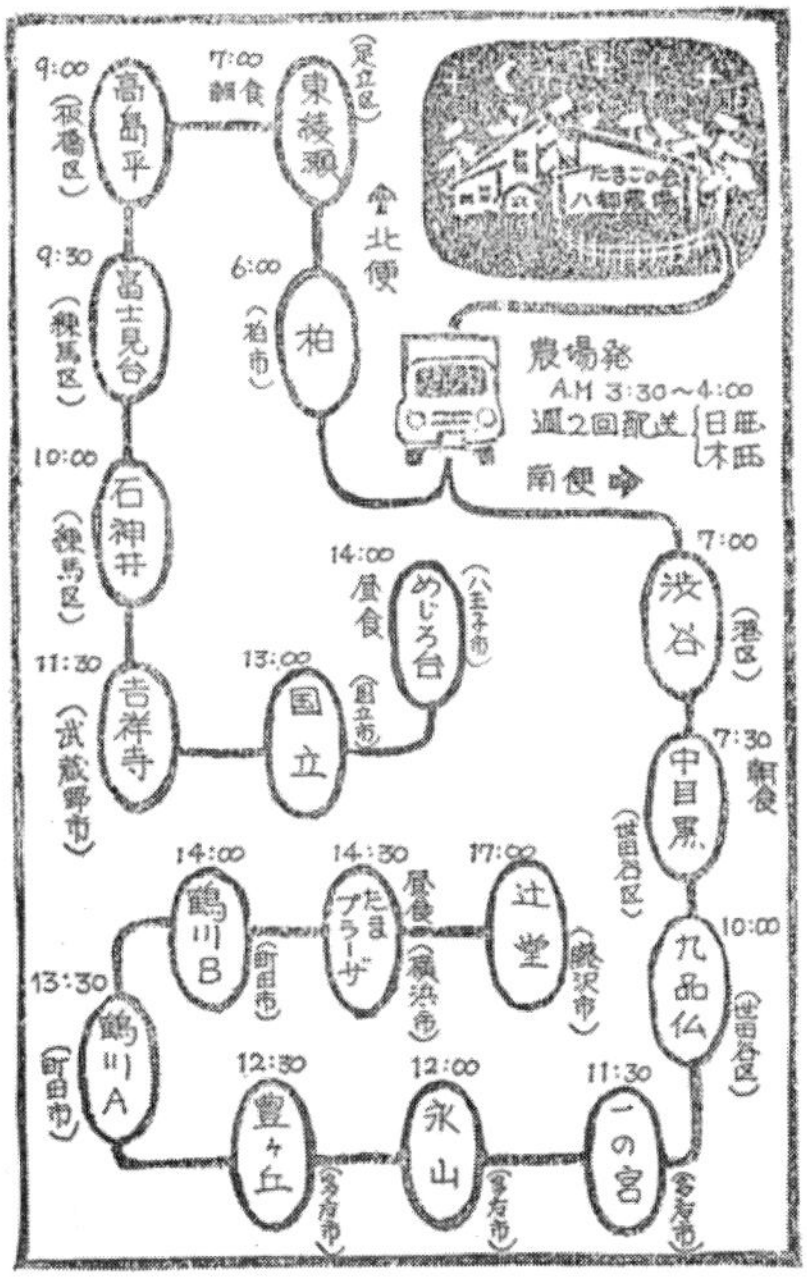

図３－５　1979年ごろの「たまごの会」の自主配送ルート

資料：たまごの会（1979：103）より。

ている。後者は「食と農をむすぶこれからの会」として一九八九年まで活動したが、やがて各農家と地区ごとに契約をするようになって組織は失われている。そして八郷は有機農業の地として今では広く知られ、多くのさまざまな移住者を迎える地域になった。

四　おわりに——論点の整理

(1) 都市からの農村共同体運動の比較

以上、冒頭の問題意識にしたがって、都市から農村に理想の社会を求めてきた動向をざっと眺めてみた。この小論でのまなざしでは見落とされているものも多いだろう。例えば、前述のように、これらの取り組みの多くは基本的に多様性を許容する開放性を帯びており、そのなかにあった障害者や弱者と対等に生活をおくる共同体の実現を目指した動向には触れていない（例えば、山本 2007、山下 2008など）。また、書籍の刊行や舞台、音楽などの自己表現の場としての祭りなど、構成メンバー間にみられる活発な交流や交感しあう方法などの、共同体にとって重要と思われる要素について、本章では考察していない。

次に、これらを系譜と呼べるかどうかである。ここでは一〇〇年以上の時間の間で生起した共同体づくりの事象を取り上げている。そのリストは、今防人の研究（今 1987）及び青木千帆子の研究（青木 2013）を参照したが、取り上げた事例は、参照しやすい資料に基づいて選択している。したがってこれらに副題に掲げた系譜といえるような明らかなつながりがあることを確認しているわけではない。しかし、近代以降の日本において、都市生活者から農村共同体を志向する取り組みが連綿と続いてきたことは確かである。それはひそかにというよりも、それぞれの時代にブームと呼べるような規模で展開し注目されてきた。したがって、それぞれが続く時代の運動に潜在的にも影響していないとは考えにくい。例えば、最後に取り上げた「たまごの会」の会員は会報の中で新しき村を参照しているし、藤本敏夫は自身の共同体志向について「一燈園」を擁する京都とのつながりやヤマギシ会での体験に言及している。

そこで、ここでは、これらの時代背景をもう少し整理しておこう。

実篤ら白樺派の活躍した時代は、世界では第一次世界大戦とその終戦、ロシア革命（一九一七年）に続く、シベリア出兵、日本ではインフレ下で富山県の女房一揆をきっかけとして全国に広がった米騒動、炭鉱における暴動や川崎造船所（一九一九年）や八幡製鉄所（一九二〇年）の大規模なストライキ、そして恐慌に陥っていくという騒然とした世相のただ中であった。有島武郎に顕著な社会主義への傾倒はこうした時代背景もあると思われるが、前田速夫によれば、世田谷区粕谷（恒春園）で「美的百姓」生活をおくった徳富蘆花や高井戸「三蔦苑《さんちょうえん》」で農場経営を試みた江渡狄嶺を実篤が訪ね「平民新聞」を購読していたという（前田 2017）。東京近郊で試みられた農耕を基盤とした生活は、当時の青年層からも一定の支持を得ていたのであろう。

他方、その後のコミューン運動は、学生運動や安保闘争、ベトナム平和運動の時代のことであった。

支配的な体制に対する批判的な態度は、カウンターカルチャーを担う若者たちの風俗として一世を風靡していた。「部族」が生まれた一九六七年はちょうどそんなころであった。また、高度成長の一方で、公害や各地の環境破壊が問題となり、農薬の害や食品の安全性に対する危機感も高まりをみせていた。梁瀬義亮『農薬の害』（一九五九）やR・カーソン『沈黙の春』（邦訳一九六四）、有吉佐和子『複合汚染』（一九七四〜一九七五連載）のような出版物が広く関心をよんでいた。ほびっと村が生まれ、藤本が「大地を守る市民の会」の取り組みを始めたころである。

こうした時代背景は、それぞれの時代の運動にも差異をもたらしていた。

例えば、労働についていえば、新しき村では等しく労働時間を設定することで、村内会員は労働から解放された自由な活動時間を得ることができると理解されている。しかし、「部族」では労働に対する明確な決まりはなく、むしろ管理された労働を厭う。実際には現金が必要な場合には、人に頼るか、雷赤鴉にみられたように日雇いの労働にも従事していた。たまごの会では、農場では分業をせずに共同作業を行うことが原則であった。労働時間は、季節や天候などによって決まる。生産効率を求めず、就業時間などはありえないものとされていた（たまごの会 1979）。

農村への指向性との関係についていえば、新しき村では都市社会に対するスタンスは明確ではない。「共産的な社会」の実現のためには、おのずと農村に向かわざるを得なかったのだろうか。部族たちが新宿を後にしたのは、管理社会化が進んだからだといわれる。同時にビートニクたちが日本に見出そうとした東洋思想にある自然との調和した関係を農村での生活に求めてもいただろう。藤本やたまごの会は、農村に工業化社会のその先を垣間見ていたかもしれない。既存の工業化が進む社会が健康や生命の安全を脅かしつつあることへの危惧は、有機農業が新しい社会への入り口の一部分だという確信と結びつく面もあったはずである。その意味で、これらは都市社会に対する批判的な立ち位置から農村によりよい社会像を展望していたといえるだろう。すなわち、都市化社会への対抗文化運動としての性質を帯びていたのである。

こうした運動が葛藤や分裂をはらむものであったことについて、資本主義の精神をめぐる議論が有用な示唆を与えてくれる。すなわち、資本主義へのこれまでの種々の批判は、資本主義が生み出す搾取・貧困・不平等や社会的連帯の破壊に対する「社会的批判」と、「世界の合理化と商品化の過程」から生じる幻滅と真正性の喪失、それから自由・自律性・創造性の抑圧を問題にする「芸術家的批判」との二つに大きく分けることができ、前者は生活の安全性を要求し、後者はあらゆる束縛からの自由を主張してきたというのである[5]。確かにここで取り上げてきた事例は、多かれ少なかれそれぞれの時代に対する批判的な視座に基づいた取り組みであり、「社会的批判」と「芸術家的批判」とが同居し、せめぎあうものであったと理解できると考えてみることもできそうだ。

（5）　ここでは近年のボルタンスキーらの社会連帯経済の紹介を念頭に置いて述べている。立見ほか編（2021：3）を参照。

(2) 田園回帰との関係

こうしてみると、近年の田園回帰でいわれていることと共通する側面もみられるような気がする。例えばここに取り上げた共同体の取り組みは、原始共産制のような自給自足の社会ではなく、現実の経済社会の中で都市及び共同体外部と関係し存続を図っていた。新しき村の村外会員制度や、「部族」の海外にまで広がっているネットワーク、自然王国やたまごの会については、都市とのつながりを前提に作り出されたことはいうまでもないだろう。これらは近年の関係人口や二地域居住として語られていることと重なる部分があるように感じられる。

しかし、見逃すことができない重要な差異を確認しておくことも必要だろう。すなわち、これらの共同体の運動は既存の農村に対しても対抗的な性質を持っていた点である。諏訪之瀬島のアシュラマも、ヤマハの開発計画を地元の人びとと協力して乗り越えることができず分裂したように、奄美大島のコミューン、旧無我利道場（鹿児島県宇検村）（山田ほか 1990）の場合は、島から追放されることさえあった。たまごの会も分裂し、地域に有機農業を広げようとした「これからの会」は解体した。

田園回帰は、この点においてこれらの都市からの農村共同体運動ともっとも異なっていると考えられる。すなわち、従来の運動は、既存の農村社会とは別に、農村空間に都市住民が思い描く理想郷を建設しようとする新しき村やヒッピーのコミューンのような場合か、有機農業に象徴されるような、未来の農業や自然と社会・人間との関係を既存の農村に啓蒙するような運動であったからである。これらは都市化が貫徹しようとする前世紀にあって、農村を都市の後背地にしてしまわないような社会の創造を、都市からのアプローチによって模索し続けることによって生まれた分裂だった。

田園回帰の理念はそうではないだろう。既存の農村への「共感」がベースとなって、都市と農村の関係を再生あるいは再創造しようとする動向と位置付けられている。これまでに述べてきた中でいえば、諏訪之瀬島に残って生活をつづけたアシュラマの中心人物だったナーガが、後に地元の漁協長を務めるほど地域社会に同化していったように。たまごの会が分裂し、契約派が解体した後の八郷が有機農業の取り組みが盛んな地域となっていったように。都市からみた理想郷を新たに農村に建設するのではなく、農村の中に新たな理想を見出そうとするのである。

（3）農村化社会へ向けた道標

アレン・ギンズバーグと深い交友関係があったボブ・ディランが二〇一六年にノーベル文学賞を受賞したとき、歌手である彼が文学賞の対象として適当であるかどうか論争があった。まさに「時代は変わる」ことを象徴した出来事だった。元全学連委員長という肩書から学生運動の闘士というイメージの強い藤本敏夫だが、本章で述べたように人生のほとんどを有機農業の普及に捧げ、農林水産省関東農政局の諮問委員も務めた。時間はずいぶんかかったかもしれないが、都市化によるさまざまな開発行為によって地域に華やかな未来が約束されていると信じられていた前世紀の時代状況を振り返れば、誰もが隔世の感を抱くだろう。

同時に、長い間人口増加を当然のこととしてきた日本では、縮小過程に転換していく社会経済のデザインを描くことが急務である。基礎自治体の小規模化を積極的に捉えれば、共通の価値意識を内在的に求めることで生み出される地域の共同性に立脚した創造性を、持続的な地域共同体に見出せる可能性もある。その共通の価値意識を「都市への権利」を唱えたルフェーブルやハーヴェイのひそみに倣っていえば、「農への権利」ともいえるかもしれない。

本章で取り上げた農村共同体建設の取り組みはいずれも都市 - 農村交流というべきものを内包していた。それらは単なる生産者と消費者に置き換えられない関係性の構築を意図したものであった。例えば、有機農業の取り組みの場合は、「食」の安全を通じた都市住民にとっての一種のアジールとしての役割を農村共同体が果たしていた。また、部族たちも管理社会化した新宿から逃避を図ってコミューンを建設していった。これらは土地に根差した地域共同体を拠点に、国家主義やアジア主義のような全体主義に抵抗してきた歴史にもつながっているといえよう。それは社会の多様性を担保する仕組みとしても機能し得ると考えられる。この点は別にもっと検討する必要がある。

ただし、逆に地域共同体が権力と結びついて全体主義的な支配に加担してきた歴史もある。地球環境問題の強調によって、有機農業などの取り組みがかつての農本主義的思潮と結びつけられないような注意も必要である（藤原 2005）。その鍵は、関係性の閉塞状況を生まないことにあるだろう。都市 - 農村交流が不断に行われるべきもうひとつの理由がここに認められる。

他方で、こうした共同性を生み出そうとする試みによって、社会の再生はゆるやかに促されてきたのではないかという気がする。そうした意味では、農村に理想郷を求めた新しき村や今日の田園回帰の動向を、数百年にわたる社会変化の一コマとして考えてみることにも意義があろう。

文献

青木千帆子 2013「共同体運動・コミューン運動」(http://www.arsvi.com/d/c23.htm 二〇二二年二月閲覧)。
赤田祐一・片岡典幸編 2019『We are primitives of an unknown culture 日本のヒッピームーブメント』Spectator45、幻冬舎。
茨木泰貴・井野博満・湯浅欽史編 2015『場の力、人の力、農の力――たまごの会から暮らしの実験室へ』コモンズ。
上野圭一監修・塩澤幸登編 2020『全記録　スワノセ第四世界　日本のヒッピームーブメント』河出書房新社。
大津山国夫編 1977『武者小路実篤　新しき村の創造』冨山房。
小田切徳美 2014『農山村は消滅しない』岩波書店。
小田切徳美・筒井一伸編著 2016『田園回帰の過去・現在・未来』農文協。
嵩和雄 2016「農山村への移住の歴史」(小田切・筒井編著 2016所収)。
加藤登紀子編 2009『農的幸福論――藤本敏夫からの遺言』角川書店（単行本は二〇〇二年刊)。
桐野夏生 2014『ポリティコン（上）（下）』文春文庫（単行本は二〇一一年二月刊)。
今防人 1987『コミューンを生きる若者たち』新曜社。
総務省地域力創造グループ過疎対策室 2018「『田園回帰』に関する調査研究報告書」。
高山亮二 1972『改訂有島武郎研究――農場開放の理想と現実』明治書院。
立見淳哉・長尾謙吉・三浦純一編 2021『社会連帯経済と都市――フランス・リールの挑戦』ナカニシヤ出版。
たまごの会 1979『たまご革命』三一書房。
調布市武者小路実篤記念館 2018『新しき村の100年』調布市武者小路実篤記念館。
筒井一伸編著 2021『田園回帰からひらく都市農村関係』ナカニシヤ出版。
原武史 2011「無縁社会日本を生き延びる知恵」『文藝春秋』二〇一一年三月号。

原武史 2014「解説　桐野夏生」桐野夏生『ポリティコン（下）』文春文庫。
藤本敏夫 1992『希望宣言――日本の「風と土」をとりもどす「無農薬政治」への道』ライトプレス出版。
藤本敏夫 2002「ポジション〈位置〉が分かればミッション〈役割・使命〉が分かる」『現代農業二〇〇二年八月増刊　青年帰農　若者たちの新しい生きかた』農山漁村文化協会。
藤原辰史 2005『ナチス・ドイツの有機農業――「自然との共生」が生んだ「民族の絶滅」』柏書房。
前田速夫 2017『「新しき村」の百年――〈愚者の園〉の真実』新潮社。
槙田きこり但人 2007「プラサード書店からナワプラサードへ」高橋ゆりこ『ナワプラサードが選ぶ100冊の本』野草社。
増田寛也 2014『地方消滅』中央公論社。
南邦和 2018『《新しき村》100年　実篤の見果てぬ夢――その軌跡と行方』みやざき文庫。
山田ナオミ・坂本式子・新井孝男・今野鋭気・北村昌之 1990『島に生きる――追放運動三年目の報告』インパクト出版会。
山下幸子 2008『「健常」であることを見つめる――1970年代当事者／健全者運動から』生活書院。
山田塊也 1990『アイ・アム・ヒッピー――日本のヒッピー・ムーブメント'60―'90』第三書館。
山本直美 2007『「居場所のない人々」の共同体の民族誌――障害者・外国人の織りなす対抗文化』明石書店。

第Ⅱ部　エネルギーと気候変動

第4章　東京都は「世界一の環境先進都市」を目指します！

松橋公治

一　はじめに

私は、一九八〇～九〇年代前半にかけて自動車産業や電子・電機産業における大手企業を中心とする企業内地域間分業を中心とする工業配置と分業体系について、特に地方を中心に追究してきた。九〇年代後半～二〇〇〇年代にかけては、折からの産業集積への注目を受けて、構造変動という名の、大手企業の海外進出に伴う地方産業集積地域における下請・部品企業群の切り捨て・再編について、集積地域における生き残りと再編の一端を追究してきた。二〇一〇年代、東日本大震災を契機に、エネルギー問題に関心が大きく旋回した。それまで対象としてきた産業のエネルギーベースに疑問を抱いたからである。すなわち、化石燃料に大きく依存し、かつ大規模・集中型のエネルギー供給という体質を有する日本のエネルギー・システム（以下、ＥＳ）は持続性に問題があると捉え、持続可能なＥＳを推進する立場からの研究にシフトしようとした。とはいっても、エネルギーには専門外であり、とりあえずは経済地理学的な視角を活かしつつ、再生可能エネルギー（以下、再エネ）によるエネルギーの地産地消に積極的に取り組む地域の動きをフォローすることにした。二〇二一年で一〇年目である。いずれも地方における実態把握がその追究の主たる対象であった。したがって、この本のような企画には、まさに「お呼びでない」訳である。

とはいえ、「エネルギーから東京をみることは面白いかも」と激励され、この本の企画者の荒又先生の熱意に負けて、「明治の地理」のワンチームに身を預けてみることにした。

現在の私の問題意識を実現に向けていく場合には、どうしても大都市におけるエネルギーの一定の自立が不可欠である。再エネや未利用エネルギーの導入を促進するためには、固定価格買取制度（以下、ＦＩＴ）に加えて、地域資源を活用する小規模・分散型ＥＳ（あるいは電力供給システム）が不可欠となる。見方を換えれば、電力需要超過地域であり、他地域から大量の電力を調達している大都市においてこそ、小規模・分散型ＥＳの必要度が高いと言える。他地域からの電力調達は、旧来型の大規模・集中型ＥＳを前提としている。それだけに、小規模・分散型ＥＳへの移行という課題を考える場合には、電力需要超過地域である大都市にも一定の自立が求められることとなるであろう。まさに大都市は、再エネや未利用エネルギーの活用、省エネルギー（以下、省エネ）を推進することによって、温室効果ガス（以下、ＧＨＧ）の削減に貢献しなければならない。と同時に、他地域への依存を減らすことが必要となる。地方だけみていても見えないことが、「お呼びでない」チャンスに遭遇して大都市の話題を追究することによって、ある意味で見えてきたような気がしている。

以下では、基本的には事実を捉えることを第一義として、まず次節では東京都のエネルギー消費構造の特徴を捉えて、第三節ではそれに若干の考察を加えた。第四節では、再び東京都における再エネ発電の実情について、清掃工場のごみ発電を中心にして把握した。最後に改めて東京と日本におけるＥＳの課題を振り返って、結びとする。

二　東京都のエネルギー消費の特徴

まず既存統計によって、東京のエネルギー消費の特徴を捉えてみたい(1)。

二〇一八年における東京都の最終エネルギー消費をみると（表4-1）、五九七・七三ＰＪ（ペタジュール）であり、対全国比では四・五％となっている。東京都の人口規模や経済的機能の集積を考慮すると、驚くほどに小さい消費量である。

（1）　エネルギーに関しては、一次エネルギー供給と最終エネルギー消費の両面から動向を捉える必要がある。しかし、『総合エネルギー統計』を都道府県別にロールダウンした『都道府県別エネルギー消費統計調査』では、最終エネルギー消費のみが集計されており、一次エネルギー供給については集計されていない。

表4－1　部門別最終エネルギー消費（2018）

	全国		東京都		
	消費量（PJ）	部門構成（%）	消費量（PJ）	対全国比（%）	部門構成（%）
企業・事業所他	8,325	62.9	382.2	4.6	64.0
農林水産鉱業建設	348	2.6	20.5	5.9	3.4
製造業	5,794	43.8	46.9	0.8	7.9
業務他（第三次産業）	2,182	16.5	314.8	14.4	52.7
家　庭	1,835	13.9	190.3	10.3	31.8
運　輸	3,066	23.2	25.2	0.8	4.2
合　計	13,226	100.0	597.7	4.5	100.0

資料：資源エネルギー庁『総合エネルギー統計』・『都道府県別エネルギー消費統計調査』。

これを部門別構成でみると、「企業・民間事業所他」が六四・〇％で、その内訳では「農林水産・建設業」が三・四％、製造業が七・九％、「業務他（第三次産業）」が五二・七％である。これに対して、「家庭」が三一・八％、「運輸」が四・二％となっている。これを全国の部門構成との対比でみると、「企業・民間事業所他」の比率（六二・九％）はほぼ変わらないものの、製造業（四三・八％）に対して三五・九％ポイント低い。第三次産業（一六・五％）に対しては、逆に三六・二％ポイント高くなっており、同様に家庭（一三・九％）でも一七・九％ポイント高くなっている。その一方で、運輸（二三・二％）では逆に一九・〇％ポイントも下回っている。製造業と運輸が極端に低いのに対して、第三次産業と家庭が逆に高い比率となっている。

最終エネルギー消費について、東京都のデータ[2]からその推移をみると（図4-1）、一九九〇年の六九三ＰＪから二〇〇〇年には八〇二ＰＪまで増加してピークを迎えた後、減少に転じて二〇〇五年に七八三ＰＪ、一〇年に七一四Ｐ

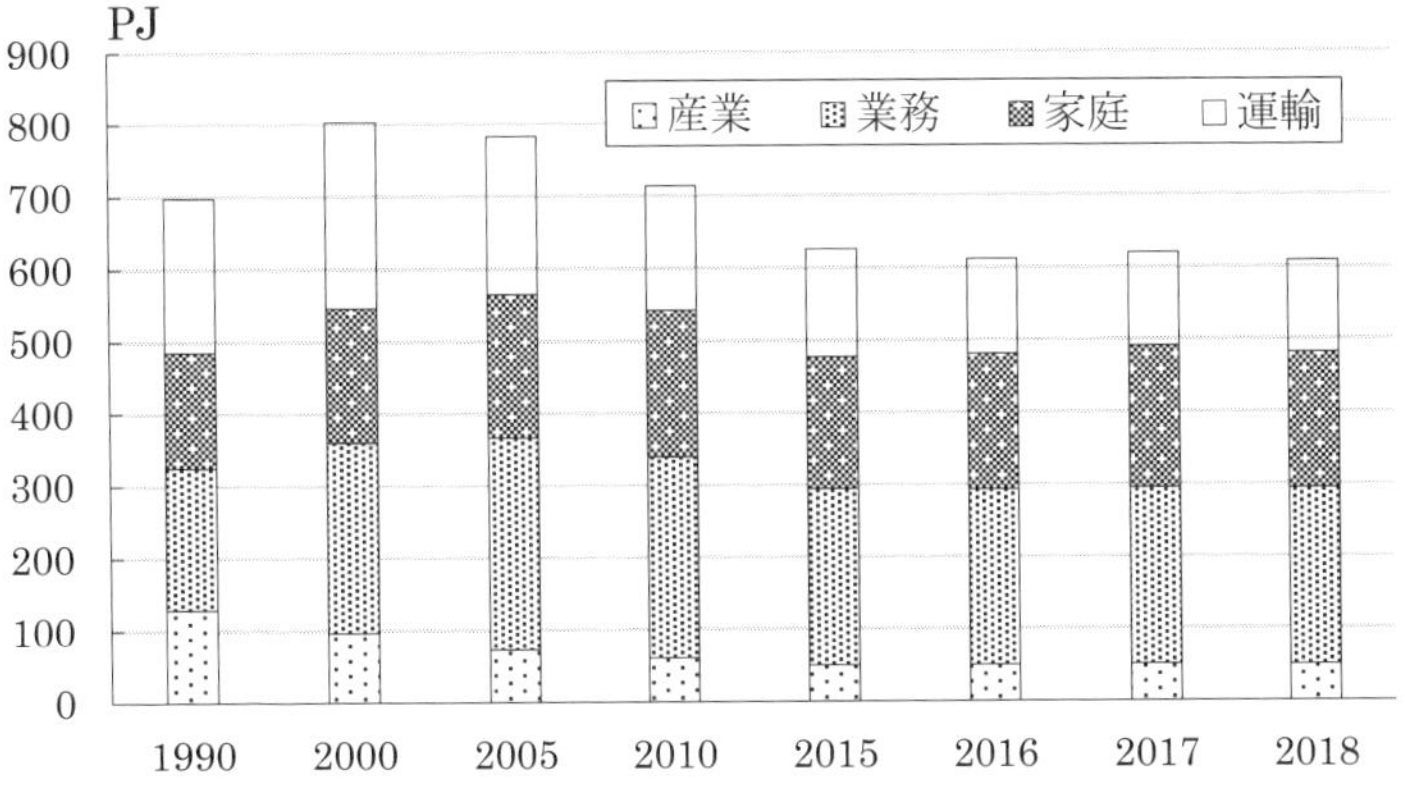

図４－１　東京都における部門別最終エネルギー消費の変化

資料：東京都環境局（2021a）。

J、一五年以降は六〇〇ＰＪを若干上回る程度で推移している。

　最終エネルギー消費の部門別推移に着目すると、産業（「総合エネルギー統計」の製造業に相当）が一九九〇年の一八・六％から一貫して比重を下げて二〇一八年には八・二％となっている。同様に、運輸も同時期に三〇・七％から一貫して比重を下げて二〇一八年には二一・一％となっている。これに対して、業務は一九九〇年の二八・三％から一貫して比重を上げて、二〇一八年には四〇・一％に達している。同じく、家庭も同時期に二三・一％から比重を上げて、二〇一八年には三〇・八％になっている。

　東京都の独自集計によって最終エネルギー消費につい

（２）前の段落までに使用した『総合エネルギー統計』とは異なり、東京都が独自に集計した数値である。また、この次の段落でみる部門別に関しても、国の統計とは異なっていることを予め断っておく。

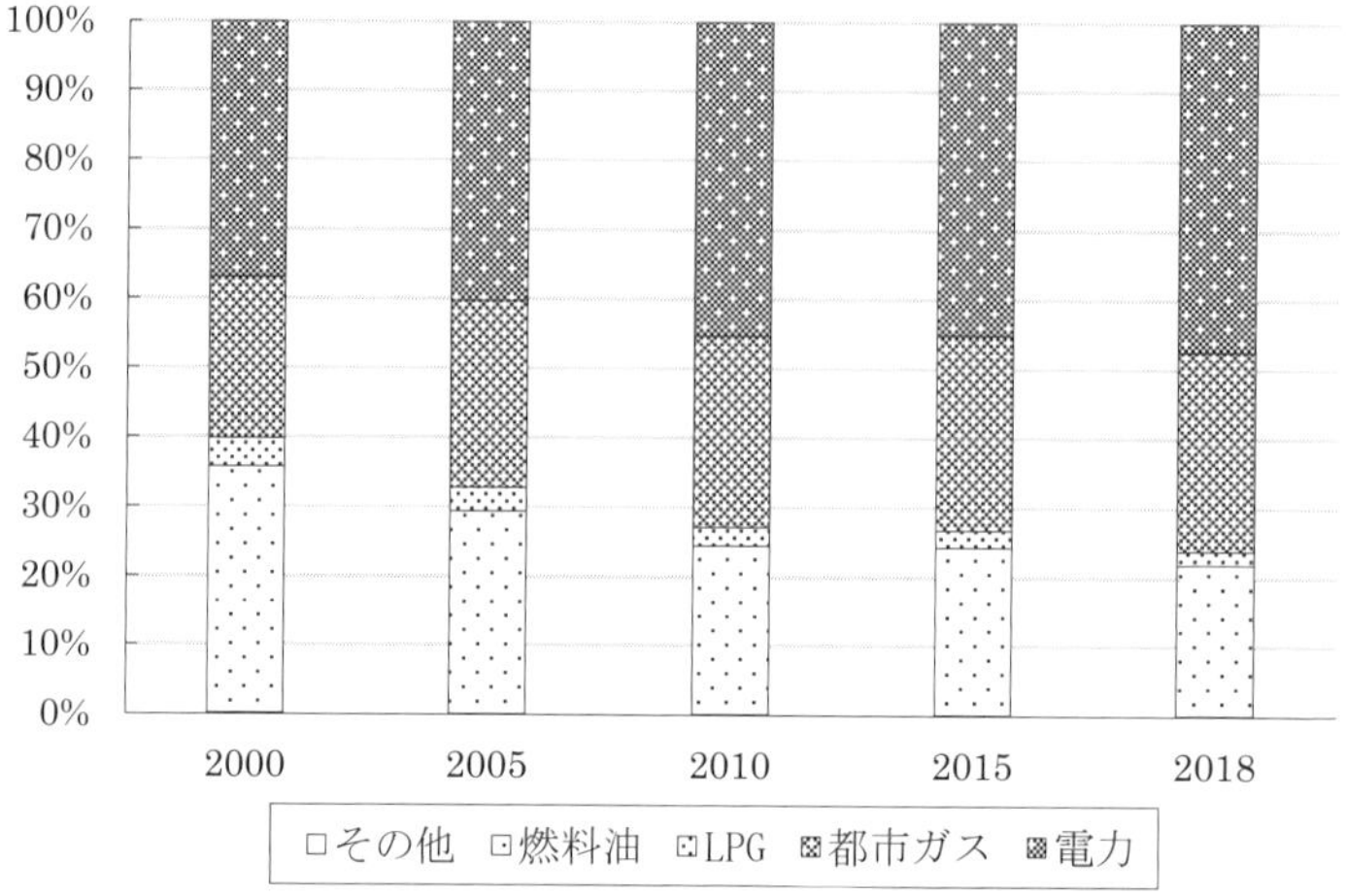

図4－2　東京都の燃料種別最終エネルギー消費の構成比の変化

資料：東京都環境局（2021b）。

て燃料種別をみると（図4-2）、燃料油（一九九〇年：三五・五％→二〇一八年：二一・八％）とLPG（同四・一％→二・〇％）が一貫して比重低下しているのに対して、電力（同三六・九％→四七・四％）と都市ガス（同二三・三％→二八・七％）が一貫して比重を上げている。

全国における二〇一八年の最終エネルギー消費に占める電力が二五・六％であり、都市ガスが八・七％であるので、前者でおよそ倍の比重であり、後者では三・五倍に達している。明らかに、製造業の比重が大きく低下する中において、二次エネルギーである電力と、都市ガスへの依存度を高めている。製造業を大きく欠いたかたちで、大都市型のエネルギー消費構造へと極端なまでに突き進んでいる。

三　エネルギー消費構造を創り出しているもの

東京都の最終エネルギー消費の構造的な特徴は、一体どのようにしてもたらされているのであろうか。ここでは、この問題を、部門構成をめぐる問題と小さな対全国比をめぐる問題、そして電力への大きな依存度をめぐる問題、という三点から考えてみたい。

(1) 製造業の縮小

まず、部門構成をめぐる問題である。企業・民間事業所の側面に光を当ててみると、最終エネルギー消費の各部門の比率（農林水産・建築業：五・四％、製造業：一二・三％、第三次：八二・三％）は、産業別就業者数の割合（同上六・四％、一一・五％、八二・一％）とひじょうに近似している。

一般的には、第二次産業はエネルギーを多く消費する業種を含み、エネルギー消費の割合は就業者数のそれを大きく上回る。なかでも製造業は、素材・燃料部門などのエネルギー多消費型の業種を含んでいることから、なおさらのことである。ところが、東京都の最終エネルギー消費の比率では、農林水産・建築業が就業者数の比率を若干下回り、製造業の場合には逆に若干上回るだけで、ほぼ一致している。おそらく、東京都の製造業の場合、後述するように、エネルギー多消費型の業種は既に産業として撤退しているか、撤退していない場合でも、海外を含む都外に移転しているのである。そのために、最終エネルギー消費の部門別構成が、産業別就業者数の割合に近似しているのである。

（2）生産と消費の地域的分離

次に、最終エネルギー消費の対全国比が極端に小さいという問題である。この問題は、温室効果ガス（ＧＨＧ）の排出量をめぐる問題の、エネルギー消費バージョンである。

ＣＯＰ26の開催を前に、かねてから問題視されていたＧＨＧの排出量の計算法が、改めて問題にされていた（『日本経済新聞』二〇二一年一〇月三一日）。すなわち、現在の計算方法では、ＧＨＧの排出量の計算は生産地におけるそれを基準にして計測される。そのために、同上の新聞報道によれば、「２０１５年に中国が排出した温暖化ガスのうち5・8億トンは米国向けに輸出した商品に由来する。同様に欧州向けが5・3億トン、日本向けが2・4億トンあった。日本はもともとの排出量が約13億トンなので、仮に中国からの輸入品に伴う分を含めると2割弱も膨らむ、決して無視できない規模だ」というのである。

しかし、現実には輸入各国はこの排出量を自国分として計算しない。温暖化対策の国際的な枠組みであるパリ協定に則ったルールに従い、商品の製造段階で生じるＧＨＧは生産国の排出として扱うという。現行の計算基準は、産業構造が高度化して製造業の比重を下げた先進国に有利に作用するわけである。ある意味では、先進国が自国のＧＨＧの排出削減を進めるために、新興国や途上国に生産を移転・移管して、その分の排出を押しつけている、ともみることができるわけである。

この議論の中にも既に盛り込まれている内容からわかる通り、実は最終エネルギー消費についても、同じように生産基準に基づいた計算方法が採用されている。そのために、ＧＨＧの排出量や最終エネルギー消費をめぐる生産国と消費国との関係は、国内でも生じ得ることになる。東京都の場合には、前述のようにかつて集積していた製造業の多くが分散して、都内には高付加価値でかつエネルギー節約型のそれが僅かに残っているに過ぎない。そのため、もともと自給率の低い食糧に加えて、多くの消費財や生産財は輸入・移入に依存している。このことが、東京都の最終エネルギー消費の対全国比を、人口規模や経済的機能の集積規模を大きく下回るそれにしているわけである[3]。

参考までに、首都圏一都三県における都県別の最終エネルギー消費の推移（表4-2）を比べてみたい。

臨海工業地帯があり、エネルギー多消費型のコンビナート産業を有する千葉県や神奈川県の最終エネルギー消費の対全国比は、いずれも東京都のそれを上回る。千葉県の対全国比は、一九九〇年に

（3）　最終エネルギー消費とＧＨＧ排出量を独自に調査した東京都環境局（2021b）には、CO_2排出量算出にあたって、「都内に供給される農林水産物、工業製品等の多くは都外で生産されており、これらの活動に起因する二酸化炭素は都外で排出されている。本調査では、これらの二酸化炭素排出量は計上していない」と、ただし書きがある。同様に、都外で生産され、都内に持ち込まれ消費する生産物の生産に使用されたエネルギー消費も、現行の最終エネルギー消費の統計では、東京都の最終エネルギー消費には計上されないのである。

表4-2　首都圏1都3県における最終エネルギー消費の変化
（1990、2005、2010〜2018）

	1990	2005	10	11	12	13	14	15	16	17	18
全国計（PJ）	13,553	15,901	14,711	14,305	14,154	14,086	13,690	13,523	13,355	13,494	13,226
（対全国比：%）	100.0	100.0	100.0	100.0	100.0	100.0	100.0	100.0	100.0	100.0	100.0
埼玉県（PJ）	283.0	373.8	362.8	363.1	356.7	341.9	336.0	338.3	309.9	323.4	322.2
（対全国比：%）	2.1	2.4	2.5	2.5	2.5	2.4	2.5	2.5	2.3	2.4	2.4
千葉県（PJ）	1022.0	1533.4	1486.6	1325.1	1355.7	1410.0	1409.3	1312.9	1316.9	1309.0	1268.9
（対全国比：%）	7.5	9.6	10.1	9.3	9.6	10.0	10.3	9.7	9.9	9.7	9.6
東京都（PJ）	523.9	709.9	669.0	709.1	688.2	678.0	672.1	723.8	602.5	602.5	597.7
（対全国比：%）	3.9	4.5	4.5	5.0	4.9	4.8	4.9	5.4	4.5	4.5	4.5
神奈川県（PJ）	767.3	1048.2	986.7	993.9	954.1	997.8	953.3	957.8	898.8	950.0	895.5
（対全国比：%）	5.7	6.6	6.7	6.9	6.7	7.1	7.0	7.1	6.7	7.0	6.8

資料：資源エネルギー庁『都道府県別エネルギー消費統計調査』。

七・五％であったものが、二〇一八年には九・六％まで高まっている。同様に神奈川県のそれも、同期間に五・七％から二〇一三〜一五年には七％前後まで高まった後に若干減少して、二〇一八年には六・八％となっている。これに対して、エネルギー多消費型のコンビナート産業が存在しない東京都は既述のように同期間に三・九％から四・五％に、同じく埼玉県も二・一％から二・四％に若干高まったに過ぎない。

首都圏一都三県における二〇一八年の最終エネルギー消費の部門別構成をみると（表4-3）、千葉県では製造業が八二・四％、神奈川県でも同上六八・四％で断トツのトップにある。千葉県と神奈川県の製造業は首都圏だけでなく、今や広域関東圏における製造業の素材・エネルギー部門を担っており、その分だけ最終エネルギー消費が大きく出ていわけである。これに対して、東京都のそれは既述した通りであり、埼玉県のそれをみると、内陸型の機械工業や首都圏向けの消費

表４－３　首都圏１都３県における部門別最終エネルギー消費の構成（2018）

	埼玉県		千葉県		東京都		神奈川県	
	消費量（TJ）	構成比（％）	消費量（TJ）	構成比（％）	消費量（TJ）	構成比（％）	消費量（TJ）	構成比（％）
合計	322,193	100.0	1,268,915	100.0	597,730	100.0	895,513	100.0
企業・事業所他	184,225	57.2	1,147,626	90.4	382,242	63.9	744,676	83.2
農林水産・建設業	10,176	3.2	14,401	1.1	20,507	3.4	5,368	0.6
製造業	92,783	28.8	1,045,023	82.4	46,909	7.8	612,110	68.4
第三次産業	81,266	25.2	88,202	7.0	314,827	52.7	71,892	8.0
家庭	96,207	29.9	79,231	6.2	190,291	31.8	117,442	13.1
運輸	41,761	13.0	42,058	3.3	25,196	4.2	33,395	3.7

資料：表４－１と同じ。

財生産の多い製造業は二八・八％であり、第三次産業の二五・二％を若干上回っているに過ぎない。埼玉県で特徴的なのは、陸上輸送に依存する運輸のそれが一三・〇％と、他の一都二県と比較して大きくなっている点であろう。

（３）現行エネルギーシステムの構造的問題

最後に、電力への依存がエネルギー消費の約半分と大きいことに触れておく。現在の電力供給システムを前提とする場合には、一般的には一次エネルギーの三割が発電・送電などによって喪失して残りの七割が最終エネルギー消費に回る（数値は、二〇一八年の日本の「エネルギーバランス」による）。その五〇％が冷暖房や温冷水などの熱エネルギーとして消費され、残った約五〇％を電灯や電気製品に使用される電力と輸送用燃料がそれぞれ等分に分けて（最終エネルギー消費の各二五％を）消費する、とされている（利用形態別の数値は、二〇一〇年度の概算）。

この一般論からすれば、東京都における最終エネルギー消費のうち電力が約半分の比重（二〇一八年：四七・四％）を占めているのは、異常とも言えるほどに高いと思われる。この構造を創り出した要素はいくつか考えられるが、ここでは次の二点に触れておく。

まず指摘されるべきは、一九五二年の九電力体制の成立にあたって方向付けられ、二〇世紀後半の日本の高度経済成長の基礎となった大規模・集中型でかつ「潮流主義」に基づいたエネルギーシステム（ＥＳ）である。大規模・集中型とは、少数の大規模な発電所で発電した電力を消費地に送電するＥＳであり、東日本大震災に伴う東京電力福島第一原発の過酷事故によって、その脆弱性が白日の下に曝されたそれである。「潮流主義」とは、九つの電力会社が自らの管轄区域以外で発電して、それを自らの管轄区域に送電できるＥＳのことである。東北電力管内の福島県では、戦前の猪苗代湖の安積疎水による発電所に始まり、戦後の特定地域総合開発によって建設された只見川の発電所群、そして浜通りの東京電力福島第一・第二原発と、いずれの発電電力も東京電力によって自らの管内に送電されている。福島県は、これらの発電所による発電量によって、浜通りの原発を別にしても、十分に電力自給が可能なほどの発電能力を有している。同じく東北電力管内の新潟県の東京電力柏崎刈羽原発も同様である。事実上の地域資源の略奪である。

このＥＳこそが、地域的な発電能力のことを「気にせずに」電気が利用できる大都市圏の成立を可能にした理由の一つである。とりわけ、今世紀に入って経済の停滞や生産の海外移転によって、大口の電力需要をもたらしていた製造業が徐々に減る中では、それに代わる需要先の開拓が急務であった。

「オール電化」のかけ声とともに促進された、大都市圏の家庭における電力需要（消費）の拡大は、その代替先の一つであったというわけである。

さらに、東京の狭小で密集する住宅地では、電気を冷暖房の熱エネルギーに利用することが便利であった。そもそも密集住宅地では、熱エネルギー利用のための都市インフラを整備することは物理的に難しいだけでなく、高地価の下では経済的にも高くついた。各家庭・各部屋で便利に個別に利用できるという点では、電気に勝るものはなかった。おまけに、東京の暑さでは、冷房設備が生活の必需品であった。「あまり寒くない」冬と「うっとうしい暑さ」の夏に対応した電気による冷暖房設備は、「手軽な」熱エネルギー利用の設備であった。このことは、高地価の下で販売価格を引き上げる要因である熱エネルギー利用のインフラ施設建設費を節約しなければならない、都心回帰に対応したマンション（含、タワマン）や共同住宅についても言えることである。共同利用の熱エネルギー施設による冷暖房が再開発のオフィス街などで始まっているが、住宅街やマンションではまだまだ限られている。この電気による熱エネルギー利用に大きく依存していることが、東京の最終エネルギー消費において電力の比重を、今世紀に入って一〇％ポイント以上も引き上げる重要な要素となっている。

加えて、電力を熱エネルギーに転換して利用することは、直接に熱で十分に間に合う需要を、最も高質な電気エネルギーによって満たすことを意味する。それは、ロビンズの「電動のこぎりでバターを切るな」の喩え(4)に示されるように、エネルギー損失が大きく、非効率なエネルギー利用である(5)（ロビンズ 1979）。

四　東京都における再生可能エネルギーの供給と需要

（1）再エネの供給量と利用量

都道府県別の再エネの発電量（供給）・利用量（需要）を算出するのは、東京都に限らず、それほど容易なことではない。基本的な問題は、個々の発電施設の発電記録はあると思われるが、地域集計されていないことである。固定価格買取制度（ＦＩＴ）に設備認定され、かつ実際に運転を開始した設備容量については、資源エネルギー庁の「固定価格買取制度情報公表用ウェブサイト」で、市町村別のデータとして公開されている（二〇一二年七月時点（移行認定分）および二〇一四年四月末から二〇一九年三月末まで）。しかし、これもあくまで設備容量であって、再エネによる発電量ではない。まして自家消費部分については不明であり、再エネの発電量（供給）を算出することはますます容易ではない。これに対して、再エネの利用量（需要）に関しては、販売時点管理が可能であるので発電量（供給）ほど難しくないと思われるが、後述するような東京都の独自集計がある程度に留まり、他の道府県では集計されていない。

ここでは、ある統一基準を設けて「区域別のエネルギー需要と再生可能な自然エネルギー供給量」を独自に集計している千葉大学倉阪研究室・ＩＳＥＰ『永続地帯２０２０年度版報告書』に基づいて、都道府県別の再エネの供給（発電）量を捉える（図４-３）とともに、東京都におけるそれを全国の

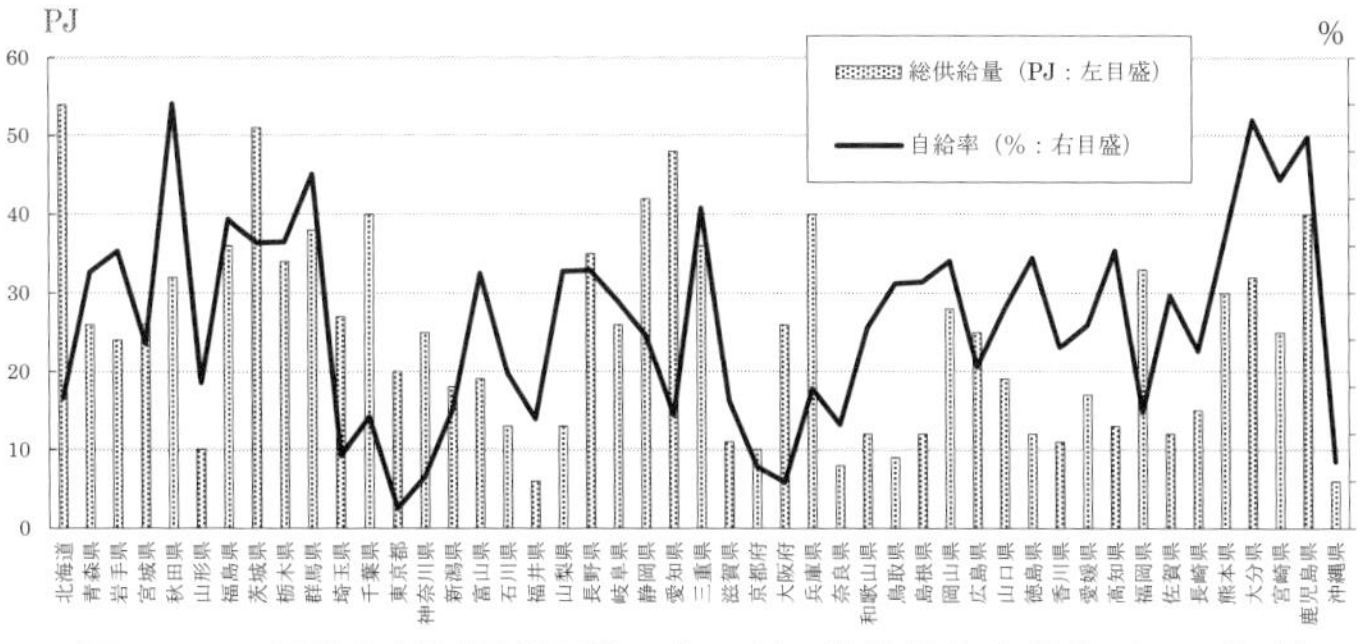

図４－３　都道府県別再生可能エネルギー供給量と自給率（2019年度）
資料：千葉大学倉阪研究室・ISEP（2021）。

中に位置づけてみる。
図４-３によれば、二〇一九年度における東京都の再エネの供給量は二〇ＰＪ（六三・四万kW）である。同年度の全国の総供給量が一一四六ＰＪ（三六二三・九万kW）であるから、東京都の対全国比は一・七％となる。都道府県平均の供給量が四二・四ＰＪであるので、東京都のそれは決して少ない方ではないものの、平均のおよそ半分（四七・二％）である。最大供給量を誇る北海

（4）これは、「電動のこぎり」がエネルギー供給源に、「バターを切る」が必要とするエネルギー需要にした喩えである。

（5）ただし、大都市圏におけるこの電化の動きは一方的に悪いことばかりではない。現状では、電化の電気を化石燃料による発電に依存しているので問題である。もし、この電気が再エネ発電による電気によって供給される（賄われる）ようになればCO_2の排出を減らした上で、持続可能なシステムとなる。その意味で、現状の「オール電化」はその持続可能なシステム構築のために基礎となり得る、とも言える。

道（五四ＰＪ）の三七％に相当する。

ちなみに千葉大学倉阪研究室・ＩＳＥＰ『永続地帯２０２０年度版報告書』は、都道府県別の「地域的エネルギー自給率」（以下、エネルギー自給率）も独自に算出している。同白書におけるエネルギー自給率は、「再エネ供給量が地域的エネルギー需要（民生用＋農林水産業用エネルギー需要）に占める再生可能エネルギー供給量の比率として算出」されている。(6) 二〇一九年度におけるエネルギー自給率の全国平均は一五・六％であるのに対して、東京都のそれは二・一％であり、図からも一目瞭然、全国で最低の水準である。ちなみに、同年度のエネルギー自給率が一〇％に達していないのは、東京都以外では、埼玉県（七・七％）、沖縄県（七・一％）、京都府（六・九％）、神奈川県（五・五％）、大阪府（四・九％）の五府県である。沖縄県を除けば、いずれも大都市圏の五都府県ということになる。逆に、エネルギー自給率の高い五県をみると、第一位の秋田県（四五・一％）から、大分県（四三・三％）、鹿児島県（四一・五％）、群馬県（三七・六％）、宮崎県（三七・〇％）となっている。

なお、ここでは資料は提示しないが、同白書では、面積あたりの再エネ供給量（供給密度）が算出されている。二〇一九年度の供給密度をみると、最も大きい五都道府県は第一位の大阪府（一三・四七七ＴＪ（テラジュール）／㎢）から神奈川県（一〇・五一六ＴＪ／㎢）、愛知県（九・二九二ＴＪ／㎢）、東京都（九・〇一六ＴＪ／㎢）、茨城県（八・三〇八ＴＪ／㎢）となっている。

再エネの利用（需要）量については、東京都環境局が二〇一二年度以降について「都内における再生可能エネルギーの利用状況」として独自に集計している。この調査では、再エネの利用量は、次の三つの電力量から推計されている。すなわち、第一は、都内に設置された再エネ発電設備による電力であり、その場で消費されるものである。第二は、電気事業者から都内に供給される、水力発電などの再エネ発電設備による電力（FITによる買取量）である。そして第三がFITを活用して全国に設置された再エネ発電設備による電力を、「都内販売電力量割合（賦課金の負担割合）で按分したもの」、の三つである。前二者がほぼ都内の再エネ発電施設から供給された再エネ電力に相当するのに対して、第三の都内販売電力量割合に応じて按分した再エネの利用（需要）量は都外の他地域から送電されてきた電力ということになる。

この調査の結果から再エネの利用（需要）量・利用率を捉えていくと（表4-4）、二〇一二年度の四八三九百万kWh（利用率：六・〇％）であったものが、その後着実に増加して、二〇一九年度には一万三四七四百万kWh（同上：一七・三％）と推計されている。二〇一九年度の再エネの利用（需

（6）この「地域的エネルギー自給率」の背後にある考え方は次の通りである。同白書における「エネルギー永続地帯」とは、「その区域における再生可能エネルギーのみによって、その区域におけるエネルギー需要のすべてを賄うことができる区域」のことであるとされる。当該の区域におけるエネルギー需要は、「民生用需要と農林水産業用需要を足し合わせたものを採用」している。この前提にある考え方は、民生用＋農林水産業用の「エネルギー需要は、高温高圧のプロセスを要せず再生可能エネルギーで供給可能で」あり、「地方自治体によってコントロール可能である」ということである。また、輸送用エネルギー需要については、「どの自治体に帰属させるかを判定することが難しいため除外して」ある。

表 4 - 4　東京都における再エネ発電の利用の推移（2012～19年度）

種類／年度	2012	13	14	15	16	17	18	19
1　都内に設置された再生可能エネルギー発電設備による利用量	478	495	491	501	518	548	558	567
2　電気事業者からの供給による都内利用量（水力発電等）	4,228	3,453	3,717	4,152	3,762	4,302	4,142	4,572
3　FIT 制度における再生可能エネルギーによる都内利用量	133	1,660	2,604	3,957	5,215	6,328	7,253	8,335
都内の再生可能エネルギー電力利用量[1]	4,839	5,780[2]	6,832[2]	8,610	9,494	11,179	12,053	13,474
都内の電力消費量				77,528	78,367	79,240	78,757	77,681
都内の再生可能エネルギーによる電力利用割合（A）/（B）（%）	6.0[3]	7.2[3]	8.7[3]	11.1	12.1	14.1	15.3	17.3

註：1）電力量の単位：百万 kWh。
　　2）「新電力再生可能エネルギー発電」分（2013：172百万 kWh、2014：20百万 kWh）を含む。
　　3）2012～14は「都内の電力使用量」が明記されておらずに、概算で示されている。
資料：東京都環境局「都内における再生可能エネルギーの利用状況調査（各年度版）」。

要）量は一二年度比で二・三倍に、都内の電力利用量が二〇一七年度以降に減少に転じていることも手伝って利用率では同じく二・九倍となっている。

ただし、上述したように、第一と第二の再エネの利用（需要）量がほぼ都内で供給された再エネ電力であるので、その点に着目してみていくと、二〇一二年度では四七〇六百万ｋＷｈから二〇一六年度（四二八〇百万ｋＷｈ）までは増減を繰り返しながら若干減る傾向にあり、二〇一七年度以降に増加に転じて二〇一九年度には五一三九百万ｋＷｈになっている。つまり、自前の再エネ電力の利用（需要）量としては若干の増加がみられる程度である。都内の再エネ電力の利用（需要）量が増加して、利用率も増えているのは、もっぱら都外から供給される再エネ電力であるということになる。再エネ電力の利用（需要）量・利用率ともに増加していることはいいとしても、ここでも都外の他地域への依存という問題が首をもたげてくる。

（２）都内における再エネ発電

直近の記述からもわかるように、都内にも再エネ発電施設があり、発電されている。

その代表が清掃工場における廃棄物発電である。家庭や事業所から出る可燃ごみの焼却熱で蒸気を発生させて発電する。ＦＩＴの認定についてみると、廃棄物発電のうち「一般廃棄物・その他のバイオマス」に該当する廃棄物のバイオマス部分が対象となっている。ここでの「バイオマス」とは、「紙」「厨芥」「布類」「草木」のことである。毎月一回、年一二回の測定が実施されて、ここで言うと

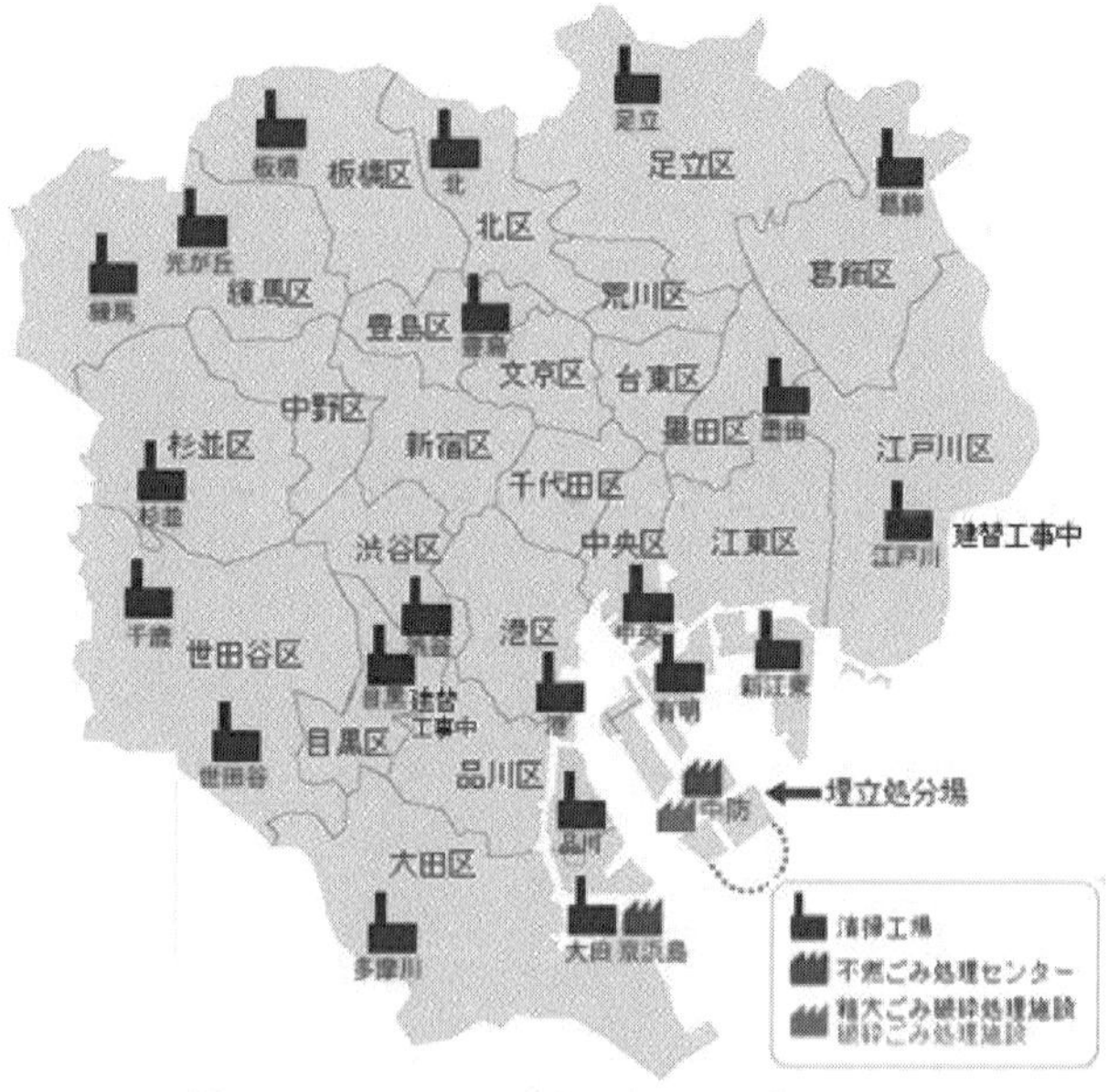

図４－４　東京23区内における清掃工場の分布

資料：東京二十三区清掃一部事務組合 HP（転載し、凡例の位置を変更）。

ころの「バイオマス」比率が算定される。二〇二一年度の買取価格は一七円で、買取期間は竣工から二〇年間である。認可された時点で既に稼働している場合には、二〇年マイナス稼働年数が買取期間となる。

東京都におけるごみ発電は、東京二十三区清掃一部事務組合（以下、清掃事務組合）が担っている。清掃事務組合は、同組合HPによれば、東京都特別区内に設置されている清掃工場をはじめとする「ごみ処理施設の整備・管理運営及びし尿処理施設の整備・管理運営に関する事務を共同処理すること」を目的として、東京都特別区二三区によって二〇〇〇年に設立された。一九九八年に清

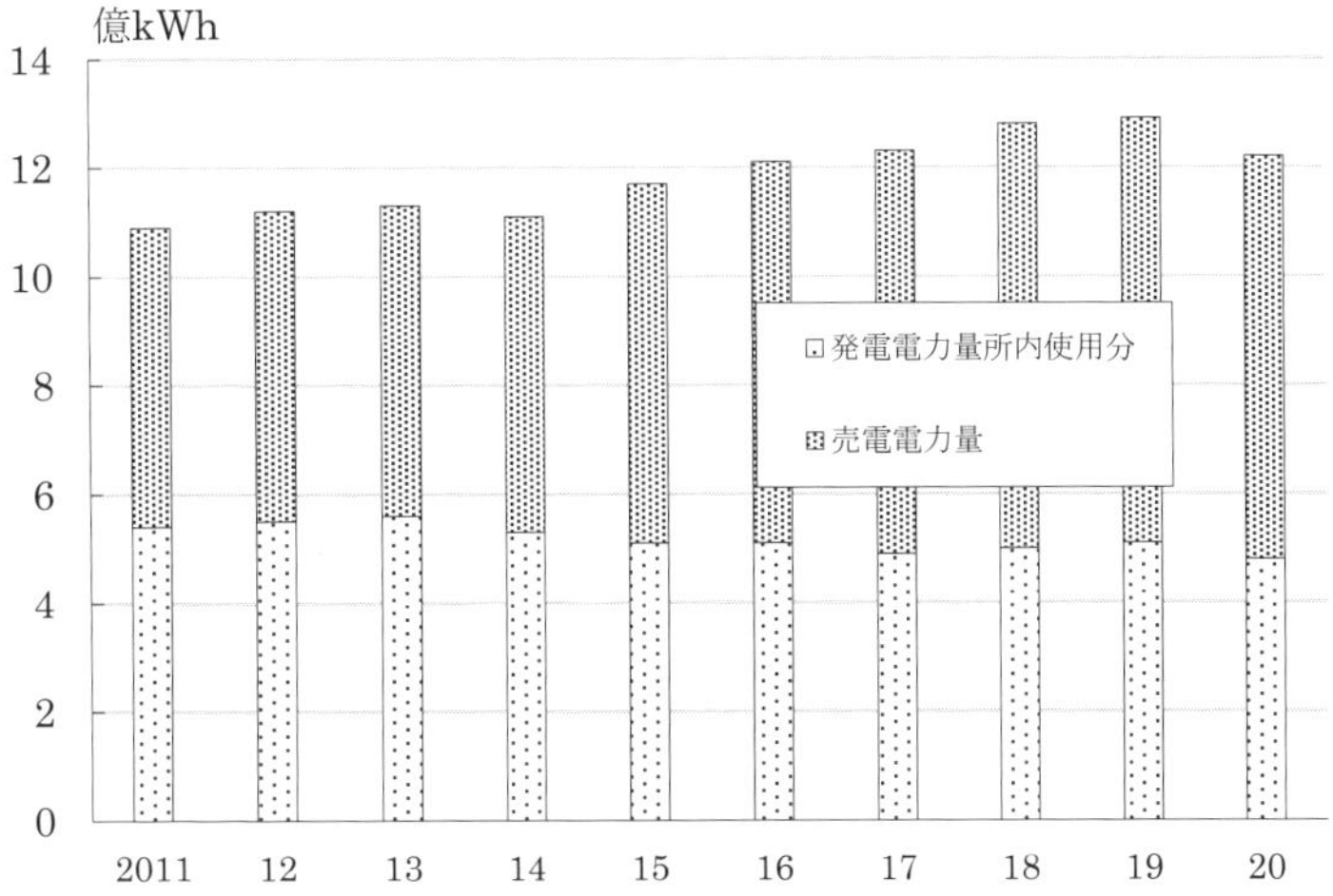

図４－５　ごみ発電電力量の推移（2011～2020）

資料：東京二十三区清掃一部事務組合（2021）。

掃事業を特別区に移管することが、都区制度改革の一環として東京都より提案されたことを受けての設立であった。清掃事務組合の清掃工場は二〇二〇年度末時点で、建て替え中の二工場を除いて、一九工場である（図４-４）。

ちなみに、東京都の再エネ発電施設の現状は、資源エネルギー庁ＨＰ・固定価格買取制度情報公表用ウェブサイトによれば、二〇二一年七月三一日現在、次の通りである。すなわち、太陽光の施設認定数は一四〇〇ヶ所（発電出力：八・四一万ＫＷ）、同じく風力は三ヶ所（同上〇・三七万ＫＷ）、水力は六ヶ所（同上〇・八九万ＫＷ）、地熱は一ヶ所（同上〇・四四万ＫＷ）、バイオマスは三〇ヶ所（同上三二・九万ＫＷ）である。バイオマスのうち清掃事務組合の施設は一八ヶ所（同上二八・二万ＫＷ）となっている。このように認定バイオマス発電施設の発電出力が全体の七六・六％、清掃事務組合のごみ発電によるそれは六七・七％を占めて圧倒的に最大規模であり、文字通り都内における再エネ発電施設の代表格である。

清掃事務組合によるごみ発電の推移をみると（図4-5）、二〇一一年一〇・九億kWhから若干の増減を繰り返しながらも二〇一九年まで増加傾向にあったが、二〇二〇年に微減している。二〇一四年までが概ね一一億kWh前後、二〇一五年から増加して一六年に一二億kWhを超え、二〇一九年には一三億kWhを記録して、二〇年に一二・三億kWh（前年度比五・二％減）に減少している。

二〇二〇年について内訳をみると、工場内使用電力量が四・八億kWh（三八・七％）、売電電力量は七・四億kWh（六〇・二％）となって、後者は前年度比〇・四億kWh（四・八％）の減少となっている[7]。二〇二〇年三月～二〇二一年二月まで売電収入は九四・七億円であり、前年同期と比較して一一・九億円（一一・二％）の減少となっている[8]。総蒸気発生量のうち、発電に利用されたのは七二〇万tであり、その割合は七五％となって、前年度比では三九・六万t（五・二％）の減少となった、という（清掃事務組合、2021）。

なお、二〇二〇年度の清掃工場の受電（買電）電力量は〇・五億kWhであり、上記の売電電力に対して六・七％、工場内の総使用電力量は五・三億kWhと比べても九・四％を占めるにすぎず、ほとんど問題とならない水準である、という（同上）。

ただし、CO_2の排出量は公表されていない。周知のように、日本の場合、ごみの焼却処理が「日常化」しており、世界的には問題となっている。ごみ発電は、ここまで述べてきたように、廃棄物発電のうち「一般廃棄物・その他のバイオマス」に該当するとして、可燃ごみの焼却熱で蒸気を発生させて発電するという意味ではＦＩＴにおいても、再エネとして認定されているとはいえ、この焼却の過程自体はＣＯ$_2$を排出しているのである。

五　東京都の環境・エネルギー政策

本章のタイトルは、東京の環境政策の基本をなしている東京都『東京都環境基本計画』（以下、基本計画）（二〇一六年）が目指す将来像である「世界一の環境先進都市・東京」から、取ったものである。

東京都は、既に落ち目になりつつある中で、「TOKYO2020」で「夢をもう一度」と自らを奮い立

（7）二〇一九年度から「中防処理施設管理事務所へ送電（「自己託送電力量」が開始され、同年度および二〇二〇年度いずれも〇・一億ｋＷｈが送電されている。

（8）清掃事務組合によるごみ発電の売電は、大江（2020）によれば、次の三種類になっている。すなわち、第一にＦＩＴ電気を東京電力に、それ以外を東京エコサービスに販売するケース（一〇工場）、第二にＦＩＴ電気とそれ以外の両方を東京エコサービスに販売しているケース（六工場）、第三が全量を東京エコサービスに販売しているケース（三工場）の三つである。東京エコサービスは購入電力を、新電力への販売（卸売）と自らの小売用として販売している、という。

たせただけでなく、他の地域に影響を及ぼした。そこにみられるものは、成長主義・効率主義に基づいた二〇世紀型の大都市圏の「あだ花」としての東京である。

とはいえ、実は環境政策では、東京都はなぜか頑張っている。かつての革新都政の環境政策が国のそれを一歩も二歩も先んじて引っ張っていたように、今でも東京は「環境先進都市」を目指して、健在である。

まず、ＣＯＰ21でパリ協定の採択を受けた「基本計画」の概要を確認すると、策定経緯では「TOKYO2020」がしっかりと射程に入って経済成長が謳われているものの、その後を見据えて「世界一の環境先進都市・東京」の将来像＝環境政策との両立させることを目指す、とされている。

この将来像の実現に向けた政策展開では、「最高水準の都市環境の実現」「サステナビリティ」「連携とリーダーシップ」の三つの視点が提示される。目標年次を二〇二〇年と二〇三〇年に定めて、次の五つの「政策の柱」からなっている。

第一の政策は「スマートエネルギー都市の実現」であり、「温室効果ガス排出量を30％削減（２０００年比）」と二〇三〇年までに再エネによる「電力利用割合30％程度」、「家庭用燃料電池100万台、水素ステーション150か所」を目指すとしている。

第二の政策は「３Ｒ・適正処理の促進」と「「持続可能な資源利用」の推進」であり、「一般廃棄物リサイクル率37％」にして、「最終処分量を25％削減（２０１２年度比）」を目指すとしている。

第三の政策は「自然豊かで多様な生きものと共生できる都市環境の継承」であり、「保全地域等での自然体験活動参加者数延べ5・8万人」に増やし、「自然公園の潜在的な魅力を掘り起」こす、としている。

第四の政策は「快適な大気環境、良質な土壌と水循環の確保」であり、「全ての測定局における光化学オキシダント濃度を0・07ppm以下」とし、「真夏に人々の感じる暑さが軽減されるエリアの増加」を目指すとしている。

第五の政策は「環境施策の横断的・総合的な取組」であり、「多様な主体との連携、世界の諸都市との技術協力等の推進」と「環境学習、環境広報の充実強化」を目指すとしている。

その後も東京都は、国に先んじること一年半前の二〇一九年五月には『ゼロエミッション東京戦略』（東京都環境局 2019）を宣言して、平均気温の上昇を一・五℃に抑えることを追求し、二〇五〇年にCO_2排出実質ゼロの実現に貢献するとして、上記の基本計画の五つの政策にほぼ対応させて、①再生可能エネルギーの基幹エネルギー化、②水素エネルギーの普及拡大、③ゼロエミッションビルの拡大など六分野一四政策(9)を発表した。

さらに、「政策のアップデート」が必要であるとして、二〇二一年三月には、「2030年カーボン

(9)　他の一一政策は、④ゼロエミッションビークルの普及促進、⑤3Rの推進、⑥プラスチック対策、⑦食品ロス対策、⑧フロン対策、⑨適応策の強化、⑩多様な主体と連携したムーブメントと社会システムの変革、⑪区市町村との連携強化、⑫都庁の率先行動、⑬世界諸都市等との連携強化、⑭サステナブルファイナンスの推進、となっている。

ハーフに向けて必要な社会変革の姿・ビジョン」として、「2030・カーボンハーフスタイル」を提起した。そこでは、『ゼロエミッション東京戦略』宣言時の二〇三〇年に向けた目標を次のように強化した。すなわち、都内GHG排出量を二〇〇〇年比で三〇%削減を五〇%削減へ、同じく都内エネルギー消費量を二〇〇〇年比で三八%削減を五〇%削減へ、再エネによる電力利用割合を三〇%程度から五〇%程度へ、そして都内乗用車新車販売を二〇三〇年には一〇〇%非ガソリン化するとした。まさに矢継ぎ早の、スマートで華麗な環境・エネルギー政策の展開である。

ただし、その足もとにおける実績をみると、GHGの排出が二〇一八年に二〇〇〇年度二・八%の増加に留まったものの、産業・業務部門が八・一%の増加、家庭部門では二八・三%の増加である。エネルギー消費量でみても、同じく産業・業務部門が一八・三%減、運輸部門で五〇・三%減を記録して、全体では二四・二%の削減にもかかわらず、家庭部門では〇・七%増加となっている（東京都環境局2021a）。このように、東京都の威勢の良い宣言にもかかわらず、足もとでは必ずしも思わしい進展がみられるわけではない。

その上で、「2030年カーボンハーフ」に向けた施策をみると、「都内産卒FIT電力を都有施設で活用する「とちょう電力プラン」の推進」や「太陽光パネルや蓄電池への導入補助等により、自家消費を推進」、「企業・行政の調達規模を活用した新規設備導入にも繋がる電力契約構築」、「家庭等での再エネ電気のグループ購入を推進するビジネスモデルの構築」など、従来の施策の域を出るものではない。ましてや、「必要な社会変革の姿・ビジョン」、すなわちシステム・チェンジを裏打ちするものとしては、あまりにも物足りないと言わざるを得ない。

既に触れたように、「２０３０年カーボンハーフ」はもちろん、「２０５０年カーボンゼロ」を実現していくために重要なことは、まさに上記の社会変革が必要なのである。ＥＳに限ったとしても、本章の中でも指摘したように、少なくとも二〇世紀型の大規模・集中型でかつ「潮流主義」に基づいたＥＳに決別して、小規模・分散型の、したがってエネルギーの地産地消を基本とするＥＳに変革していくための提案が必要である。まさに、東京都のカーボンゼロに向けた施策は、他の道府県をリードするだけではなく、原発や石炭火力に及び腰の国の政策を変えていくものでなければならないのである。

文献

大江徹　2020「東京都における自治体新電力主導の再生可能エネルギー導入の現状と政策課題」『地域経済学研究』39/40合併号、109–125。

資源エネルギー庁　2020『総合エネルギー統計』。

資源エネルギー庁　2020『都道府県別エネルギー消費統計調査』。

資源エネルギー庁ＨＰ：固定価格買取制度情報公表用ウェブサイト https://www.fit-portal.go.jp/PublicInfo（二〇二一年一〇月五日確認）

千葉大学倉阪研究室・認定ＮＰＯ法人環境エネルギー政策研究所（ＩＳＥＰ）2021『永続地帯２０２０年度版報告書』URL: https://sustainable-zone.com/（二〇二一年五月六日確認）

東京都環境局　2016『環境基本計画』。

東京都環境局　2019『ゼロエミッション東京戦略』。

東京都環境局 2021a『東京都環境白書２０２０』。

東京都環境局 2021b『東京都における最終エネルギー消費及び温室効果ガス排出量総合調査』。

東京都環境局「都内における再生可能エネルギーの利用状況」（各年版）。

東京二十三区清掃一部事務組合 2021『清掃工場等作業年報』同組合。

東京二十三区清掃一部事務組合ＨＰ: https://www.union.tokyo23-seisou.lg.jp/index.html（二〇二一年一〇月五日確認）

『日本経済新聞』(2021/10/31)「脱炭素、計算法に異説あり 現行基準は先進国有利」。

ロビンズ、Ａ／室田泰弘・槌屋治紀訳 1979『ソフト・エネルギー・パス――永続的平和への道』時事通信社。

【コラム1】　アメリカ先住民族と原子力

石山徳子

一九四五年に広島と長崎で投下された原子爆弾の開発と製造は、アメリカ合衆国（以下、アメリカ）の、いわゆる辺境地域で進められた。原子力エネルギー生産の起点ともなった、第二次世界大戦中のマンハッタン計画は超機密事項であり、軍当局の戦略としても、人里離れた場所で、秘密裏に実施される必要があったからだ。アメリカ史の文脈において、社会地理的に孤立した地域とは、その昔、土地を奪われて辺境地域に、もしくは本来の領土の一部に追われていった先住民族の生活圏と重なることが多い（石山 2020）。神から与えられた「明白な運命」として正当化された西部開拓のプロセスは、アメリカ例外主義の思想とも絡み合いながら、もともと住んでいた先住民族を追いつめていった。入植者が創設した新しい国家で、進化論に根差した科学的人種差別思想のもとに、「野蛮」な存在であると断じられた彼らは、身体的、文化的なジェノサイドの対象になったのだ。

先祖たちの生命を奪い、みずからの文化的アイデンティティを根こそぎ否定したジェノサイドの暴力は、現在に至るまで、先住民族に深刻なトラウマを残している。そして、第二次世界大戦中に他者の破壊を目的として始まった核開発は、トラウマを抱えつつ生き延びてきた先住民族の故郷を、環境破壊の前線に置くことになった。先祖伝来の土地と密につながった生活様式を維持してきた先住民族にとって、放射能汚染という環境危機は、世代を超えた文化継承をさらに困難なものにしてきた。なぜならば、土地と、その場所に生息する動植物との相互関係のもとに成り立ってきた狩猟採集の習慣、そして宗教儀式をつづけられなくなったからである。

たとえば、原子爆弾製造の本拠地のひとつである、ニューメキシコ州のロスアラモスを例に考えてみたい。メサと呼ばれる、切り立った台形状の山の天辺に設立されたロスアラモス国立研究所は、マンハッタン計画以降、厳しい警備の対象区域にある。軍事目的の超機密プロジェクトの実施場所として選ばれたのは、その辺境性ゆえのことであった。世界的に著名な科学者とその家族が集結したときに、ちかくに住んでいたのはサン・イルデフォンソ、サンタ・クララ、オーケー・ウェンゲなどの集落に住むプエブロ先住民だった。周辺地域の入植者から差別的な眼差しを受けながらも、先住民は自分たちの集落のなかで、先祖伝来の文化、宗教、儀式、言語を維持しながらひっそりと生きていた。ニューメキシコ州北部での先住民族の社会的な孤立は、機密保持の徹底を目指す軍部当局からするならば、実に好都合だった。

狩猟採集や儀式の場、聖地を含む生活圏には、突然ゲートがつくられ、フェンスが張られた。そして、外からやってきたエリート層の白人たちが、そこでいったい何をしようとしているのかを、付近のプエブロ先住民が知る由もなかった。彼らの大切な故郷は、大量破壊兵器の生産の拠点となり、生態学的なリスクは甚大だったが、地元の人びとへの情報公開やインフォームド・コンセントのプロセスはなきに等しかった。当時の連邦政府としては、国家安全保障のためにはやむを得ない犠牲であると、彼らの健康や安全の問題を切り捨てたからだ。このような方針の根底には、ジェノサイドを起点とした先住民族にたいする植民地主義の歴史と、これにまつわる差別思想があった。

冷戦期から現在にかけても、アメリカ核開発の中心的な役割を担う国立研究所近辺の警備は、厳重で

ロスアラモスから撮影した景色

撮影：鎌田遵

ありつづけている。筆者は約一五年前の八月、ロスアラモスのダウンタウンで研究所の方向を向いて町の写真を撮っていたところ、突然、一〇人ほどの警官に取り囲まれたことがある。駆けつけた上官は、パスポート情報をチェックした後に、その日は原爆投下日であるため警備を強化している、と説明した。アジア人が写真を撮っている行為そのものが「怪しい」、と判断されたこと、自分がいわゆるレイシャル・プロファイリングの対象になっていたことを、そのときはじめて理解した。幸いなことに、その上官は「怖い思いをさせて申し訳ない」という謝罪とともに解放してくれたが、なんとも言えぬ居心地の悪さを感じた。

筆者のような「よそ者」だけでなく、長い時間をかけてこの場所と相互関係を築いてきた地元の先住民であっても、研究所の敷地やその付近に自由に出入りすることはいまもできない。通行者の免許証などを確認する、チェックポイントも設置されている。

原爆投下日には警備が強化される「原子力の町」は、アメリカでもトップ・クラスの経済力を誇る。二〇一六年一一月一日付のイギリス日刊紙『ガーディアン』は、かつての秘密都市ロスアラモスが、いかに百万長者の集住区域へと変容したのか、特集記事を組んでいる（Provost 2016）。ロスアラモスはたしかに、深刻な貧困、ドラッグ、ギャングなどの問題が、人びとの生活を脅かしてきた周辺の町やプエブロ集落とは、見た目も雰囲気も全く異なっている。メサのふもとの町、エスパニョーラの三〇％近くの住民が、貧困ラインに満たない生活を送っているのにたいして、ロスアラモスの住民の大半を占めるのは高収入の白人だ。またこの町は、博士号をもつ人の人口比が全米でもっとも高い自治体のひとつでもある。世界随一の軍事力と、科学技術の先端の象徴とも捉えられてきた原子力エネルギー事業が、ニューメキシコ州の奥地に展開する空間構造を大きく変えたことは間違いない。そのいっぽうで、『ガーディアン』の記事は、ロスアラモスと周辺地域の極端な経済格差こそが、一％の富裕層が富を独占するアメリカ社会の縮図である、という重要な指摘をしている。

たしかに、ロスアラモスの地理空間は、アメリカ社会に内在するさまざまな矛盾や葛藤を象徴している。たとえば、核開発の負の遺産である環境破壊の問題は、複雑、かつ深刻だ。連邦政府が長年にわたり、環境保全よりも国防を優先した結果の、杜撰なリスク管理は、放射性廃棄物処分に関する諸問題、有害物質の流出による土壌、水質汚染を引き起こしてきた。連邦エネルギー省のウェブ・サイトによれば、ロスアラモス国立研究所で特定されている汚染区域は二一〇〇箇所にのぼる（US Department of Energy Environmental Management Los Alamos Field Office n.d.）。また、一九五六年から一九七二年にかけて、同研究所は六価クロム汚染水を放出したのだが、その除染作業が本格的にはじめられたのはごく最近、二〇一九年のことである（US Department of Energy Environmental Management Los Alamos Field Office 2019）。周辺地域には健康不安が広がり、病に苦しむ人も多い。しかしながら、プエブロ先住民をふくむ近隣住民の多くは、複雑な心情を抱えつつもロスアラモスに雇用機会を求め、経済的に依存しているという現実もある（鎌田 2018）。

ロスアラモス周辺のプエブロ部族政府は、環境破壊に関する懸念事項、聖地とのつながり、先住民族の歴史や文化について、連邦エネルギー省に理解を求めてきた。主権を有する部族政府は、連邦機関と政府間交渉をおこなう立場にある。これを踏まえて、サンタ・クララ・プエブロ族の部族長は二〇一七年八月、現地を訪れたエネルギー省職員にたいして、「わたしたちの生活は、この土地に深く根差しているのです」と、継続的な対話を呼びかけた（US Department of Energy Office of Environmental Management 2017）。この場所が先住民文化にいかに重要な意味を有しているのか、連邦政府機関の役人たちに訴え、長期にわたる環境保全への道筋を示そうとしたのである。

連邦政府の主導によって実施されてきた原子力エネルギー開発計画に長年翻弄されてきた先住民たちはいま、環境管理のプロセスに主体的に関わろうとしている。これはすなわち、先祖から受け継いできた土地を守り、次の世代へとつなげていく、そして民族としてのアイデンティティを維持し、故郷とともに生き延びていく営みでもある。

引用文献

石山徳子　2020『「犠牲区域」のアメリカ――核開発と先住民族』岩波書店。
鎌田遵　2018「マンハッタン計画国立歴史公園に関する一論考――ロスアラモス国立研究所の歴史地理」『亜細亜大学学術文化紀要』33：105–125。

Provost, Claire 2016 "Atomic City, USA: How Once-Secret Los Alamos Became a Millionaire's Enclave." *The Guardian*. November 1 〈https: //www. theguardian. com/cities/2016/nov/01/atomic-city-los-alamos-secret-town-nuclear-millionaires〉

US Department of Energy Environmental Management Los Alamos Field Office (n.d.) "Legacy Cleanup." 〈https: //www.energy.gov/em-la/services/legacy-cleanup〉

——— 2019 "Los Alamos National Laboratory Chromium Plume FAQ." February, 2. 〈http://www.energy.gov/sites/default/files/2019/03/f61/Chromium%20Plume%20FAQ_February%202019_FINAL.pdf〉

US Department of Energy Office of Environmental Management 2017 "DOE Officials Meet with Tribal Leadership at Four New Mexico Pueblos." August 17. 〈https://www.energy.gov/em/articles/doe-officials-meet-tribal-leadership-four-new-mexico-pueblos〉

第5章　東京は〝熱都〟になるのか？

梅本　亨

　東京に住む人、通勤・通学する人、そして東京を学ぶ人にとっての気候がこの章のテーマである。東京ならば都市気候に、そして気候ならば温暖化に言及しないわけにはいかないが、地理学のコミュニティーでは実はいずれも古典的な話題である。西沢利栄によれば、すでに一九三〇年代には、東京の燃料消費量から大気への人工排熱を定量的に評価する試みがあり、第二次世界大戦を挟んで一九五〇年代には、本格的な都市気候研究が活発に行われた（西沢 1977）。この状況はもちろん欧米においても同様で、一九四〇年代から使われはじめた高温の都市域を表す「アーバン・ヒートアイランド」という言葉も一九六〇年代後半には定着した（中川 2011）。一方の温暖化については研究の歴史は更に一〇〇年以上昔に遡るが、日本の一般社会に定着したのは一九九七年の京都議定書の成立以降である。

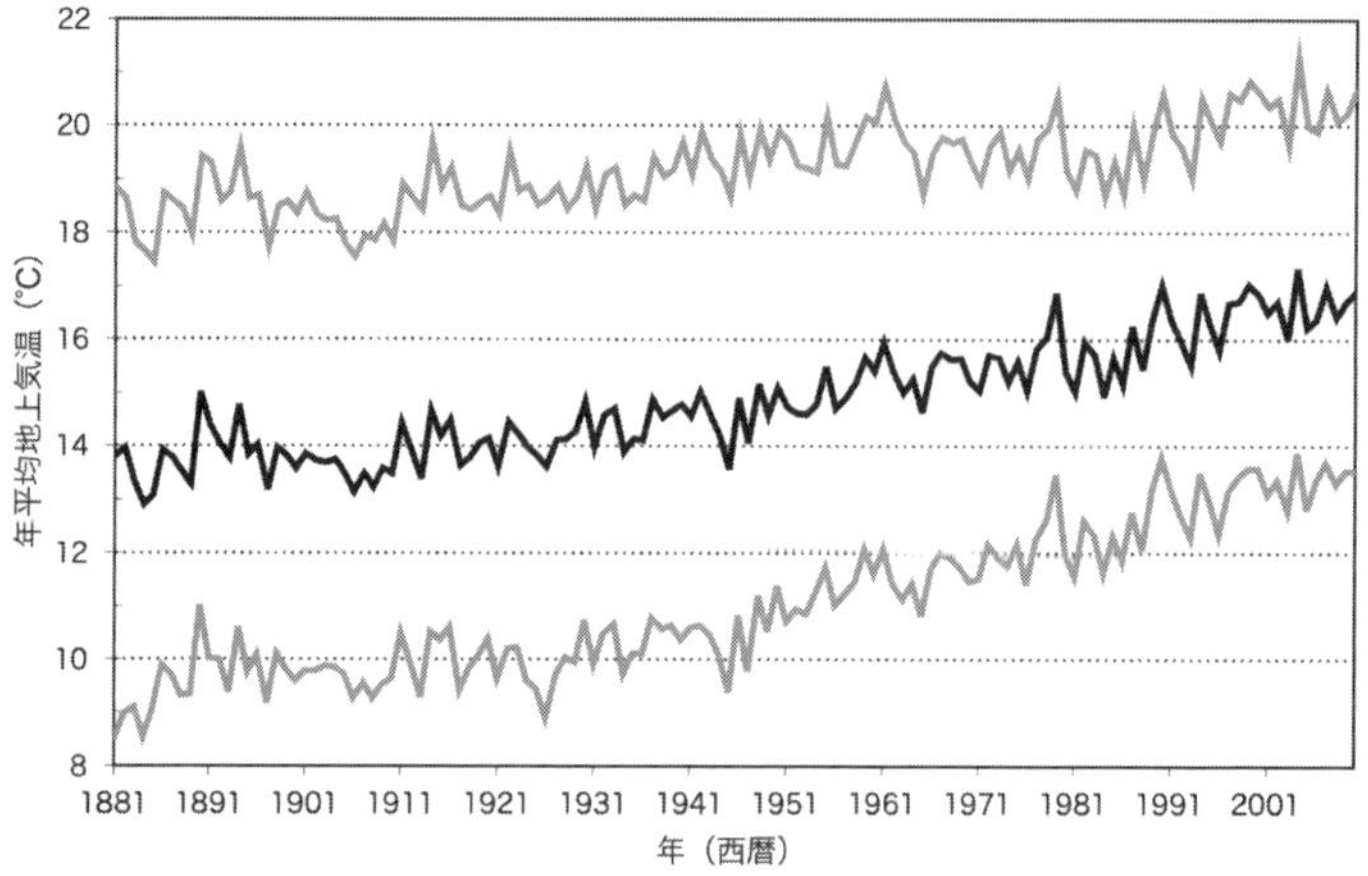

図５－１　気象庁の観測値による東京の年平均地上気温経年変化

筆者作成。気象庁ホームページから，地上気温（高さ1.5メートルの気温）についての日平均値（中段の黒線），日最高値（上段の灰色線），日最低値（下段の灰色線）の月平均値を取得し，それを1881～2010年の毎年について単純平均して年平均値とした。

一　温暖化する東京の都市気候

東京は確実に暑くなっている。もう少し詳しくいえば、長期間の気象データによると東京の地上気温は明治期以降徐々に高くなってきている。よく見かける情報だが、改めて図５－１にに素朴なグラフでその様子を示してみた。

毎年一二個の月平均気温を単純に平均して求めた年平均気温を折線グラフにしたのが中央の黒線で、一九世紀末の一四℃程度から最近までに二℃強の上昇を示している。二本の灰色線はそれぞれ上が日最高気温の年平均、下が日最低気温の年平均である（黒線と同じ計算方法）。温度上昇は最低気温の折れ線グラフによく現れており、夜間から早朝にかけての気温低下が鈍ったことは明らかだ。マスコミの天気解説ならば

図５－２　新旧の「東京」観測所

気象庁（東京管区気象台）設置の「東京」地上気象観測所の露場。左）北の丸公園の新露場，右）大手町旧気象庁構内の露場跡（芝生に若干の観測装置が残存）である。2019年筆者撮影。

「夜間の放射冷却が弱まった」という簡潔な表現になるかもしれない。「でも」や「なぜ」はひとまず傍に置くとして、この気温上昇という事実を東京の気候物語の出発点とする。

二　気候を〝入れる〟容器としての東京

　気象庁の東京を代表する観測所の正式名称はもちろん「東京」だが、その位置を知る一般人は気象愛好家くらいだろう。港区虎ノ門の気象庁は、二〇二〇年までは長く千代田区大手町の北西部にあった。庁舎とともに観測所も遠くに移ると、データの気象学的な連続性が途切れるので、移転前の二〇一四年末に観測所（日本の気象学では「露場《ろじょう》」という）は大手町から一キロメートル弱離れた北の丸公園（日本武道館がある）に変更された（図５－２）。

　大きな水濠である江戸城（皇居）の内堀のすぐそばだったとはいえ、ビルの谷間のような大手町から広い公園内の樹林地に移転したため、新露場では平均気温が一℃前後低くなってしまった。本章で気候環境を話題にする場合の東京は、ちょうどこの「東京という気象観測所」

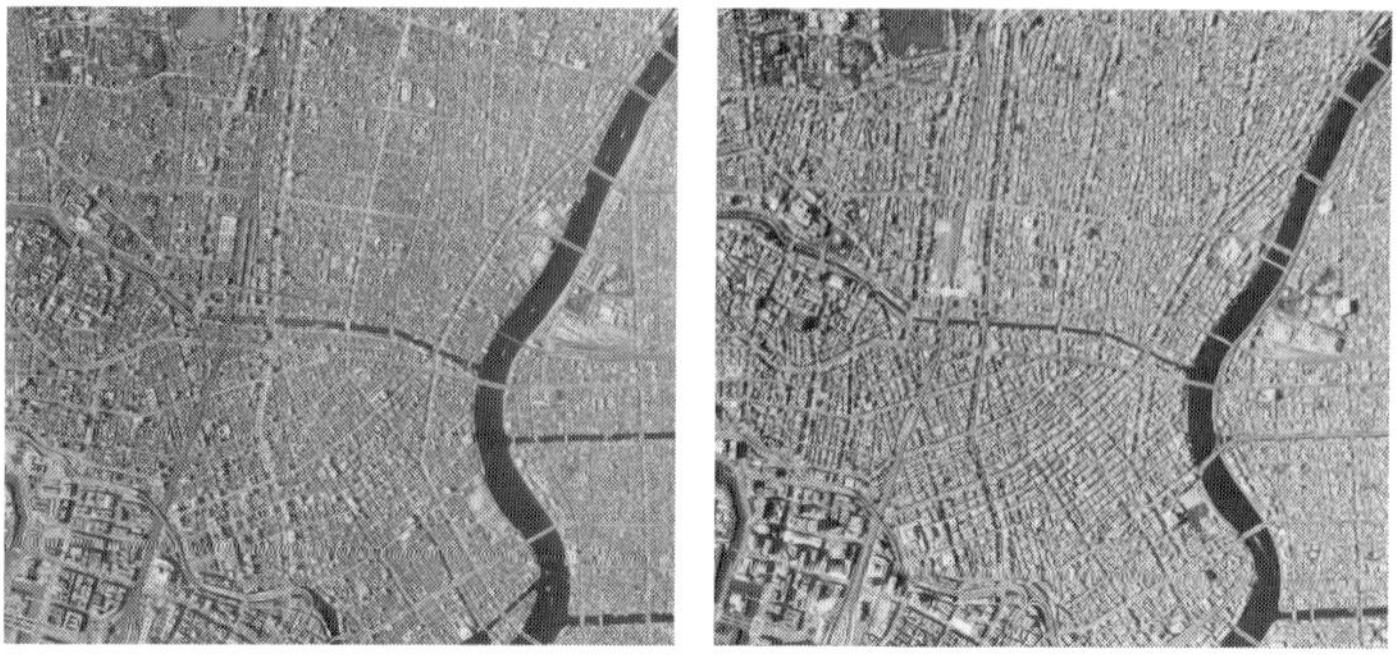

図5－3　丈が伸びる都心を覆うビル群（国土地理院の空中写真の一部）

左）国土地理院1965年撮影の空中写真 KT65-7Y-C3-16の一部，右）同じく2001年撮影のKT2001-1Y-C2-9の一部。上が北で東西幅は約3.5キロメートル。左下隅が東京駅北側の大手町付近，左上隅は東京大学で，東側にある水面は上野恩賜公園の不忍池，右半部の黒い帯は南に流れる隅田川。

にも近い、昔から大都市であった江戸のあたりを漠然と指すことにする。

東京は見渡す限り建造物に覆われている。昭和期後半からは高層化も進行し、一九六八年完成の日本初の超高層ビルである三六階建ての「霞ヶ関ビルディング」（千代田区）、そのおよそ一〇年後にできた池袋の「サンシャイン60」（豊島区）あたりまでは、工事の進捗状況がテレビでかなり頻繁に紹介されていた。その後、高層ビルは珍しくなくなり、気がつけば都心の丸の内付近や東京都庁のある新宿などに、超高層ビルが林立する領域がいくつか出現した。

都心付近のありふれた街並みが高層化する様子を、国土地理院の一九六五年と二〇〇一年の空中写真を並べて確認してみることにする（図5-3）。左写真の一九六五年は東京オリンピックの翌年で高度経済成長期の中頃だが、東京の〝表面〟はまだベタっとしているように見える。東半部の隅田川沿いの低地は、ゴルフ場のグリーンのような、よく刈り込まれた滑らかな芝生の表面のようだ。一方、左下の大手町（丸の内）のあたりは大きな建物が集中していてデコボコに見える。約三五年後の右写真では、まるで丈の不揃いな草地に灌木の藪が点在するようなテクスチャーに変化しているようだ。全体に建物が大きくかつ高くなったのである。また、道路がはっきり見えるのは、とくに道路に面した建物が高層化して長い影が連なったことを物語っている。

超高層ビルに代表される背の高い建物は、おそらく日本独特の「ビル風問題」を引き起こした。例えばドミノの牌のような形の孤立ビルの広い方の壁面に直交に風がぶつかると、ビルの足元に風下へ長く伸びるヘアピン型（アーチ型とも馬蹄形ともいう）の細長い螺旋階段（ビル外壁の避難用階段）を横倒しにしたような渦が発生する。この現象を現場の風の強さで見直すと、ビルの裏側（風下側）には側面と上面を回り込む逆向きの風によるキャビティー（空洞・弱風域）ができるが、ビル側面からほんの少し横に離れたあたりとキャビティーのさらに風下側にはウェイク（wake）すなわち船の航跡のような剥離渦を含む強風域が出現する。これがビル風の一般的な説明である。ただし「ビル風」は完全な日本語であって、都市気候に関するおそらく最新の英語の教科書の気流についての章の冒頭には、東京の街路のビル風に耐える人の写真が紹介されているのに「ビル風」に相当する表現は見当たらない（Oke et al. 2017）。

ビル風は環境の風の向きや強さによって、かなり気まぐれに発生することが想定される。しかし東京の場合は、冬場に北西の季節風（空っ風）がかなりの高頻度で吹走する。気圧配置も西高東低型で持続性が高く、大気の気象学的な安定度も高い。つまり同じ場所でビル風が頻発することになる。そこに住宅があれば、洗濯物が飛ばされたり窓がガタガタ鳴って迷惑を被ることになるのは確実である。もし幼稚園があれば、庭で園児が遊べなくなることもあるだろう。ビル風問題は、やはり同じ時期に問題となった日照阻害とは違って、高層ビル建築との因果関係がやや曖昧なため か訴訟を誘発し、建築業界でも根本的な工学的・応用気象学的調査と対策が活発に行われるようになった（中村・宮下 2018）。

さて、さきほどビル風が日本独特の問題だと書いたのは、「ビル風」という言葉が生まれた時代には、「（超）高層ビル」が基本的には孤立ビルの性格を持っていたからである。二階建てか平屋の住宅が延々と続く街区の一角に日照権問題をクリアする配置で一〇階建てのマンションができたとしよう。日陰は北側に伸びるから、そこは土地を確保して駐車場になっている。しかし南東側の敷地外には真冬にビル風が発生して問題を起こすことになるかもしれない。図5-3の一九六五年頃の東京は、ちょうどそんな形の都市表面を持っていたのではないだろうか。こういった疑問には都市地理学あるいは建築学の分野から即答できる可能性が高いが、筆者の力量ではここに適切な情報を紹介することはできない。

自然地理学のとくに気候学の分野では、ブリティッシュコロンビア大学のオーク（T.R. Oke）が都市気候研究をリードしてきたが、オーク研究室のスチュアート（現在はトロント大学）が都市の建物の構造・配置や地表面被覆を細かく分類して組み合わせた局地気候ゾーン設定を提案している

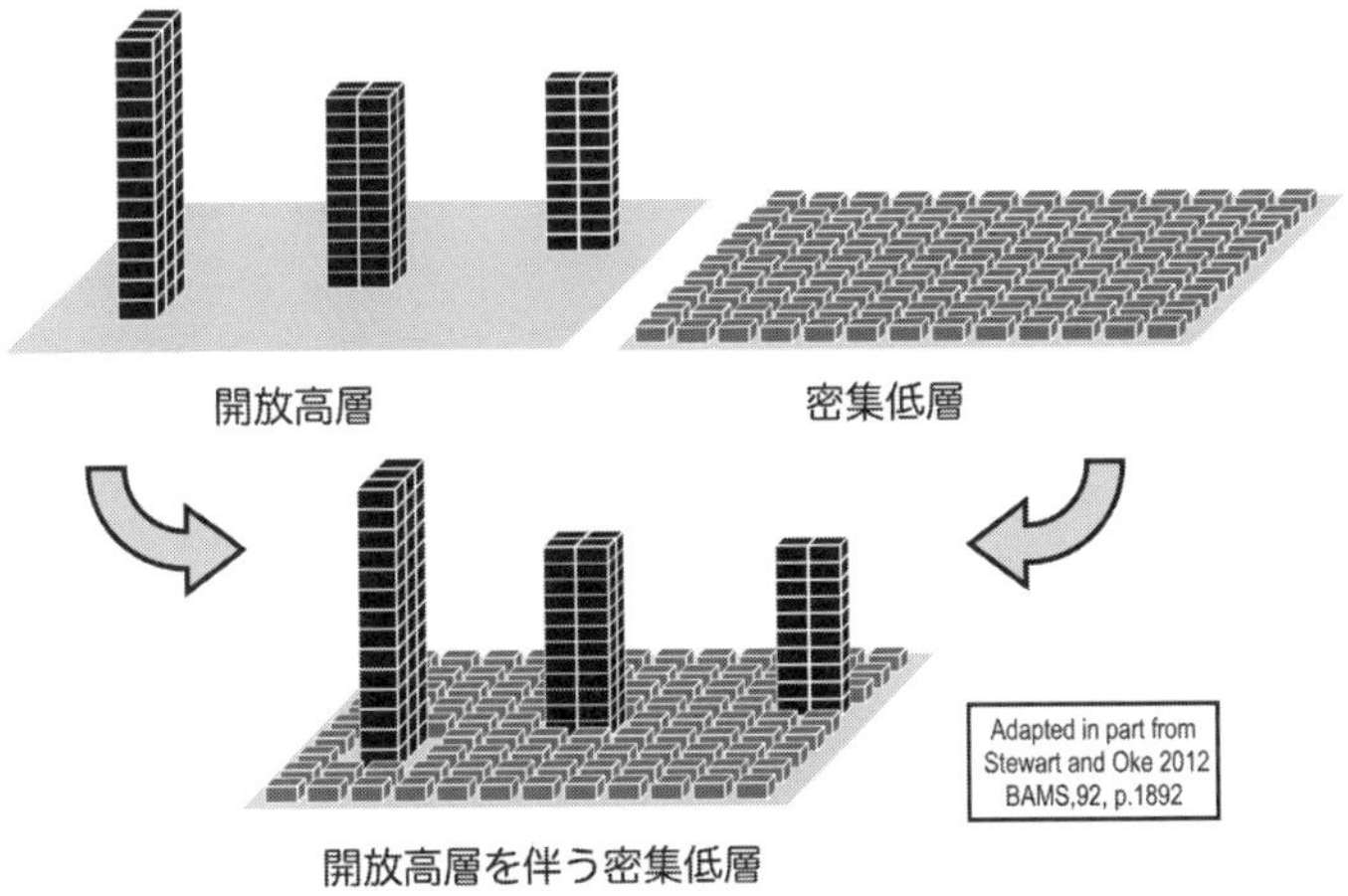

図５－４　東京に適合する都市の局地気候ゾーン

Stewart and Oke（2012）による。オリジナルのゾーニングないし分類は，10種類の建築物の幾何学的な形状（高層・中層・低層，密集・開放，その他いくつか）と７種類の地表被覆（密な樹林，草地，裸地，水面など）を一定の方式で組み合わせたものとなっている。地表の凹凸の影響を強く受ける大気境界層の各種パラメータや人工熱源のタイプ，さらには積雪のような年変化する地表特性なども考慮されている。カラフルで平易な解説論文なので是非オリジナルを参照されたい。アメリカ気象学会のホームページから会員外でもフリーアクセスで取得できる（会報『BAMS』の2012年12月号掲載）。

(Stewart and Oke 2012)。図５－４に、東京の都心部あたりをうまく表現できそうなゾーニングを、スチュアートとオークの論文の図から一部抜粋して似た図を再現してみた。これは低層の建物が密集する都市表面の状態をマトリクスとして孤立した高層ビルが点在する構造であり、「開放高層を伴う密集低層（compact low-rise with open highrise）」というゾーンに相当する。東京都心部の高層化は進行中であり、既存の低層建築物が密集した市街地に散発的に高層建築物が出現したように見える。いわゆる超高層ビルを含む地区は大規模な再開発を伴うので、既存の密集低層市街地はリセットされる。このゾーンには図5-3の空中写真の領域の大半が該当する。この論文は、本来は都市の気温環境研究のための局地気候モデルのデザインを説明するものだが、都市の地上が人間の重要な行動空間であることを踏まえれば風環境を考えるときにも役立つだろう。日本においてもこのような考え方は重要視されており、例えば応用気象学的な観点から愛媛大学の森脇亮は、スチュアートたちの「都市の気候学的分類」による都市域のゾーニングの有効性を詳しく紹介している（森脇 2016）。なお、スチュアートは日本の代表的な都市気候研究者と交流があり日本の大都市をフィールドとする研究も行っている。

孤立した高層ビルと風の問題は、実はこれで終わりではなく、むしろ都市気候研究の出発点なのだといってもよい。実例を交えて紹介していくと冗長な文章となりそうなので一段落で済ませようと思う。高層ビル（ここでは一〇階建て程度を想定している）が街区を埋め、境界でもある道路沿いにびっしり並んでT字型や十字型の「谷」を成しているのが欧米の都市であり、現代の日本の大都市とくに東京の一部もそのような構造になりつつある。ビル風の被害を被る低層住宅地も徐々に中高層化したため、被害主体の姿は半透明になって消滅しつつある。〝低い〟まま残ったのは市街地を吹き渡る風の通路たる道路沿いのビルの谷間であり、そこは都市にいる人々の屋外の主要な行動空間なのである。

三　東京のスケルトン

東京の市街地の独特な幾何学的構造が、風の流れ方すなわち風系にかなりの影響を与えることは確実である。そのような構造は、実は日本特有ともいえるような特殊性を持つのだが、それはそもそも大地の骨組みの特殊性に原因がありそうである。本州のこの位置になぜ関東平野という日本最大の低平な空間があるのか、という素朴な疑問がこの特殊性の説明となるだろう。その疑問の答えは地理学の世界においては常識である。例えばオランダ出身のアメリカの人文地理学者デ・ブレイは、景観に関する著作のなかの「危機の地理学」という章で東京（と横浜）を題材にしている（De Blij 2009）。そこではまず世界最大の都市である東京の自然地理的な立地条件として、プレートテクトニクス論における沈み込み帯のプレート三重会合点近傍に位置することが紹介されるが、実はこの指摘だけで地殻変動による破局的な災害に見舞われる危険性が暗示される。そのあとは明治政府は東京が繰り返し大地震に見舞われることを承知のうえで政治的・文化的な条件を重視して敢えてここに奠都したというニュアンスで話が進んでいる。つまり東京は大地震を繰り返し経験する宿命にあることが確認される。その通りではあるが、この本が東日本大震災（二〇一一年）の二年前に出版されたことを考慮すれば、実は「日本のどこであろうと大震災を免れることはできない」という日本人の常識とのギャップの存在はやむを得ないだろう。なおデ・ブレイは、筆者が大学一・二年生向けの自然地理学概論という授業の教科書にしたことがある分厚い英語の自然地理学の本の筆頭著者でもある。

さて、本章がもっぱら扱う東京は先に宣言したように、江戸時代にすでに大都市であった江戸の領域である。もし東京都全域の気候を扱おうとすれば、ぎりぎりで亜高山帯に入りそうな最高峰の雲取山から亜熱帯の小笠原諸島の父島まで、それこそ何でもありとなってしまう。江戸が東京になってから市街地の領域はじわじわと拡張し、ついに隣接する神奈川県、埼玉県、千葉県の市街地と事実上連続するようになった。偶然だと思うが、横浜市、さいたま市、千葉市の中心部（例えば県庁）を頂点とする三角形のほぼ重心に東京の都心（とりあえず江戸城の位置）がある。つまりかつての江戸である東京の都心部は、現在の関東地方の巨大な市街地コンプレックスの幾何学的な〝中心〟と見なすこともできるのである。

このような東京の自然地理学的位置付けとして、海岸沿いの都市であることを強調しておきたい。中緯度の海岸都市の気候には、年変化する海岸気候の特徴が備わっている。季節により出現状況は異なるが、端的には海から風が吹き込めば海洋性の天候となり、逆の風向きならばかなり内陸的な天候になるのである。これに都市気候の特性を加えれば東京の気候になる。都市は建造物により地表面の凹凸が周囲より大きいため、全体としては地上風が弱くなって空気は滞留する。また直立する多数の建物の壁面は、日中は斜めに当たる太陽放射で加熱しやすく、夜間には隣接する壁面同士が赤外線をやりとりするため冷却しにくい。さらにさまざまな活動による人工排熱が加わって、都市は常時ヒーターになっている。よって都市には上昇気流が発生し周囲から空気を吸い込んで巨大な単独の対流セルのような循環が成立していることになる。ドーム状に都市をすっぽり覆う、加熱された大気の地面から上昇気流上端までを、気象学では都市境界層と呼んで周囲の通常の大気境界層と区別している。中緯度は基本的に偏西風帯だから、都市境界層は風下側になびくように変形していると考えることが多い。なお「境界層」というのは、大気の下層で地表面（大気圏の唯一の境界面）の熱的・力学的な

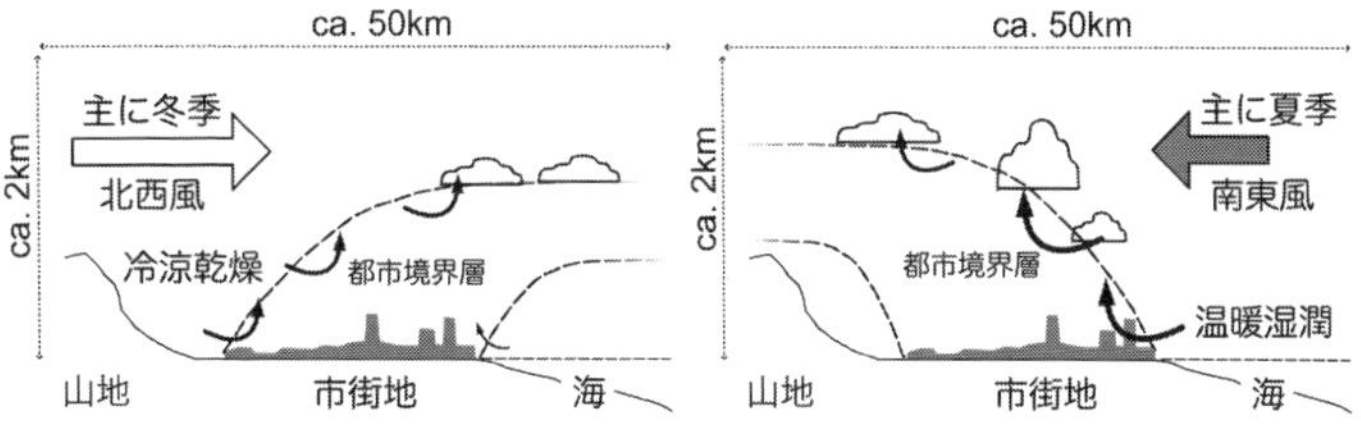

図５－５　海岸都市の東京を想定した都市境界層と一般風向

東京を北西－南東方向に切った地形断面図に都市境界層を表示したもの。左）冬季の北西風を想定した図。晴天夜間の冷たい接地気層に埋もれて無風だった市街地は，日中は地表の加熱で接地境界層が壊れて風が吹くようになる。都市境界層は風下の東京湾方面に傾いている。右）夏季の南東風を想定した図（あえて冬の反対向きとした）。基本的に海洋性の熱帯気団（小笠原気団）に覆われる。地表付近の風には海風が重なっている。全般に弱風で，海風が都市境界層に水蒸気を供給することが期待される。筆者作成。

影響を受ける部分（気層）を指す気象学用語である。境界層の上の気層を自由大気といい、そこを吹く風を一般風という。

図５－５では一般風である南東風に東京湾岸の海風が重なっていることをイメージしているが、風上のさらに南方には温暖でもっと広い太平洋がある。夏の東京がとくに蒸し暑いときには、日本南岸の黒潮海域から湿潤な風が吹き込んでいることが東京都立大学の高橋洋によって指摘されているので（高橋 2020）、南東風のときには一般風そのものが温暖湿潤となることを忘れてはならないだろう。一般には中部日本では、冬は北西・夏は南東の大規模な季節風が卓越するように思われているかもしれない。冬については卓越風といえるが、夏は全般に弱風で季節風というほどではない。いずれにせよ風向きによって大気の特性が大きく異なるのが海岸都市の最大の特徴である。このような海岸の大都市は、意外なことに中緯度にはそれほど多くない。日本を除けば、ニューヨークとロサンゼルス、上海ほかの

中国の数都市、メルボルン程度だろうか。地図で確認するまでもないが、パリ、ロンドン、ローマ、そしてベルリンも海岸都市ではない。

ローカルな気候の特性は、地形の凹凸と地表被覆の種類によって決まると考えてよいだろう。よって東京には東京なりのユニークな都市気候があって、それは江戸期から現代までの何度かの大きな都市の変化を反映したものであるはずだ。江戸が人口数十万人の大都市になる前は、都市の表面には自然の地表面がかなり含まれていた。地形面は基本的に低地と台地から成り、その凹凸の度合いは標高差にしてせいぜい一〇メートルとか二〇メートルという規模である。

図5-6は簡単な地形面区分図で、やや濃い灰色で示した武蔵野台地の東縁の、おそらくは城郭としてはもっとも難攻不落な立地条件の位置に江戸城がある。海側の段丘崖は城壁の一部といってもよく、現在は東京駅がある下の海岸は砂州である。千代田区神田駿河台にある有名なランドマークのニコライ堂（東京復活大聖堂）は、そのドームの高さが三〇メートルを優に超えており、かつ敷地の東側が城郭のような石垣が組まれた段丘崖になっていて、東から見上げる高さは五〇メートル近い。最近はその周囲に高さ一〇〇メートル前後の高層ビルも多くなったので、見る方角によってはまったく目立たなくなってしまった。このように自然の地形面の凹凸を、土木工事による人工地形と建築物が形づくる凹凸が、起伏の度合いとしては数倍から数十倍の規模で凌駕してしまったことになる。

丸の内や新宿といった巨大ビル群のある街や、練馬区やいわゆる下町の住宅街ばかりが東京ではない。気候の基盤としての街の様子をもう少し眺めておきたい。

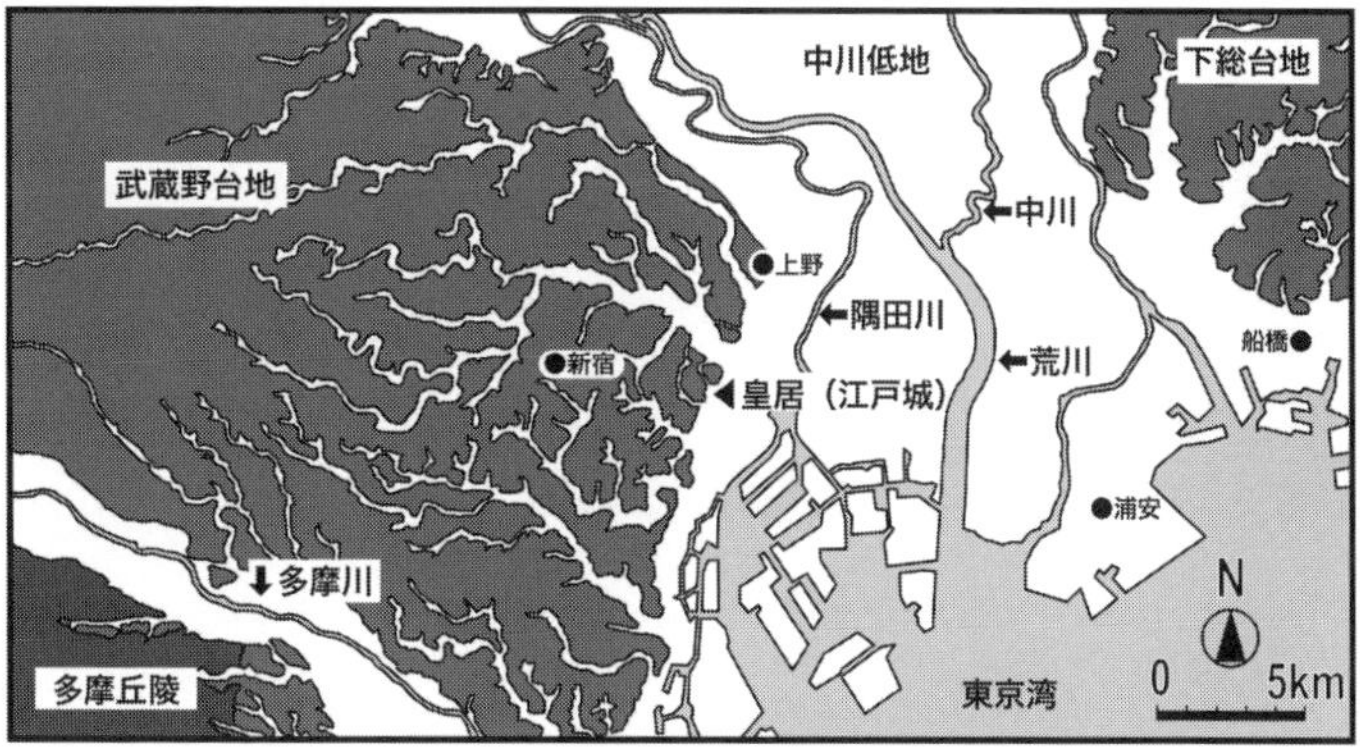

図5－6　“海岸都市東京”付近の地形

海岸線と地形面区分は国土地理院（1989年編集）の『1:50,000 地盤高図　東京』を簡略化して作図した。濃い灰色：丘陵，やや濃い灰色：台地，白抜き：低地および開析谷，薄い灰色：水域。皇居と上野の間に北から細長い台地（本郷台）が伸びているが，その南端部は駿河台である。筆者作成。

かつては東京の代表的な学生街のひとつであった千代田区神田駿河台地区の最寄駅であるＪＲ御茶ノ水駅は、中央線の快速で東の東京からも西の新宿からも二つ目の停車駅である。この駅付近の中央線（と総武線）は、江戸時代に武蔵野台地から南に指のように伸びる本郷台の南端を東西方向に掘削して水路とした神田川沿いに敷設されている。そのため駅舎は台地上にあって東西を聖橋とお茶の水橋に挟まれている。地形面区分図（図5－6）でこの場所を見ると、本郷台を江戸城に向かう軍勢の南進を阻むための外堀であることは自明である。徳川時代初期の江戸は海岸の軍事都市であり、最大の地形的弱点は鬼門の方角にあって、そこに拠点としての上野の東叡山寛永寺を置き、仕上げに台地の先端に人工の崖を二面作って（つまり濠の掘削）防御線としたに違いない。御茶ノ水駅のホームから神田川の北岸（流れているようには見えないので左岸とは書きづら

図5－7　千代田区神田駿河台付近

左）JR 御茶ノ水駅ホームから神田川北岸を望む，右）明大通りから皇居方面（南）を望む。2021年筆者撮影。

い）を見上げると、巨大な岩壁のように順天堂（大学と病院）と東京医科歯科大学が並んで周囲の風景を威圧している（図5－7左）。その右手の段丘崖付近には湯島の聖堂の樹林地があって昔の風景を留めているが、写真では駅が工事中のため写っていない。

このお茶の水橋から、石橋楽器や下倉楽器といった有名どころの楽器店が並ぶ通りを皇居方面に少し南下すると、右手に明治大学、左手に日本大学が聳えている（図5－7右、大学もいつのまにか高層ビル群になってきた）。そのまま駿河台下で靖国通りを渡り、しばらく歩けば大手町の旧気象庁前、そこを右に曲がれば北の丸公園である。私の仕事場（研究室）は、この明治大学駿河台校舎の古いビルの一〇階にあり、東向きの窓からは通りを挟んで隣の日本大学の建物の一部と地形的には低地である神田方面の街並みが見えている。ちょうど江戸城（皇居）の東側の下町の方角で巨大ビルがやや少ないためか、神田付近のスカイラインは心持ち低いように見える。

東京という都市は、ここまでに説明してきたようなスケルトンにいかなる気候を纏っているのだろうか。この節の最後に、気象

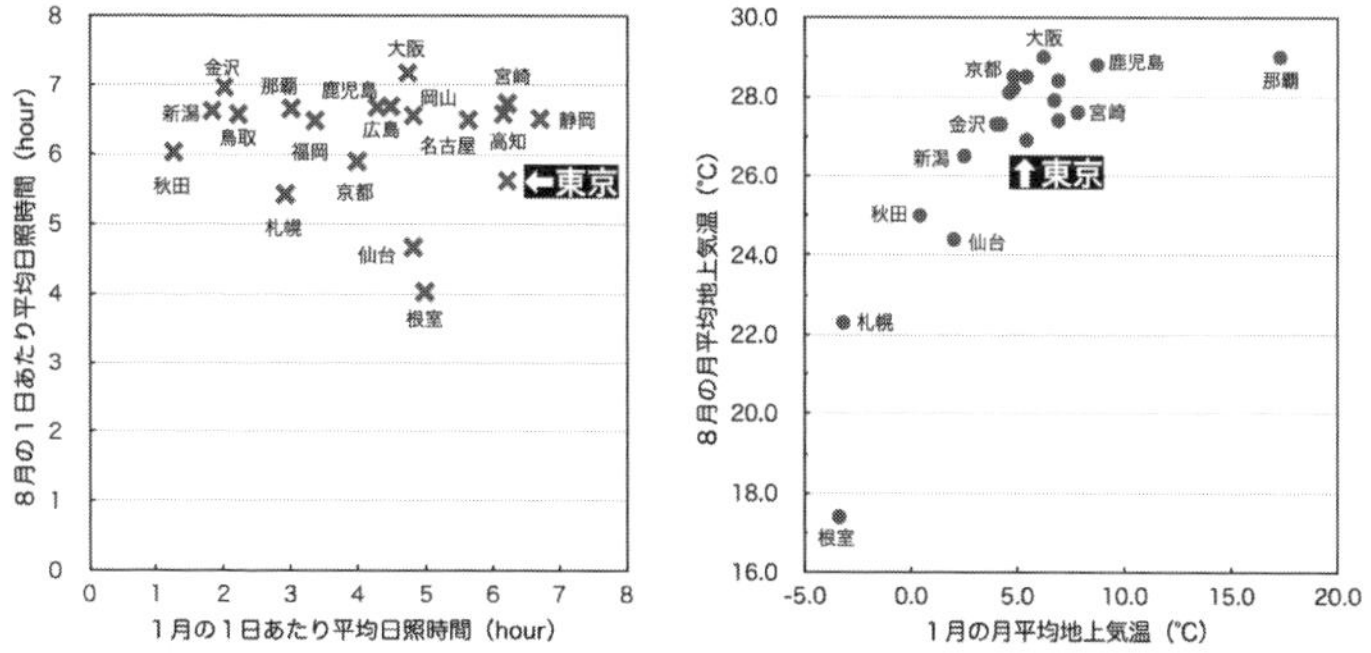

図５－８　主要20都市の夏冬の日照時間と地上気温

気象庁の平年値（1991年～2020年の平均値）により作成。右図の気象台の名称（都市名）は作図の都合により若干省略してある。左）８月と１月の日照時間の各１か月間の合計値を日数（31日）で単純に割った値の散布図，右）８月と１月の地上気温の月平均値の散布図。筆者作成。

庁による現時点で最新の気候データ（平年値）を使って、東京の気候の特徴の一端を素朴な形で示してみることにする。図５-８のグラフは、日本の代表的な二〇都市の気象台の平年値で、真冬と真夏の日照条件と地上気温を示している。左側の日照時間グラフでは東京が日本国内ではとくに冬季に明るい都市であることがわかる。また右側の月平均地上気温グラフでは、東京は沖縄と北海道を除く日本では、夏は比較的涼しいというやや意外な位置付けとなっていて少し説明が必要となる。

左のグラフの日照時間というのは日中に太陽が出ていた時間の合計なので、完全に曇っていた日はゼロになる。本当は晴れていたら期待される最長の日照時間である可照時間（緯度と暦日から計算できるが実際には複雑なので一般に天文台の仕事である）に占める割合で表現すべきだが、地形（山）による日陰も考慮する必要があって非常に煩雑なので素朴な表現にした。東京は右上の領域の下部にあって、夏はやや曇りがちで冬はよく晴れる位置にある「明るい都市」である。グラフからは日本海側の諸都市の冬はほとんど陽が差さない「暗い季節」であることが納得できるのではないだろうか。筆者の学生時代の恩師の一人であるN教授は新潟の六日町のご出身、また筆者の両親は山形の出身だが、いずれも雪国なので「明るい」冬の東京暮らしを経験すると、引退後に「暗い」故郷に戻る気にはならないと語っていた。なお根室の夏が「暗い」のは有名な霧のためではないだろうか。

図5-8の右のグラフは、八月と一月の月平均地上気温である。一般に北半球では夏の代表として七月を使うのだが、日本には梅雨つまり雨季があって曇天日が続いて日照時間が減るため気温はあまり上がらないので、盛夏季を代表する月として八月を採用した。東京のプロット位置は、夏の気温でみれば大阪や京都より低いのはうなずけるが、大都市とはいえそうにない金沢よりも〝涼しい〟のは本当に意外であった。筆者は長年の生活の実感として東京の夏はとにかく暑いと思っていたが、グラフでは緯度の割に暑い都市であるとはいえない位置にある。これは本章の最初のほうで紹介したように、東京の気象観測地点が千代田区大手町から皇居外苑の一部である北の丸公園に移転したことによるものであろう。これが妥当なら大阪や京都の気象台の露場の位置も慎重に再確認する必要があるのかもしれない。いずれにせよ東京が〝涼しい〟ことの解釈としては、露場移転前が異常に高い値を示していて移転後は本来の気候に近づいたからだとすることもできるだろう。

四　東京の昔の気候

東京の本来の気候はどんなものと考えればいいのだろうか。東京は唯一無二の存在だから、敢えて〝大都市ではない〟東京の気候を夢想してもナンセンスである。そこで、〝近代建築がない時代の大都市たる江戸〟や〝煉瓦造りの近代建築ができはじめたばかりの明治時代の東京〟の気候、つまり昔の気候がどんなものだったのかで代用してみたい。

実は地理学者や気象学者は昔から精力的に古気候復元研究を行っており、近代気象学の黎明期における気象観測記録の探索・分析や、日記・日誌類などの文書に記載された天気記録の気象データ化も進められてきた。かつて研究の初期には博学な研究者がどちらかといえば余技的に研究していた観があるが、近年は気候変動研究の重要な基礎分野として確固たる存在意義を主張している。例えば明治維新の前の二〇年間の江戸の真冬は、維新後の二〇年間の東京の真冬よりも月平均気温にして二～三℃ほど高温であった（財城ほか 2019）、というようなことがわかるまでになっている。東京の気候の〝原型〟は、近い将来かなり詳しくその姿が見えてくるはずの、江戸時代末期から明治時代初期の気候に近いものになるだろう。

江戸時代末期の江戸の気候は、直方体の中高層ビルがない都市の気候という性格を持っている。つまり農地主体の農村でもなく森林・草地でもない〝木造低層家屋密集都市〟に展開する気候の様相を呈していることになる。また、東京湾に面していることから、とくに夏場は日中午後に最盛期となる海風による涼風効果が期待できる。このような気候の特徴を観測データで示すのはやっかいなので、ここでは幕末期から明治・大正期の生まれと思しき気象の専門家の文章を頼りに当時の気候の状態をイメージしてみたい。

手始めに気象庁のはるか昔の前身である東京気象台の職員であった岡本保佐が一八九二（明治二五）年に日本気象学会（当時の名称は大日本気象学会）の会報『気象集誌』に発表した広島と東京の気候を比較した報文から気になる一文の一部を抜粋してみた（旧漢字を改めた）。

広島ハ東京ニ比シ強風塵土ヲ捲キ店頭砂塵ニ埋没セラルヽカ如キコト甚タ少ナク

この文により、明治期前半の東京は広島と比べるとやたらに埃っぽかったことがわかる。この状態は都心から少し離れた場所では昭和の戦後まで続いていた。筆者は昭和四〇年代前半に当時の国土地理院の向かいにあった目黒区の小学校に通っていたが、風が吹くともうもうと赤土の土埃を発生させて周囲に迷惑をかけていた校庭がアスファルト舗装されるのを教室から眺めていた。おかげで土埃はなくなった。

その後転居し埼玉県の川越付近の中学校に入学して、校舎の屋上から広大な武蔵野の畑を眺めると、今度は春の強風のなかに巨大な数本の赤褐色の柱が回転しながら移動しているのが印象的で、今でも鮮明に記憶している。これはもちろん土埃を巻き上げた旋風（つむじ風）であり、英語ではダスト・デビル（dust devil）という実感のこもった単語となる。位置は少し西にずれるが、大正時代に陸軍の所沢飛行場で気象業務にあたっていた關根幸雄（気象台の技師なのか陸軍の技術将校なのか不明）は、この旋風についていくつもの報文を『気象集誌』に発表している。その一つである一九一八（大正七）年の「所澤附近の塵旋風」と題するレポートの冒頭をそのまま引用する（旧漢字を改めた）。

> 晩冬より初春の候即ち二、三、四月頃の比較的平穏なる天候の日十時頃より午後三時頃迄所沢付近の武蔵野平原に区域の小なる塵旋風の所々に頻発し砂塵、枯草等を捲き揚げ暗黒なる円柱を形成し恰も海上の竜巻に似たる事あり。此の塵旋風の高さは多く約五六十米なれ共往々二百米に及ぶものあり。

この報文の著者である關根は、精密測量器による気象観測気球追跡に関する技術的な論文も発表している熟練の気象学者（日本における航空気象学の先駆者の一人と思われる）なので、上の引用部の旋風のサイズ記載は十分に信頼できる。現在このような現象が多発すれば、即座にスマートフォンやデジタルカメラで撮られた写真や動画がネットに溢れかえるに違いないのだが、そんなことは起きていないようである。土埃の発生源である畑、校庭、道路などに土地利用の変化があったり土埃発生防止対策が取られた結果、塵旋風が発生しにくくなったのであろう。しかし実は最近の都心部でも驚くような土埃は発生することがある。筆者は春先に港区の芝公園の南端にある競技場（野球グラウンド）から、強い西風によって煙のように土埃が激しく巻き上がり、環状三号線と日比谷通りの交差点に交通障害が生じている現場に居合わせたことがある。

さらに江戸末期から明治初期あたりまで時代を遡ってみたいが、さすがに気象学や地理学の学会誌に頼ることはできなかった。この分野の最古の学会は明治一二（一八七九）年創立の東京地学協会で、日本気象学会（当時の名称は東京気象学会）ができたのはその三年後である。そこで気象学者の一般向けの著作を探ってみることにする。明治・大正時代から昭和の戦前までに教育を受けた自然科学者は実に博学で、漢学や古典にも通じているからである。

全集が刊行されている寺田寅彦でもいいのだが、ここでは二〇世紀の後半に活躍し多くの啓蒙書も著した気象庁の根本順吉が一九九三年に文庫版で出した『江戸晴雨攷』という本を取り上げることにした。冒頭の章「江戸の空」には、風で舞い上がる土埃は江戸の町の名物であり、その状況は明治維新後に道路が舗装されるまで続いたことが記されている。その中で根本は、主に大正期から昭和期前半に活躍した劇作家・演劇研究者である若月紫蘭の一九一一（明治四四）年の著作『東京年中行事上の巻』所収の「東京の塵」という二ページの文章を詳しく紹介している。孫引きは避けたいので、若月の本から少し長いが直接引用してみる（旧漢字を改めた）。

一年中いつでも雨が晴れて二三時間経つや経たぬに、東京の街路は最うカラリと乾いて了つて、直ぐに濛々たる塵土が天地を閉こめて、風に向つては殆んど一歩も歩めないと云ふのが常で有るが中にも、桜の花の頃になると此塵は一層に甚しくなつて、障子を閉め切つてある家の中と云はず、電車の中と云はず、殆んど塵土だらけで、（中略）以前砲兵工廠のぐるりと云へば、誰しも此濛々たる塵の名所で有るとは直ぐに覚つたので有つたが、今は其三方を電車が走ることになつて、路の真中には花崗石が布かれたが為か、名物の塵も昔ほどは立たなくなつたやうで有るから、今の塵の名所と云へば、先づ神田橋から宮城前の和田倉門馬場先門日比谷を経て、内幸町桜田本郷町に至るあの広い一等道路の通りで有らう。なまぬるひ南風の盛に吹く日など来ると、前から来る電車が殆んど擦れ合ふまでは全く其姿が認められぬ許りの塵で有つて、天地宛がら真赤になり、成程風の吹く砂漠は此んなで有らうと思はれる位。

この引用に出てくる「砲兵工廠」の位置は、小石川後楽園の西隣でＪＲ飯田橋駅の北側であり、文京区の小石川運動場があるあたりである。そして「あの広い一等道路」とは皇居の二重橋前の日比谷通りすなわち国道一号線である。昔の春先の東京は、都心でもこのような埃っぽい町だったのであろう。念のために書き添えておくが、この章のために最初はこのような状況を気象台の観測データを使って示そうとしたものの、適当な気象データにはそう簡単には行きつけそうになかった。目視観察のメモが記載されている観測原簿にあたる必要があるらしい。根本順吉も前掲書の「砂塵あらし」という節で同様の事情を吐露している（根本 1993：206）。

さて季節は進み、東京に暑い夏がやってくる。これも東京の気候のうちなので触れておかねばならない。図5-8のところで、最新の気候平年値で見れば東京の夏は意外に涼しいことを示したが、これについては著名な地球物理学者の和達清夫（気象庁長官であった）と、予報官で一流の気象学者だった倉嶋厚（気象庁退官後はマスコミの気象キャスターや作家としても活躍した）の共著である『雨・風・寒暑の話』を参考にする（和達・倉嶋 1974）。この本では寺田寅彦の随筆『夕凪と夕風』を引用しながら、東京の場合、夕凪で海風が止まるのではなく、ローカルな夏の季節風ともいうべき南東風が重なっているため涼しい夕風が吹くことを説明している。また中央気象台の藤原咲平（今の若い人は知らないと思うが、昭和の前半まではノーベル賞受賞者クラスの知名度の学者／科学技術官僚である）の談話として、関東の夏の夕刻には雷雨が多く、その影響でも東京は涼しくなると記している。筆者の勤務先である明治大学の駿河台校舎は、東京湾までせいぜい五キロメートル程度の距離にある。最近二〇～三〇年間の神田駿河台付近の状況を振り返ってまとめれば、ごく稀に潮の香りを感じることはあったが、海風で涼しいと感じた記憶はない。つまり東京湾からの風があまり感じられないということである。

明治以降の約一〇〇年間で確かに気候は温暖化したが、夏の東京湾の海水面温度が陸地の気温より高くなるというようなローカルな温度環境の劇的変化が生じたわけではないので、海風は相変わらず吹いている。では、涼風であるはずの海風が温風または熱風に変わってしまったのかというと、もちろんそんなことはない。海風の厚さは地面から少なくとも数百メートル以上はあるので、全体としてはちゃんと吹いているのだが、人間が活動する地面付近では障害物による弱風化や堰き止めが生じている。もちろん東京湾の海岸沿いに高層マンションなどの大きな建物が増えたことや、海岸に近い主要道路沿いにも海風の吹走を妨げるような中・高層建築物が高密度に並ぶようになったためである。つまり都市構造の変化が風の通り道を塞ぐ格好になっている。気象学における風の観測所の設置ポリシーは、とにかくなるべく広域を代表すること、と考えて良い。つまり周囲に障害物がない場所で、風速計をなるべく空中に高く据え付けることになる（標準的には地上一〇メートル）。したがって街路、公園、学校の運動場といった地面直上の市民行動空間の体感的な風環境は、気象庁レベルの気象観測データとはかなり異なる。

地理学の分野では、約二〇年前に国立環境研究所の一ノ瀬俊明がドイツの「風の道（Luftleitbahnen）」の考え方を日本に詳しく紹介し、すでに建築学の分野で指摘されていた太平洋沿岸都市の利点を再確認している（一ノ瀬 2003）。すなわち涼しい海風を都市内部に導入する風の道を確保すると夏季の暑さを緩和できるというものである。その後、この考え方は都市計画研究の分野でも採用された。東京大学大学院（都市工学）の高取千佳は、ＧＩＳと大気海洋結合モデルによる気象シミュレーションを併用して、明治時代初期と平成末期における東京都心部の海風吹走状況および地上気温を比較し、興味深い結果を出している（高取ほか 2013）。それによると、都市の構造は変化したものの海風自体は吹いており、その三次元的な吹き方が大きく変化して、明治時代には涼しい海風が内陸に入る道筋が細かく無数にあったものが、平成時代には海岸線付近でブロックされて、いくつかのギャップから少数の太い風の道が内陸に伸びる構造になっている。

もう一つ考慮しておくべきことは、都市構造の変化ではなく自然条件である。東京の夏の酷暑と海風の関係をわかりやすく解析した研究例として、大気環境の専門家である産業総合研究所（論文執筆時は埼玉大学教授）の吉門洋がアメリカ気象学会の会報に発表した論文を紹介する（Yoshikado 2013）。この論文は、もし日本語で刊行されていれば、もっと広く知られることになったはずである。東京都心部は東京湾の北西隅に位置する。言い換えれば、東京都心部のすぐ東に東京湾という海域があって、ほぼ南南西の方向に伸びて太平洋につながっている。一方、夏場の日中の海陸風循環に伴う関東平野の大規模な海風は、ほぼ南風である。この「南風」の〝南〟と、東京湾の長軸方向である「南南西」の〝南〟のずれが、東京の酷暑の発現に重要なのである。大規模な海風（関東平野南部の海風全体）が真南よりやや東寄りの方角から吹けば、東京湾の広い海面を吹き渡った涼しい風が都心部に吹き込むことになる。また、やや西寄りの風となった場合は、都心部からみた風上は品川や川崎方面となって涼しい海風は期待できない。両者の東京の日中の気温差は三℃程度になる。温度差はそんなものか、とお思いの方は、ご自宅の夏場のエアコンの設定温度の〝三℃差〟（例えば二七℃と二四℃の三℃差）を想像してみてください。

本来は東京のすぐ東にあった海面は、埋立地の拡大によって南東に遠ざかってしまった。これにより、海風の風向の微妙な差によって東京都心部の夏場の日中の気温が、酷暑レベルに〝なる／ならない〟の差をもたらすようになったものと思われる。このように、昔の東京の気候と今のそれの違いは、温暖化に代表される大気そのものの気候変動とは別に、海岸の人工地形や土地利用の変化の影響も大きいのである。

五　窓の外は熱帯？（そこは砂漠かジャングルか？）

「ヒートアイランド」は都市気候を象徴する言葉だが、現代の巨大な東京では、もはやアイランドではなくコンティネント化している。コンティネントがおおげさならプラトーと言い換えてもよい。少なくとも関東地方全体を表すような縮尺の地図で見なければ、とても〝島〟のようには見えない。この「関東地方全体」で地上気温分布を詳細に見るというのは、実はけっこう面倒な作業となる。普段われわれが使う地上気温データは、気象庁のアメダスのものだが、その観測点分布密度は、この空間スケールでは予想以上にスカスカで、一目瞭然の気温分布図が簡単に作れるというわけではない。

そこで気象庁がホームページの「知識・解説」欄に掲載している、詳しくてわかりやすい「ヒートアイランド現象」という説明に頼ってみる。そのQ＆A形式の記事の最初の項目として「ヒートアイランド現象とはどのようなものですか？」がある。そこには地域気象モデルの出力図らしき詳細な気温分布図が二枚掲載されており（真夏のある日の早朝五時と午後三時の二枚）、早朝には千葉市やさいたま市あたりから東京区部全域を経て横浜市までひとまとまりで覆う〝巨大なヒートアイランド〟状の高温域が確かに見える。一方、午後三時の気温三六℃以上の領域をヒートアイランドと見なすと、北関東三県の平野部まで拡大したプラトー状に見える。ここで一つだけ疑問が生じる。この午後三時のプラトー域の中央部は、ちょうど埼玉県の荒川沿いの低地から利根川沿いの低地に連なる広大な水田地帯に相当する。これはヒートアイランドではあっても都市気候ではない。この図は、残念ながら分布図としての作成方法の説明が省略されていて正確な引用・転載ができないので、是非オリジナルのホームページをご覧いただきたい（内容が更新されてもほぼ同様の情報は残るはずである）。

以上の気象庁情報からも推し量ることができるが、ごく当たり前に使われるヒートアイランド（現象）という言葉は、都市を含む領域の地上気温分布図上で認識可能なパッチ状の高温域の代名詞になってしまっている。専門的な気象学関連の発信源からの情報であればそれは構わないのだが、新聞社や放送局などを経由すると、高温域＝ヒートアイランド・地球温暖化・熱汚染・熱中症の危険・環境悪化というような連想で意味が変化するようだ。そしてこれが社会の常識になる。

もともとは「アーバン・ヒートアイランド」と呼ばれたものが、「アーバン」を省略した「ヒートアイランド（現象）」という表現でほとんど誰にでも通じるようになったのは、地理学者／気候学者である筆者には驚きである。いまや高等学校の地理の教科書にも出てくるのだから常識的な知識であるといえるだろう。しかし地理学的にはそんなに重要な概念だとは思えないし、そもそも気象学的に見ても当たり前の「現象」にすぎない。しかも上述のように、ヒートアイランドは「大気汚染の一種」であったり「熱中症の原因」であったり「温暖化で激化」したりする「現象」として、環境保全意識が高く実際に行動する一般市民や、環境政策立案者（背後にどのような意図があろうとも）には、キャッチフレイズに持ち込みやすい言葉であったと思われる。中央官庁が連携して策定した「ヒートアイランド対策大綱」や、気象庁ホームページの「ヒートアイランド現象」の詳しい解説など、本来の現象の曖昧さを吹き飛ばすかのような大量の情報が提供されている。

ヒートアイランド現象が環境問題のキーワードと見なされるようになったことを象徴的に示す例を紹介してみよう。東京の中心である千代田区には、「まちづくり・環境保全事業」の一つとして「ヒートアイランド対策助成」の制度があり、ビルの屋上や壁面の緑化や遮熱性塗料使用などに年間で約三〇〇〇万円の予算を計上している（令和三年度）。助成一件の補助金は二〇〇万円程度の上限があって、審査は先着順となっている。この事業を「ヒートアイランド対策」と呼んでいることにはさすがに驚くが、おそらく予算獲得に必要な文言なのであろう。

このあたりで話題を少々クールダウンさせ、東京のアーバン・ヒートアイランドの発生状況を見直すことにする。東京都立大学の三上岳彦は、二〇世紀末から東京で高密度の気象観測ネットワークによる都市気候の観測的研究体制を構築した。その成果の一端だが、東京におけるヒートアイランド強度の日変化・年変化をわかりやすいグラフで紹介している（三上 2005）。まず「ヒートアイランド強度」だが、これは一般に都心と郊外の気温差で定義される。東京の場合は、観測所としての東京（気象庁の東京管区気象台）と、例えば千葉県の銚子（同じく地方気象台）の気温差などがよく使われる。気象学ならばこれで納得できるが、地理学では銚子を東京の郊外と見なす人はいないであろう。三上は多数の観測地点のデータを使って、都心部と東京西郊の気温差（ヒートアイランド強度）が冬季の夜から早朝に極大（六℃を上回る）となること、夏季の午後に極小（一℃以下）となることを明確に示した。

このように、東京のヒートアイランド強度が冬の深夜早朝に大きく、夏の日中午後には小さいことは、東京の夏の暑さとヒートアイランドをくっつけるのがナンセンスであることを雄弁に物語っている。

本章の最後に、温暖化モードの東京の未来の気候環境を夢想してみたい。地下街で連結した高層ビル・コンプレックス東京から外界に出ると、そこは砂漠か密林か？……いやいやそうではなく、おそらく快適な〝外街〟が形成されているはずである。早春の桜から皐月の五月、真夏には電線・電柱（交通信号も？）の消えた街路には、本来の樹形を主張するプラタナスの大木の並木が、涼しい木陰を提供していることだろう。わが東京は、今世紀の中頃には〝花と森の都〟になるものと期待したい。

文献

一ノ瀬俊明 2003「「風の道」研究と施策の今日」『日本風工学会誌』97：29-36。

岡本保佐 1892「廣島及東京ノ氣候比較」『気象集誌（第一輯）』11：522-528。

財城真寿美・三上岳彦・平野淳平・Michael GROSSMAN・久保田尚之・塚原東吾 2019「関東南東部における気象観測記録からわかる19世紀幕末期以降の気候の特徴」『地学雑誌』127：447-455。

關根幸雄 1918「所澤附近の塵旋風」『気象集誌（第一輯）』37：170-179。

高取千佳・大和広明・高橋桂子・石川幹子 2013「明治初期と現代のマトリクス構造の変化が熱・風環境に与える影響に関する研究」『日本都市計画学会　都市計画論文集』48：1029-1034。
高橋洋 2020「東京の夏は、なぜ「暑い」だけではなく「蒸し暑い」のか？」菊地俊夫・松山洋編著『東京地理入門　東京をあるく、みる、楽しむ』朝倉書店、33-34。
中川清隆 2011「わが国における都市ヒートアイランド形成要因、とくに都市ヒートアイランド強度形成要因に関する研究の動向」『地学雑誌』120：255-284。
中村良平・宮下康一 2018「ビル風問題の年譜（特集 市街地風環境評価の課題と「都市の風影響評価研究会」の取り組み」『日本風工学会誌』43：127-131。
西沢利栄 1977『熱汚染』（三省堂選書6）三省堂。
根本順吉 1993『江戸晴雨攷』（中公文庫）中央公論社。
三上岳彦 2005「都市のヒートアイランド現象とその形成要因――東京首都圏の事例研究」『地学雑誌』114：496-506。
森脇亮 2016「都市におけるフラックス観測（解説シリーズ「都市気象学の体系化に向けた最近の研究から」）」『水文・水資源学会誌』29：57-67。
若月紫蘭 1911『東京年中行事　上の巻』316-317、春陽堂。（国立国会図書館デジタルコレクションによりオンラインで閲覧）
和達清夫・倉嶋厚 1974『雨・風・寒暑の話』（ＮＨＫブックス）日本放送出版協会。
De Blij, H. 2009 *The Power of Place*, Oxford: Oxford University Press.
Oke, T.R., G. Mills, A. Christen and J.A. Voogt 2017 *Urban Climates*, Cambridge: Cambridge University Press.
Stewart, I.D. and T.R. Oke 2012 "Local Climate Zones for Urban Temperature Studies," *Bulletine of the American Meteorological Society*, 93 : 1879–1900.
Yoshikado, H. 2013 "Intense Summer Heat in Tokyo and Its Suburban Areas Related with Variation in the Synoptic-Scale Pressure Field: A Statistical Analysis, '*Journal of Applied Meteorology and Climatology*, 52 : 2065–2074.

【コラム2】 子供とアイラグ（馬乳酒）からみたモンゴル国の都市と草原

森永由紀

　モンゴル国では、一九九〇年代はじめに社会主義体制から市場経済体制に移行し過去四半世紀の間で急速に都市化が進む一方、草原では今も昔ながらの生活が残る遊牧が営まれている。モンゴル高原特有の自然災害ゾド（寒雪害）の調査をしているうちに、ひょんなことから遊牧民の伝統食であるアイラグ（ウマの生乳を発酵させて作る馬乳酒）の研究を始めた筆者は、二〇一二年以降、名産地の一つである北部のボルガン県モゴド郡、首都から北西三〇〇㎞、車で八時間ほどの草原地帯をしばしば訪れる縁を得た。モンゴル国の都市と草原の関係性の研究は、人口移動に関するものが多いようだが、ここでは私がフィールド調査中に現地で見聞きした、両者をつなぐまるで「なまもの」のような生き生きとした存在を紹介したい。長い夏休みを草原で過ごす子供たちと、都市にも根強いファンのいるアイラグである。それらを通じてみえる、モンゴル国の都市と草原についての印象を述べる。

草原で夏を過ごす子供たち

　六月に入ると、草原のゲルでは子供の数が急に増えて賑やかになる。都市からやってきた子供たちが八月末までの長い夏休みを祖父母などの親戚のゲルで過ごすためである。草原の子と変わりなく巧みに家畜の世話をする子もいて、ぱっとみたところでは、どの子が都会っ子かは区別がつかない。家畜の世話というと労働というイメージが強いが、子供たちの場合、遊びと手伝いが一緒になっている。草原の親戚に家畜を託している都市住民は少なくなく、そのような家の子供たちは自分の家の家畜の世話をしているというわけだ。

草原では、今も家畜由来のものが暮らしを支えていて、都会から来た子供たちもフェルトで包まれたゲルに寝泊まりし、食卓に並ぶ肉や乳製品を頬張る。小麦、茶、塩、菓子類はたまに行く郡の中心の店から購入しているが、多くの加工食品を摂る都市の食生活とは大違いだ。無論、誰もが草原の滞在を喜ぶわけではなく、手元のゲーム機から目を離さずに、「田舎にむりやり連れて来られた感」を醸し出しながらゲルの中に座っている子をみかけたこともあるが、その子は数日で大人と一緒に都市に戻っていった。

文化人類学者の風戸真理は、夏休みの三か月を草原で過ごす、という暮らしを子どもが成人するまでの二〇年間繰り返すと五年間分の時間になるとし、次のように述べる。「……人びとは夏に草原の年長者のもとに集まり、自然に埋め込まれた生活に親しみ、牧畜に必要な技術を習得し、地縁・血縁にもとづく社会関係を構築していた。とくに、子ども期の夏の長時間にわたる草原での生活経験は、牧畜というライフスタイルや牧畜地域の社会関係に対する原初的な愛着を形成していると考えられる」。また、他の遊牧民族を抱える国々とモンゴル国の大きな差として、「モンゴル国においては、都市と地方に暮らす人びとの差異は民族・言語的なものでなく、生計手段と生活様式の違いである。モンゴルの都市生活者は遊牧民のなかから出てきた人びとなのである」とも指摘しているように（風戸 2014）、都市化が急速にす

都会から来た子（中央）を気遣いながら遊ぶ子供たち

すんでも、都市の人々の草原との関係がそう簡単に断ち切られるものではないようだ。

なかには、季節を問わず草原の祖父母のもとに預けられている子供もいる。私が調査協力を依頼していたアイラグ名人のN氏夫妻のゲルでは、二〇一五年まで同居していた次女の家族が子供たちを連れて首都ウランバートルに働きに行ってしまったと寂しがっていたが、翌冬に訪問した時に、二歳の坊やはゲルに祖父母と三人で暮らしていた。ウランバートルの空気が汚くて重い病気になったという。草原に戻りすっかり回復したが、縁起をかついで名前まで変えていた。

この地域では、夏は人々が水を求めてオルホン川の傍にゲルを張るため、丘の上から見渡せば、草原の川沿いにポツンポツンと立つ白いマッシュルームのようなゲルをいくつかみることができる。二〇一三年に筆者らは六月から九月までのアイラグの製造期間に、N氏宅の隣にゲルを張りアイラグの調査をさせてもらった。六月末からはじまるアイラグ作りには人手が必要で、特に七月のナーダムという夏祭りの前には、朝から晩までアイラグを作り続け、子供たちがそれをウランバートルまで売りに行っていた。また、名人のアイラグを味わうために、N氏のゲルにはひっきりなしに来客があった。ナーダム後の盛夏になると少しペースを落とすが、秋になると、保存用にアイラグ作りが再開する。気温が氷点下に下がると自然に冷凍されるので、それを翌春まで少しずつ融かしては飲み続ける。旧正月にウランバートルで販売することもあるという。

冬になると人々は、川の周りの低地にできる冷気湖の寒さを避けて斜面温暖帯に散ってゲルを張る。雪がある時期は、家畜を川まで水を飲みに連れて行く必要がないためでもある。そのため、N氏宅に預けられた坊やはほとんど祖父母以外の人に会わずに過ごしていた。普段は、たまに訪ねてくる家族に会うのを楽しみにしているといい、調査に訪れる際に携帯電話で話をした時には、坊やのためのおもちゃを頼まれた。冬のゲルをとりまく風景はひたすら静かで空気が澄みわたり、暗くなると星が空にギッシリ詰まっていて、遠くにある「近所」のゲルの灯りがぼんやりみえる地上よりも、はるかに明るく煌めいていた。草原とウランバートルの環境は、驚くほど違う。

ウランバートルの歴史と現在

次に、ウランバートルについてみてみよう。数千年来遊牧が続くモンゴル高原で、現在の首都ウランバートルが都市となったのは、一七七八年に活仏の移動寺院が定住化をはじめ街が形成されたのがはじまりとされる。当時いくつもあったフレー（移動寺院）のなかで、とりわけ大きかったためにイフ・フレー（大きな移動寺院）と呼ばれていた。一九一一年の辛亥革命でモンゴルは清朝から独立を表明、一九二四年に社会主義国家であるモンゴル人民共和国となり、名称がウランバートル（赤い英雄）と改められた。第二次世界大戦後に旧ソ連の指導のもとで近代化がはじまり、都市開発や牧畜の集約化がすすんだ。一九九〇年に社会主義体制が崩壊し、一九九一年にモンゴル国と改称する。民主化後、海外からの支援を軸に急速な市場経済化がはかられ、特に二一世紀に入ってからは鉱山開発がすすみ、生産高でみると二〇〇五年に鉱業が農牧業を抜いた。国内総生産は乱高下して二〇一一年には経済成長率が一七%を超えたが、その後低迷している。経済格差は、都市住民と草原部の遊牧民のあいだ、また遊牧民家族間でも大きく広がっている。

戦後、ロシア風の都市が作られていったが、その後の急速な開発で、低層階にブランド品の店舗を構える高層ビルが立ち並び、川沿いにも住宅街が広がるなど、変貌を遂げている。特徴的なのは、市街地を囲むように広がるゲル街である。ウランバートルの人口は一九五〇年の約七万人から増加を続け、二〇二一年には一六一万五〇〇〇人となっている。全人口に占める割合は、社会主義時代の居住地移動の制限が撤廃された一九九〇年代末から増加をはじめ、二〇二一年現在は四八%となっている。

このように急成長したモンゴル国の首都は、急速な都市化とそれに追いつかないインフラという都市問題を抱え、大気汚染、水質汚濁、土壌汚染、廃棄物問題、水不足などの深刻化が指摘されている。これらは急速な都市化のすすむ途上国で共通してみられるが、ウランバートル市の場合は、都市を囲むように作られたゲル・ホローと呼ばれるゲルと簡易住居が混在した地区があり、居住のためのインフラの未整備が地区外にも及ぶ環境汚染につながるという特徴があるというように、遊牧国家ならではの問題もある（ウランバートルの現在については、松宮 2021に詳しい）。

冬季はシベリア高気圧に覆われる上に、盆地であるために、もともと大気汚染が悪化しやすい条件があるウランバートルであるが、近年は世界最悪とまで言われるようになった。二〇一六年一二月一六日、ウランバートル市のpm2・5の濃度が1985μg／㎥を記録した。WHOが安全レベルとみなす水準の約八〇倍、大気汚染が深刻な北京の約五倍の数値であると報道された。

おいしいアイラグは草原でしか飲めない

話を再び草原に戻そう。アフリカから東アジアへと続く乾燥ベルトと、かつて遊牧が行われていた遊牧ベルトは、ほぼ重なっている。二〇世紀に、多くの地域で牧民の定住化がすすみ遊牧が辺境に追いやられた。モンゴル国では牧畜のみに従事する人は一〇％未満であるが、就業者数に対する牧畜民の割合は二〇一九年で二五％であり、今も遊牧は主要な産業である。草原に暮らす遊牧民にとっても環境問題は無縁ではなく、気候変動、砂漠化に加え、最近加速する鉱山開発による土壌荒廃が深刻な地域もある。家畜の頭数が増えていることにより、過放牧やゾドのリスクが高まっていることも無視できない。

一方で、都市の中心から車で数十㎞も走れば、汚染された空気とは縁のない草原地帯が道路の両側に開け、家畜が草を食んでいる様子を目にすることができる。前述したように生活物資の多くが畜産品由来の暮らしがそこにある。もちろん車やバイク、太陽光発電のパネルなどがそれほどのぜいたく品でないほど行きわたっているので、数千年来変わらぬ暮らしぶり、というわけではない。

現在モンゴル国には二一の県と三二九の郡がある。それぞれの郡の中心には小中学校、診療所、文化センター、売店、飲食店などがある。モンゴルでは五畜と言われる家畜である、ヒツジ・ヤギ・ウマ・ウシ・ラクダが多く飼われてきた。社会主義時代には、ネグデルという農牧業の共同組合が全国にあったが、民主化以降はそれが解体され、畜産品の販売の便宜のためにも、街や道路の近くに居住する例が増えて、過放牧が問題になることもあった。大家畜の中でも、ウマとラクダは群れで放牧する際に、より多くの放牧地が必要なために、N氏のようにアイラグを多く作る家庭では、街から離れたところにゲルを構える場合が多い。

あらためて説明すると、アイラグとは、モンゴル語でウマの生乳を発酵させて作る飲み物をさし、トルコ語ではクミス、中国語ではチェゲーと呼ばれ、ユーラシアの騎馬民族のあいだで古代より広く飲まれていたという。味はゲルごとに異なるが、何よりも、さらりとしている。そしてヨーグルトのような酸味とわずかな発泡性があり、その程度が様々で、正直なところ、飲みやすいものも飲みにくいものもある。アルコール分も若干あるため（〜三％）、日本では馬乳酒として知られる。アイラグの名産地では、製造が盛んな夏場はアイラグさえあれば食事はいらないという人が（誇張ではなく実際に）いるほど日常的に飲まれるし、伝統的行事や婚礼の際にも欠かせない神聖な飲み物でもある。二〇一二年に筆者らが全国調査を実施したら、モンゴル国では中央部で多いという地域差はあるが、アイラグが伝統的製法で盛んに作られていた（Bat-Oyun 2015）。

モンゴル国以外の地域では定住化が二〇世紀にすすみ、遊牧が消えていったと同時に、個々の家庭が受け継ぐ伝統食としてのアイラグは姿を消したと聞く。しかし、アイラグには古くから多くの効能が知られるために、工場で画一的に作るかたちが残ったケースもある。ドイツやロシアでみた例だが、瓶詰にされて遠方まで輸送・販売されていた。その一方で、近年、伝統的製法で作られたモンゴル国のアイラグは発酵食品として、健康増進効果が評価されはじめている。二〇一九年一二月には、革袋で作るアイラグが世界無形文化遺産として登録された。

なぜモンゴル国にだけ伝統的アイラグが残ったのだろうか。ウシ・ヤギ・ヒツジは狭い土地でも飼養できるのでそれらの乳製品は定住化後も作り続けることが可能だが、ウマを群で飼う際には十分な草、水、ミネラルを備えた広い土地が必要なため、定住するとウマを飼いアイラグを作ることが困難になる。モンゴルの草原では今もこれらの条件を揃えた地域で遊牧が続けられており夏場はアイラグ製造に熱心に取り組むゲルが多い。アイラグが遊牧という形態のもとで地域の自然と調和して維持されてきたためであり、その意味でアイラグは遊牧のシンボルとも言える。

一方、伝統的アイラグは天然菌を使う上、発酵を止めていないので、運搬しにくいし味が劣化しやすい。未舗装の道路を走る車の中では発酵がすすみ、休憩で停車するたびに蓋をあけて圧を逃しながら運ぶのを何度もみた。容器のふたがはじけて、シャワーのように噴射するアイラグを浴びたことも数回ある。雑菌の混入を防ぐ衛生管理も困難であり、モンゴル国内では製品化して流通させるのが技術的にむずかしい。これはモンゴル国のアイラグが工場で作られたり、大々的に販売されずに、自家生産に留まった理由であろう。おいしいアイラグは草原でしか飲めない、というわけである。アイラグに引き寄せられるようにして、都市の人々が草原を訪れるのは、ゲルで子供の数が急増することと並び、名産地での夏の風物詩である。

モンゴル国にしか残らない伝統的製法のアイラグは、画一的な工場のアイラグよりも菌叢が豊かなので質がよいとか、容器は昔ながらの牛革製がプラスティック樽よりもよいなど、近年は伝統回帰の流れもあり、伝統的製法を讃える言説はいくつかあるが、それらの科学的根拠は明らかにされていないので、検証する価値がある。モンゴル国の遊牧にも一九九〇年の市場経済体制への移行後には変化が生じ、遊牧の存続も危ぶまれはじめた。一方、急激な都市化のすすむ首都では健康志向を背景にアイラグの需要は増しているが、路上で販売される地方産のアイラグに粗悪品が出回ることが問題視されはじめた。遊牧のもつ様々な伝統知の一つであるアイラグの製法や製品の質を守ることは喫緊の課題である。

モンゴル国内でも、ドイツやロシアで販売されているような発酵が止まった瓶詰のアイラグが町の店先で売られる日は遠くないかもしれない。形をかえてもアイラグがすたれることはないだろうが、あの野性味あふれる味が消えていくとき、都市と草原のつながりも希薄化していくような気がしてならない。

文献

風戸真理 2014「モンゴル遊牧民候補は夏につくられる」『生態人類学会ニュースレター』20:42-49。
松宮邑子 2021『都市に暮らすモンゴル人』明石書店。
Bat-Oyun, T., B. Erdenetsetseg, M. Shinoda, T.Ozaki, and Y. Morinaga 2015 "Who is making airag (fermented mare's milk) in Mongolian households?" *Nomadic Peoples*, 19, (1): 7-29.

第Ⅲ部　表象と都市

第6章　表象の中の東京

「坂」と「谷底」のトポグラフィー

大城直樹

一　はじめに

ＪＲ山手線東側の田端・西日暮里・日暮里・鶯谷・品川駅等は、武蔵野台地の最東端と直に接している。秋葉原・神田・東京・有楽町・新橋・浜松町・田町・高輪ゲートウェイ駅は、少しばかり距離があるけれども、台地の縁にはほど近い。この台地は北は荒川、南は多摩川に挟まれ、関東山地山麓の青梅・羽村の扇状地から徐々に高度を下げて行く。その間、目黒川・渋谷川・神田川・石神井川の各水系を発達させ、非常に多くの谷を作ってきた。しかも、台地上にはわざわざ掘削して作った玉川上水まで流れているのである。

谷であることは、台地から谷底に到る斜面があるわけであり、そこに路が通っているならば坂が存在することになる。本章では、その坂／斜面と谷（底）が、明治末から昭和初頭にかけて、どのように文化人たちに表象されていたか、彼らの作品を見ていくことで、東京の地形と歴史文化の関係性について考えてみたい。現在の我々がそこを行き来する土地に、どのような系譜や意味が介在しているのか。そのことについて、少しでも実感を持ってほしいと思うからである。

「地理学は場所の科学である」とは、フランス派人文地理学の祖ヴィダル・ドゥ・ラ・ブラーシュの言である。この「場所」へのこだわりは、一九七〇年代に人文（人間）主義地理学が、無機的で価値中立的でタブラ・ラサ的な「空間」概念へのアンチとして召喚してきたものである。抽象的ではなく具体的な場所こそが、本来地理学が対象としてきたものである。無論それまでのコロロジー（地誌）的な地理学があまりにも個性記述的であったから、一九五〇年代、コンピュータの民生利用が可能となったその時期にシェーファーによる「例外主義批判」が起こったのも宜《むべ》なるかな。だが、質的なものを数値に変換したある種効率的に過ぎる現象理解は如何なものか。それを人文（人間）主義地理学者たちは疑問視したのである。空間と我々の関係には、我々のそこへの感情や意味づけ・価値づけもあるはずである。それを等閑視すべきではない。ゆえに改めて「場所」という概念をもって、そのニュアンスを高らしめようとしたのが、まさに彼らの動機なのであった。

本章では、その流れに竿をさして、ある特定の空間への人々の意味づけ・価値づけが、その時代的文脈とどのような関係にあったかを示してみたいと思う。それを見ることで、今日の我々の場所への感覚を再考してみる良い契機になるのではないかと思うからである。また、これはある種の歴史地理学でもある。郊外の発展というものはすでに過去となり、むしろ縮小都市（shrinking city）と言われるような時代となった時勢に我々はいるからである。かつて、勢いのあった東京の都市拡大の最初期の時代と言えるかもしれない時期について調べてみるのも、現在の我々の住む都市について、何が違うのか、あるいは通底するものは何か、そういうことを再考するには意味のあることだと思う。

二　代々幡の坂

ここに一枚の絵がある（図6-1）。自身の娘の肖像画で知られる画家のその絵は風景画で、赤土が剝き出しになった未舗装の坂道を、坂下から坂上を見上げるように描いたものである。道の左手には白い石材で築かれた屋敷の擁壁、右手奥には造成後そのままにされているかのような赤土の一段高い区画の角が見えるが、そこは半分以上灌木や草の緑に覆われている。空は澄み切った青で白い薄雲が幾つか浮かんでいる。絵自体は青と緑、そして白と赤茶の色で鮮やかに描出されている。右下から左手に電柱のものと思しき影がにゅうっと伸びている。一点遠近法の消失点が幾分か高めに設定されていて、それだけ坂道の勾配が強調されている。

岸田劉生（一八九一～一九二九年）のこの絵は、一九一五年に描かれた。場所は代々木（代々木四―一九）である。「道路と土手と塀（切通之写生）」として知られるこの絵のほかに、劉生には別角度から同じ場所を描いた「切通しの坂」という絵もある。図6-2は現在のその切通しの風景である。左

図6－1　岸田劉生「切通之写生」(1915)

図6－2　切通しの坂
2021年11月筆者撮影。

手の白壁は山内家の邸宅の塀である。石組はないけれども塀の様子から、かつての面影を感じられる。山内家とは旧土佐藩の大名（のちに侯爵）であり、その広大な敷地は、現在は分割され、マンションが幾つも立ち並んでいる。坂の勾配だけは変わらないが、右手の造成直後の風景の面影はほとんど残っていない。ところで、劉生のこの絵の他にも、同じ場所を描いた絵が存在する。早世の異端児・村山槐多《かいた》（一八九六～一九一九年）が一九一九年に描いた「某侯爵邸遠望」（図6-3）と、多摩の風景をよく描いた若き日の倉田三郎（一九〇二～一九九二年）の「代々幡にて」（一九二二年）（図6-4）と「山内家切通の道（代々幡）」（一九一八年）である。槐多の絵は劉生の絵よりもっと後方（河骨川を渡った対岸の坂）から、左手の山内邸の大名庭園の斜面全体を眺望するかのように描かれている。

　槐多の絵と倉田の絵の構図はほぼ同一であるが、倉田の方が数メートル後方から描いている。二年後の倉田の絵には槐多の絵の一番手前に絵が描かれた杉（？）の木が存在

図6－3　村山槐多「某侯爵邸遠望」（1919）

図6－4　倉田三郎「代々幡にて」（1921）
多摩信用金庫所蔵。

していない。ちょうどこの辺りは絵の左手から右手に河骨川《こうほねがわ》が流れており、その周辺の造成で伐り取られたのもしれない。倉田の絵は村山と多くの地物が重複している。絵具で描かれているので当然、その色彩から地物の判定をしやすい。山内邸の広大な庭、白い塀、塀の内側の樹木（ただし庭中の添え木に支えられた数本の（おそらく松は描かれていない……）、絵の右手奥に並ぶ住宅群と植樹の様子、電柱、坂道。しかし、右手手前側のぼんやりと映る造成でできたような斜面を描き込んだのは何故なのか、いささか不思議である。また、この造成したてのような中央の道路の左手は槐多の絵では道路の下に水田の畔のようなものが見える。倉田の絵では茶色に塗られており、はっきりとはしないが、そこだけ低くなっているように見て取れる。それにしても同じ坂ばかり、画題として何度も描かれるというのは、そうある話ではないのではないか。また坂そのものが重要な存在主体として描出されるというのも、珍しいことではないだろうか。

　では岸田劉生は、何故この絵を描いたのであろうか？　それは彼とその家族が、この付近（代々木山谷一一七番地）に一九一三年以来住んでいたからであろう。銀座生まれの劉生にとっては、それまで緑の薄かった農村の景観を多分に残した台地や谷、しかも宅地用に造成された剝き出しの土に、強く惹かれたのかもしれない。坂の表情については、劉生のものが生々しく詳細でニュアンスに富んでおり、まさにこの絵の主人公は赤茶色の坂なのだと納得させられる。フォービズムからゴッホ、セザンヌを遡り、当時意識していたとされるデューラーの絵のように、妙にリアルな筆致なのである（日本アートセンター編 1998参照）。最早単なる風景画ではない。

それに対して槐多や倉田の絵では、劉生の描いた坂道は画面の右に寄せられ、タイトルにあるようにむしろ山内邸の庭が半分以上を占めている。この山内邸はいかにも大名屋敷らしく、台地上に邸宅、谷や斜面が庭となっている。白い塀はその境界に設置されているわけであるが、この画面では横方向が敷地のおおむね南西辺、縦方向が南東辺の塀となっている。塀の手前が河骨川のつくった谷底である。この川は甲州街道の直ぐ南に谷頭を持ち、南南東方向に下り、参宮橋駅付近で北東からの支流と合流し、代々木八幡の東側を流れ、西側からの支流と合わさって宇田川となり、やがて隠田川と合流して渋谷川となる。劉生の画題が道路の坂であるのに対し、二人の画題は、むしろその坂を一部に含む緩斜面の様子であり、大名庭園と造成された階段状の新興住宅地のコントラストなのであろう。また、のっぺりした谷壁の緩斜面にも惹かれたに違いない。図6-5を見ると、山内邸の構成がわかる。一九四四～五四年の時点では、周囲を住宅地に囲まれていたことがわかる。

山内邸の庭園はいかにも大名庭園らしく構成されているけれども、図6-5より五〇年ほど遡る図

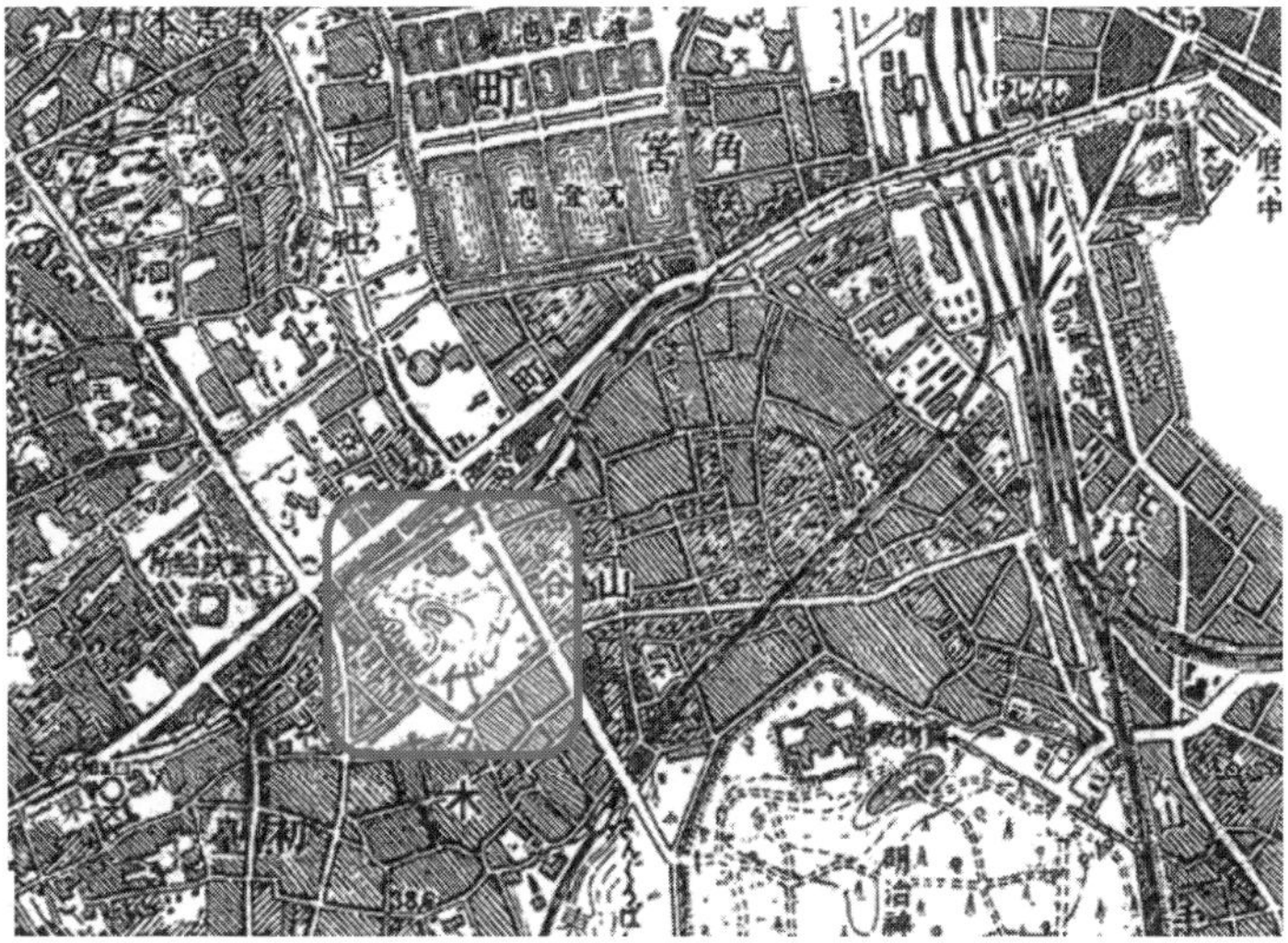

図６－５　代々幡付近

今昔マップ1944～1954。図中の四角（一辺はおよそ440m）で囲んだ範囲の中央部が山内邸。地図の上が北（図６－５、６－６、６－７、６－８も同様）。

６－６をみると、邸宅の形状は同様ではあるが、屋敷を取り巻く道路がなく、むしろ宇田川支流の河骨川最上流の支谷が深く入り込み、またそれに沿って道路が数本走っていることがわかる。池の脇を道路が通っていることもわかる。そしてまだ住宅地に囲まれていないこともわかる。山谷の辺りはすでに宅地化されているけれども、山内邸の辺りがまさに西へと進む都市化のフロントラインになっていたことがわかるだろう。このことは何を意味するのであろうか？　山内邸が立地するのは、現在のＪＲ山手線の西、甲州街道とその南を流れる玉川上水に北接するかつての江戸の朱引き（江戸時代、府内と府外を地図上に朱線で示したもの）の外側に位置し、付近には正春寺（一六二〇年建立）がある。尾張屋清七板の

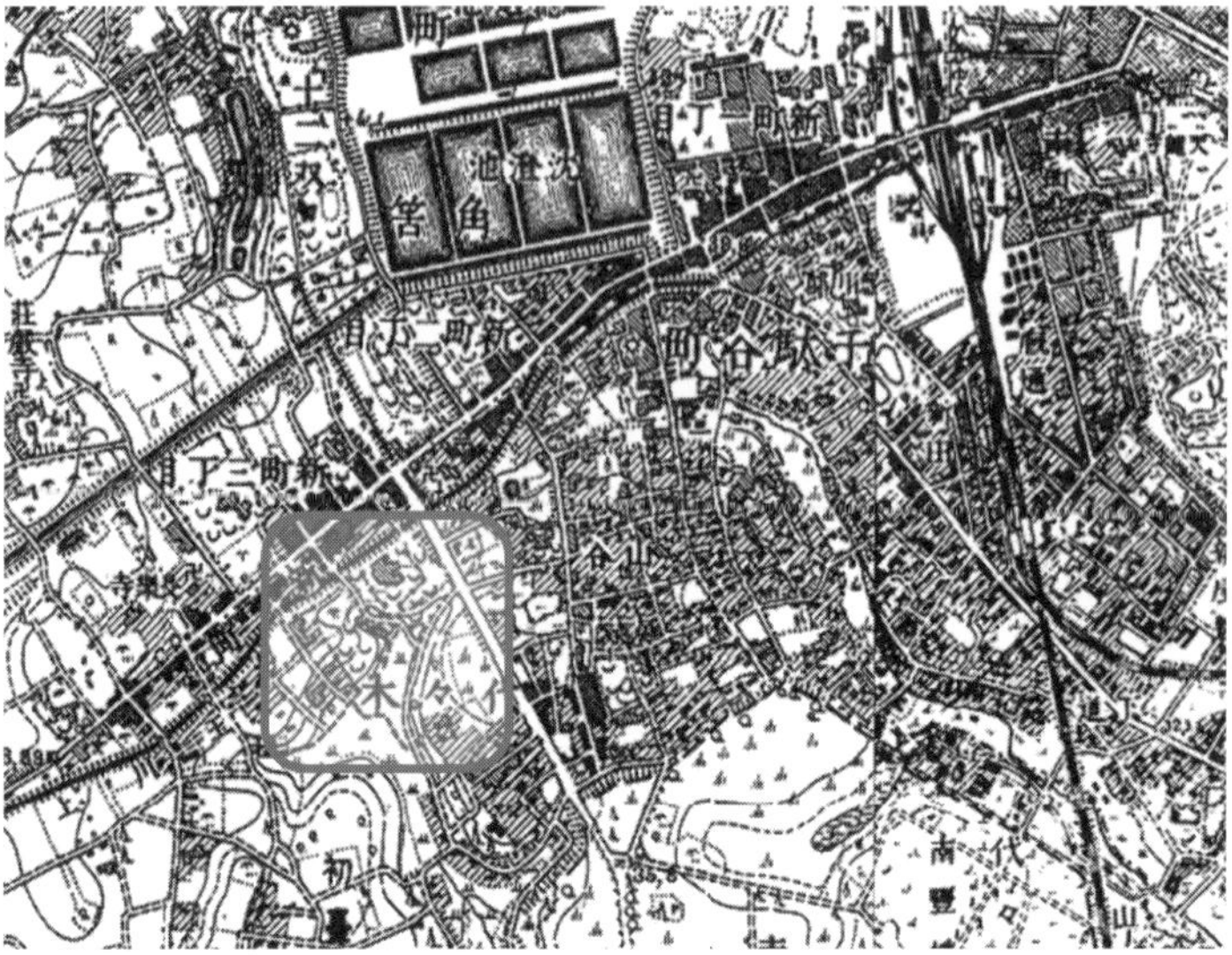

図6－6　代々幡付近

今昔マップ1896～1909。

切絵図「内藤新宿千駄ヶ谷絵図」（嘉永二（一八四九）年）を見ると、図の中央左端に甲州街道と玉川上水に挟まれて正春寺、諦聴寺が描かれている（図6-7、玉川上水が分水する付近）。内藤新宿の町並み（図の右端）を西へ、追分を過ぎると武家屋敷や寺社が続くが、その先に千駄ヶ谷町、代々木町が出てくる。その先（つまり西）正春寺等のところで切絵図の描出範囲は終了する。この一八四九年時点では、山内邸は無論描かれていない。

この寺院の南側の水路は、現在の文化服装学院の南側の谷にあたるだろう。玉川上水から分水されていることが見て取れる。だとすればなおさら、山内邸はもっと西に位置するわけで、嘉永年間にはまだ農耕地であったはずである。実際、山内邸は、明

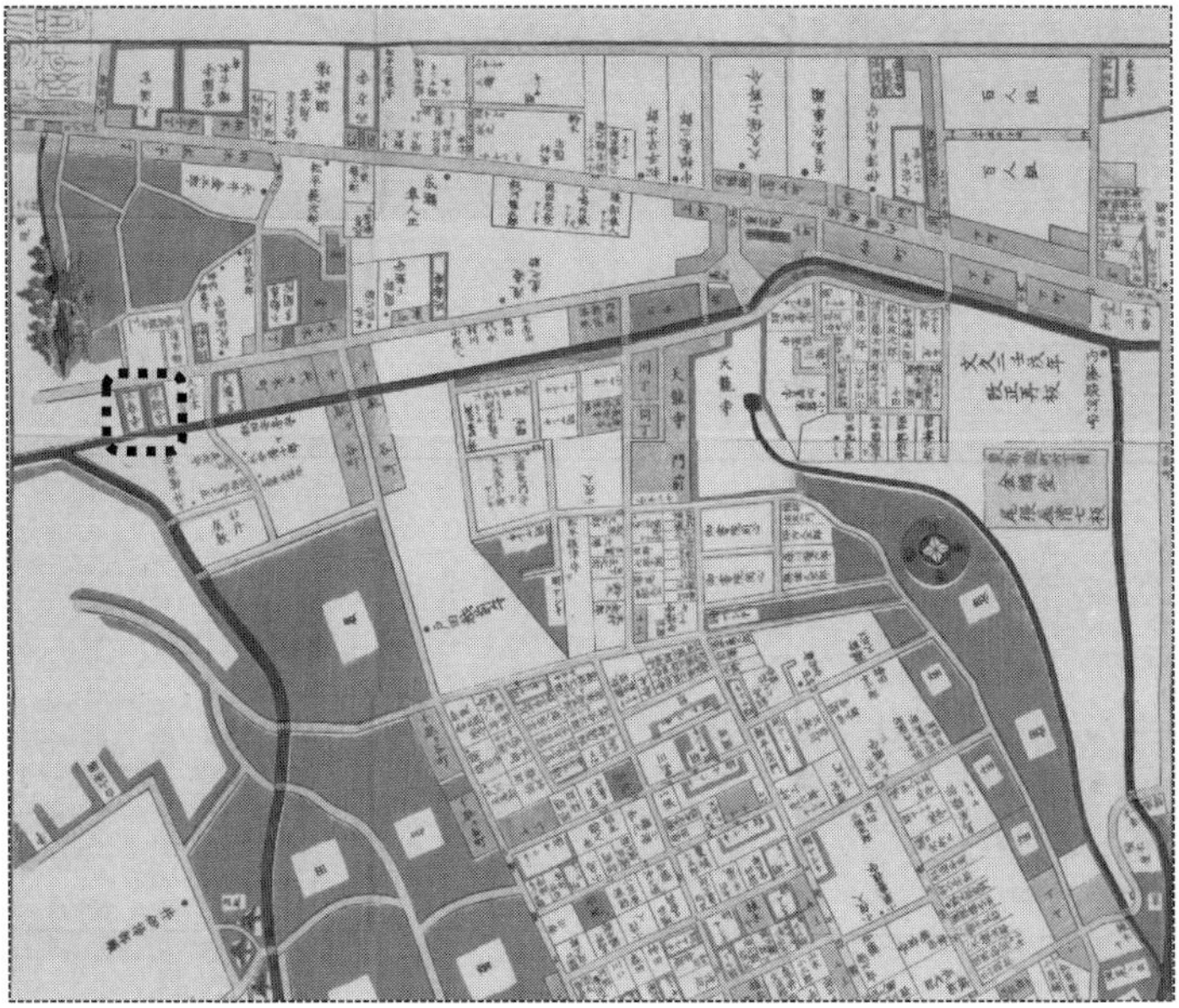

図６－７　切絵図

拡大し，90度左に転回。上が北。図左、破線の四角の部分に正春寺と諦聴寺。

治以降に建造された。幕末の活躍で著名な山内容堂の孫にあたる豊景が造営したものである。周知のように、明治維新によって、幕臣の居宅は概ね上地され、公家や政府側の元武士にあてがわれていった（もっとものちには、幕臣側が下屋敷等の元所有の敷地を買い戻すこともあったようだが）（松山 2019）。薩長土肥の一角をなす山内の家は藩閥政権側であるから、松山恵（松山 2019）のいう「郭外」に位置するこの敷地も何らかの過程を経て侯爵である豊景が入手したのであろう。代々幡界隈にはこのほか井伊邸、小笠原邸、大河内子爵邸など、元大名や華族の邸宅がいくつも並んでいた。

そもそも代々木は江戸の朱引きの外

であり、農村地帯であった。切絵図（図6-7）で見ると、正春寺の東側に代々木町・千駄ヶ谷町といった町人地も見られるが、これは甲州街道沿いの街村のようであり、それを除けば代々木界隈はまだまだ農村地帯に過ぎなかった。

図6-5・図6-6を見ると、敷地の一番北側に邸宅が立地していることがわかる。ここは台地の上で、その南側、敷地の中ほどに池があるのも見て取れる。そこから東側・南側の部分が槐多や倉田の絵に描かれた庭の斜面であろう。図6-8をみると、その起伏の様子が分かる。図6-6（一八九六～一九〇九年）では、まだこの区画整備はなされていない。邸宅らしきものは見て取れるが庭はまだ造成されていないし、しかものちの敷地になる部分に数本の道路が走っているのがわかる。つまり、この時期以降にこの一帯は新しく区画化され、山内家の敷地が拡張され、庭も新たに造成されたであろうことが想像できる。だから倉田の絵で赤茶色に描かれた庭が造成したての庭であり、槐多の絵に描かれた添え木付きの松の木々が、新しく植えられたために添え木をあてがわれたことがわかる。ゆえに山内邸の松の植樹はこの一年のうちにあったと想定できるのである。敷地の区画については、図6-9で確認できる。少なくとも一九一七年までには邸宅および周辺の宅地区画が造成されたことがわかる。

『澁谷区史』（一九五二年）によれば、「かくて明治三十〔一八九七〕年頃から、首都の殷賑を加うるに伴い、隣接する澁谷、千駄ヶ谷の発展は、特に著しいものがあり、同四十〔一九〇七〕年四月一日には、千駄ヶ谷村まづ町制を布き、〔中略〕澁谷村〔中略〕、やや遅れて代々幡村も町制を布き、戸数

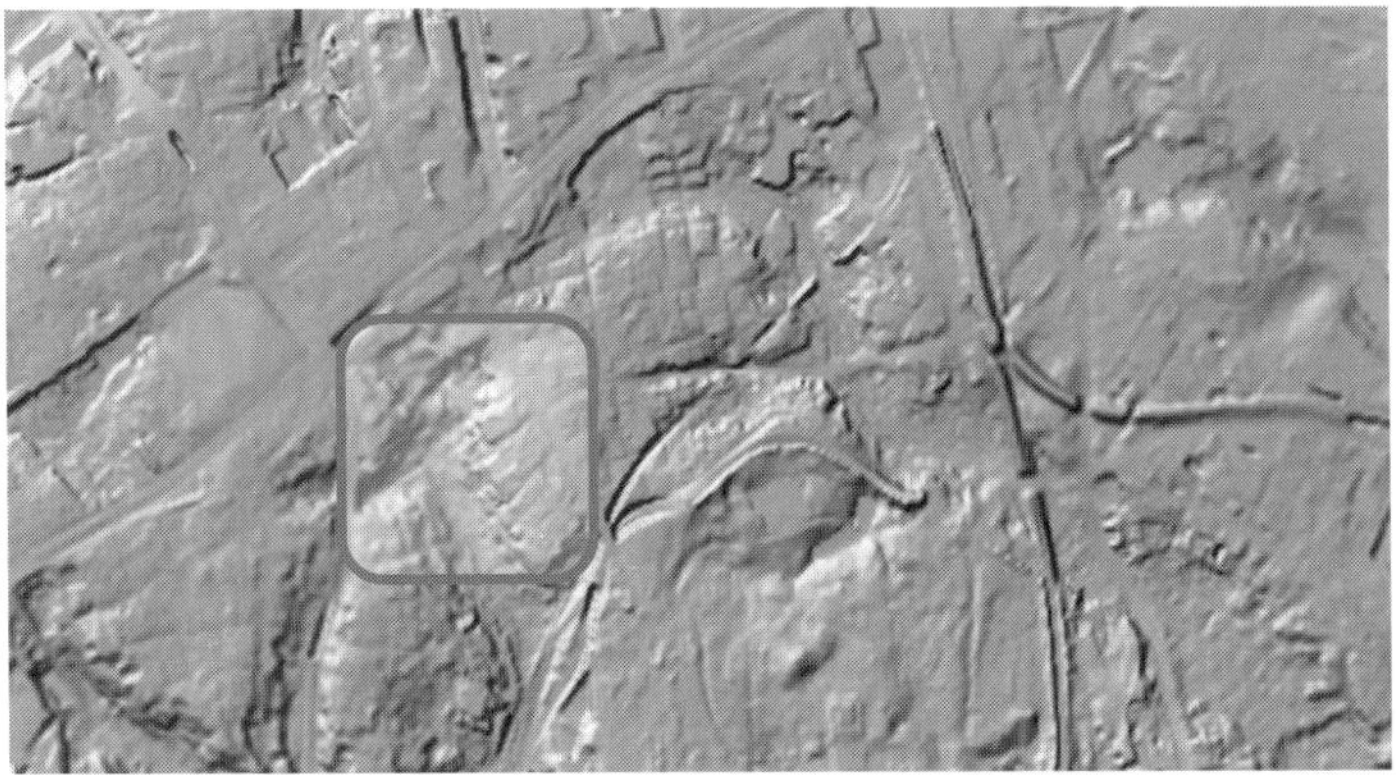

図6－8　代々幡付近の陰影起伏図

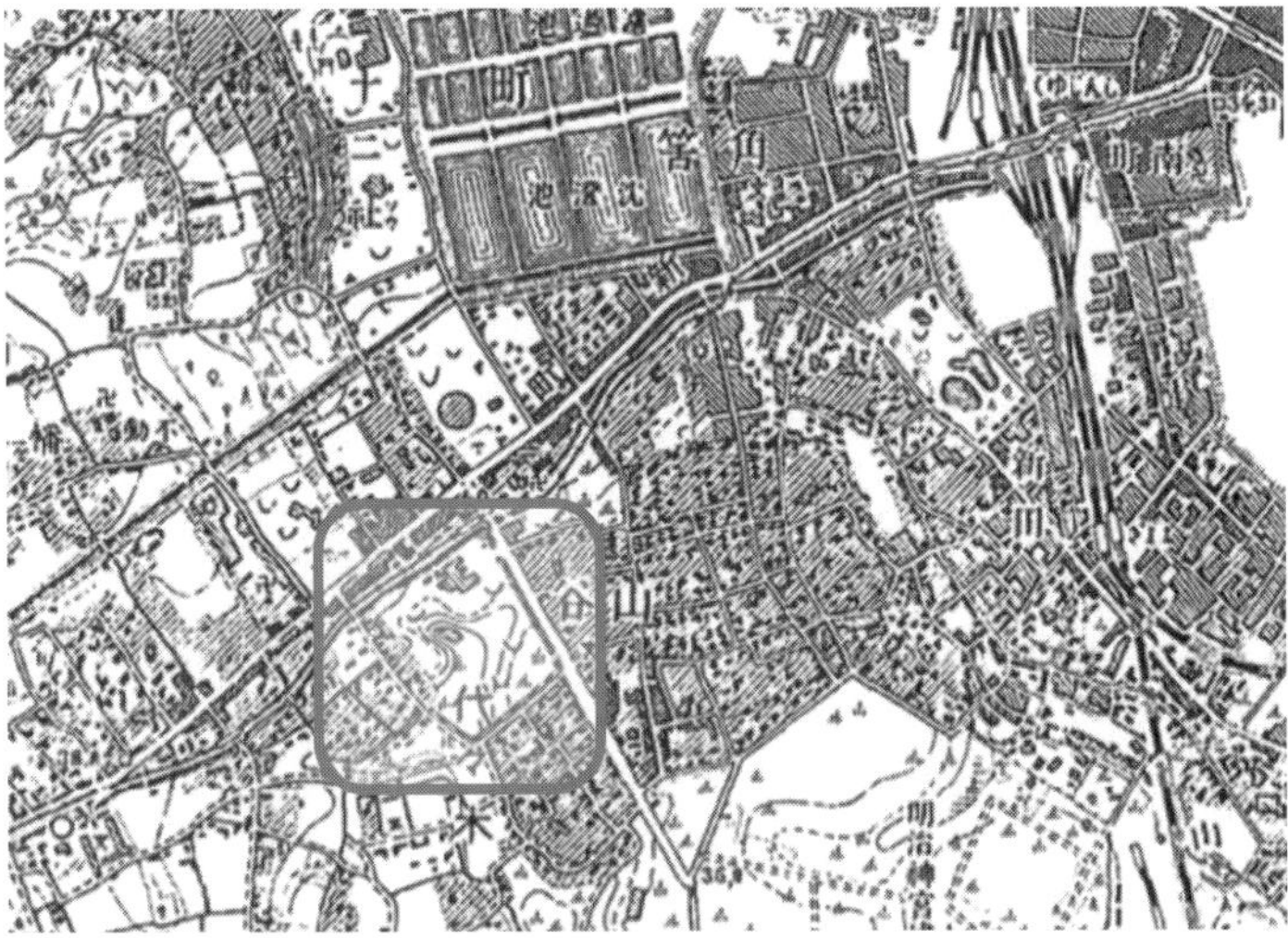

図6－9　代々幡付近（1917～1924）

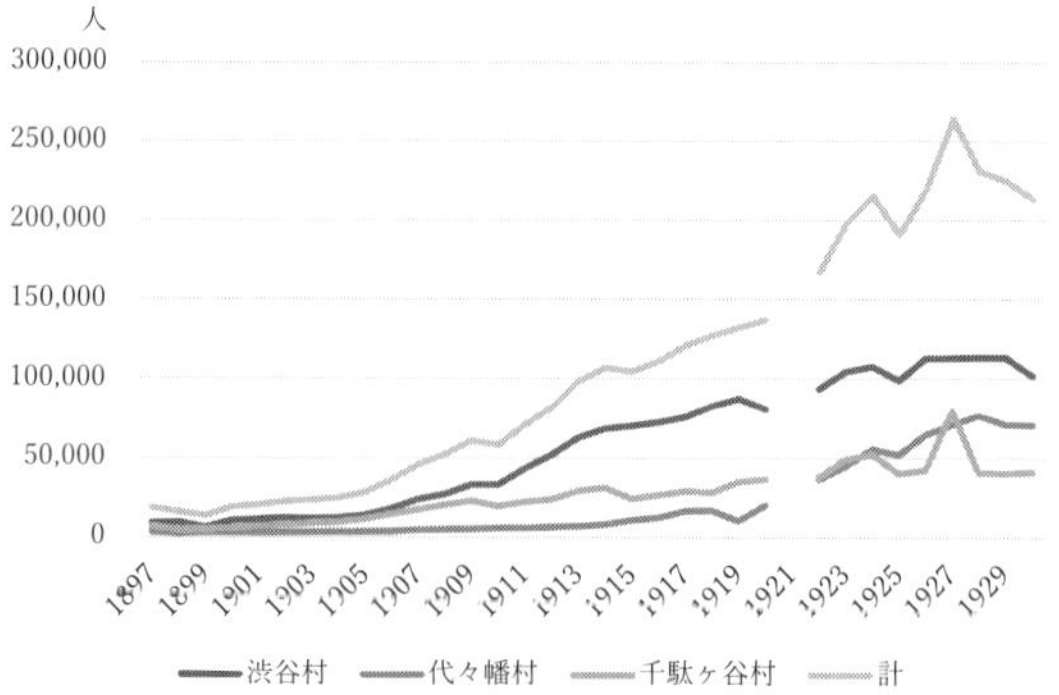

図6-10　渋谷区の人口推移（1897〜1929）
『澁谷区史』より。一部データ欠。

二、二三四戸、人口一〇、五三三人、密度一方粁一、五五〇人となった」とある（澁谷区役所 1952：519）。

図6-10を見ると、渋谷村全体では一九〇五年以降に人口が増加していることがわかる。現在のJR中央線の前身・甲武鉄道は一八八九年四月に新宿‐立川間、八月に立川‐八王子間が開通したが、東京市内へはまだ乗り入れていなかった。一八九四年一〇月に新宿‐牛込間、一八九五年四月に牛込‐飯田町間が開業、また一九〇四年八月には飯田町‐中野間が電化され、同年一二月に御茶ノ水まで延伸された。この都心への鉄道乗り入れと電車化が、人口増加の一因になったと予想できる。

那須皓の言によれば「此の間に代々木は、十年を一昔と云ふ古語を人を欺かざることを証するやうな変り方をして居る。今日の代々木は最早純然たる郊外ではない。それは渋谷、新宿等と手を連ねて帝都に面し、之と呼吸脈搏を共にする所の大東京の一部である。田は埋められ、畑は均らされ、菜田麦圃の跡には、文化式住宅の赤屋根が連つて居る」、そうした景観を呈するようになったのである（那須編 1925: 133）。

『新修渋谷区史』によれば、「代々幡方面の居住地化は、郊外第一圏に接続する山谷にはじまるのであるが、この地域の住宅造成は京王線の開通に起因しているといってよいであろう」（東京都渋谷区 1966：1945）。それまで笹塚止まりであった京王線の新宿乗り入れは一九一五（大正四）年である。図6-10に見られる代々幡村の人口遷急点もこの時期であることがわかる。ちなみに地理学者・小田内通敏『帝都と近郊』の刊行は一九一八年である。小田内はまさにこの代々幡の都市としての発展期に甲州街道の調査を行っていたのである。

『東京都の百年』によれば、「第一次世界大戦期に進行する資本の集積や都市人口の集中が近郊農村の都市化をいっそう促進するなかで、専業・兼業の農家経営が後退・解体するとともに、耕地・山林から住宅地へと地目の転換がすすみ、土地ブローカーなどの暗躍を媒介に地価が急騰」したという（石塚・成田 1986：141）。また「とくに西郊の各町村のなかでも、明治四十二年（一九〇九）に町制をしいて急激に発展した豊多摩郡渋谷町（当時、人口約三万五〇〇〇人）では、玉川電鉄の開通と軍用地の移転もあって、明治十年代に坪あたり三銭の土地が、それから約三〇年後の大正二年には一坪二五円、つまり八〇〇倍を超える異常な暴騰ぶりを示した。この結果、「地所熱」にまきこまれて田畑を手放した農民も少なくなく、かれらのなかには、その代金を資して失敗するなど、地価上昇は多くの悲喜劇をまねいた」とある（同 143）。「明治16年の宅地面積を指標とした場合の指数」の表（同 142）を見ると一九一九年の豊多摩郡（現在の新宿・渋谷・中野・杉並区）の宅地面積の急増ぶりが特筆される。一八八三年から三〇年余りで指数が五七七と、六倍弱にまで増えているのである。郡部合計では二四二、区部合計では一四六であるのに対し、これが突出して多いことがわかる。

こうした状況下を調査した小田内通敏『聚楽と地理』（一九一八年）には、都市「東京」の発展による農村の地所熱について、次のように記されている。「東京から三里か四里離れた村々の農家が廣い宅地を持ってるに反し、接續して居る町になると農家の宅地は殆んど貸家に利用されてゐる。從つて小作人のみを相手にしておった大農も、一躍して貸地の大地主や貸家の大家主となつて、日夕官公吏や工場主や商人や労働者と交渉しなければならなくなり、從來僅かな小作料ばかりより得られなかつた土地から、思ひがけぬ多額な地代と家賃とを得るに至った結果は堅實な農民心理も急變して浮華なる都市生活を憧憬するやうになる。周圍には立派な欅の屋敷林を有し、由緒のある家構であるのに見惚て訪れると、この家の家人としては不調和なけばけばしい女が居る。近隣で聞くと、地所成金となつて浮れ氣分になつた大農が、糟糠の妻を捨て丶賣笑婦を入れたのである事を高田村で發見した。〔改行〕中農が地所熱に浮され、一攫千金を夢見つ丶その所有地を抵當として畑地を買入れたのが、購客がないので元利の仕拂いに逐はれ、終にその所有地をも手放さなければならなくなったことや、家屋敷を賣つた金で事業を始め、それが全く失敗して今は貸長屋に詫住居をするやうになつたなどの例はよく聞くことである」（小田内 1918：121–122）。高田村とは現在の豊島区の南部（雑司ヶ谷、高田およびその周辺）である。ここも朱引きラインぎりぎりの縁辺部に当たっており、「東京」に取り込まれていく近郊農村の様子が垣間見れる。単に土地利用が変わっただけでなく、それに関係する人々の心にも大きな影響を与えていったことが、この引用からもわかるだろう。

一九二〇年に出版された田山花袋の『東京の近郊』の冒頭は次のように始まる。「私の今住んでいる処は、江戸名所図会に代々木野、代々木村などとしてあるところである。つまり千駄ヶ谷から丘陵を隔てて一面はずっと駒場の方に、一面は甲州街道から高井戸の方にまで連なっている地区を指しているのである。私は此処に初めて居をトしてから、もう十年近くなるが、この間の変遷は実に夥しいものである。都会の膨張力は絶えず奥へ奥へと喰い込んで行っている。昔、欅の大きな並木があったところに、立派な石造の高い塀が出来たり、瀟洒な二階屋が出来たり、この近所では見ることが出来なかった綺麗なハイカラな細君が可愛い子供を伴れて歩いたりする。停車場へ通う道には、もとは田圃であったところに、新開の町家がつづいて出来て、毎朝役所に通う人達が洋服姿でぞろぞろと通って行く。何でも代々木の停車場の昇降者は今では毎日二千人を下らないで、客の多いことでは全国の駅中五、六番目だという話である。私の来た時分は、それは小さなあわれな停車場で、冬は木枯しの風が寒く吹いて、朝の霧が白く茅葺の百姓家の屋根に置いていたのに……」（田山 1991：9）。

花袋は父母に連れられて群馬・館林から東京に出て以来、牛込界隈に居を移しながらも住み続けていた（田山 1981）。おそらくは小説「武蔵野」の舞台となった渋谷の茅屋に住んだ独歩や隠田に住んでいた柳田國男の影響もあって、東京の「縁」に住んだのであろう（作家の交友関係については川本 2012を参照）。彼は明治三九（一九〇六）年に代々木山谷に転居している。そこは「縁」つまり「端っこ」であったがゆえに、瞬く間に都市「東京」に呑み込まれていったのである。花袋のいうように、この時期こそが代々木の変貌期に当たり、劉生や槐多、倉田らもこの住宅地化の進む光景に惹かれたのであろう。当時としては刺激的で珍しい風景ということだったのかも知れない。山内邸は今ではいくつもの区画に分割され、大型のマンションが立ち並ぶ地区となった。切通しの坂こそ元のままそこにあるが、緩い谷壁の全体を眺め渡すことは最早かなわない。劉生の切通し坂の絵は、まさに都市「東京」が山谷の方からそれまでの農村地帯を呑み込もうとするその刹那をとらえたものと見做すこともできよう。

三　台地と谷底の東京

東京が西へ西へと発展していくこの時期のほんの少し前、その都市「東京」のど真ん中にあって「貧民の発見」ともいうべき時期があった。社会調査事始めとでもいうべき調査報告が相次ぎ出版されたのである。松原岩五郎『最暗黒の東京』（一八九三年）、横山源之助『日本の下層社会』（一八九九年）といったルポルタージュがそれにあたる。外へ外へと東京が拡大していく時期に、逆に内なる「外」が「発見」されるのである。(1) また中川清によると、明治期のこの貧民窟や貧民への「まなざし」は徐々に変わり、時間的にも四期に区分されうるという（中川編 1994）。貧民窟の所在地区の分布に関心を置く「異質さへの関心」の時期から、下層社会固有の職業や習俗、慣行など、その社会内部の詳細を描こうとする「固有の生活世界」の時期、そして明治期の社会主義的な立場から貧民窟をまなざすようになる「社会批判の介在」の時期、そして横山源之助に代表される、江戸期の共同性が近代になって流入した下層の人々によって変化していく様を捉える「下層社会の変容」の時期がそれである。単なる異質なものへの興味関心から、その生活空間の構造の分析へとシフトしていくのだが、さらにそこへ社会主義的な観点が加わり、さらにその生活空間の実相の歴史的変化を明らかにしていく段階へと到ったということである。

おそらくは「異質さへの関心」と「固有の生活世界」の時期に描かれたであろう、泉鏡花の小説『貧民倶楽部』（一八九五年）をここで取り上げてみたい。ちなみに「貧民倶楽部」という語自体は松原の『最暗黒の東京』にすでに出ている。この小説は、一種のピカレスク（悪漢）小説といえる。主人公は四ツ谷鮫ヶ橋の女乞食お丹。素性は知れないが「毎晩新聞」の「探訪員」であるらしい。華族を憎み、その身分差を誇示するかのような振る舞いには我慢ならず、罠を仕掛けては華族の偽善と悪行を新聞記事で掻き立てたり、鮫ヶ橋の貧民たちを動員したりして、次から次へと彼らを貶めていく。小説の主な舞台は四ツ谷と麻布と番町であるが、そこに永田町と駿河台、遠いところで湯島が加わる。

筋は概ね次のようなものである。騒動の一件目は、麻布市兵衛町（六本木駅と六本木一丁目と飯倉片町の間、泉ガーデンや六本木グランドタワーのある辺り）に居する在原伯爵夫人貞子が芝の六六館という勧工場（商品陳列販売所、後掲図6-11）で三日間開催される婦人慈善会に参加するべく人力車で麻布の狸穴を通過しようとしたところ、屑屋の男が道を塞いだのを邪険に扱ったとして在原夫人をこき下

(1)　貧民街へのまなざしは、現在もなお注がれている。塩見（2008）や紀田（2000）等参照のこと。

ろす新聞記事。二件目は、六六館にお丹が入り込んで、夫人らが慈善と言いながらいいように金を巻き上げていることを糾弾。翌日新聞記事に。三件目は、翌日この会の主催者である深川子爵婦人綾子が市兵衛町の在原夫人邸を訪ねるところから始まる。館に犬殺し（お丹の舎弟）が闖入。夫人の愛犬狆を気絶させ一芝居を打ち同情を誘ってお金をもらう。四件目は六六館に鮫ヶ橋の貧民一同が乱入。大騒ぎし華族の面目を潰す。五件目は永田町の深川綾子の屋敷。お丹の使いで間諜として奉公していたお秀。六六館の件で貧民の襲撃への対処を講ずるとして深川邸に集まった夫人らの会話を小田原評定に過ぎずとお丹に連絡。しかしながら、その朝大木戸伯と綾子が「一つ閨に居たところを、お秀がうっかり見着けた」ため、伯爵と綾子はお秀殺害を計画。伯爵も綾子も可愛がっている百田時次郎を遣って幽霊話に勝気な番町の姫様小浜照子（婦人慈善会に参加）に肝試しを仕向け、照子を脅すようお秀に頼み込むがお秀は幽霊の格好をさせられた挙句照子に殺されてしまう。お秀の死亡の件で鮫ヶ橋に暮らす母親黒瀬ぬいに因果を含めさせるよう駿河台の御隠居（切髪の気高き老婦人）に依頼する。六件目、駿河台の御隠居、車夫の三吉とともに鮫ヶ橋へ。鮫ヶ橋の貧民窟に似合わない品の良い美女・塚町光子（駿河台の御隠居の嫁）。姑の御隠居がいじめ過ぎてお茶の水の橋から神田川へ身投げしそうなところをお丹が助け鮫ヶ橋に）が、お秀の母親・黒瀬ぬいの世話をするも、その甲斐なくぬいは死亡。三吉が光子を見つけ、駿河台へ連れていく途中、四谷見附でお丹らに捉えられる。御隠居らは鮫ヶ橋へ。犬殺しの作業小屋で御隠居に態度を改めるよう説得するも「華族じゃぞ」と言い続ける御隠居に愛想を尽かせ、光子を気絶させ死んだものと誤解させる。七件目、御隠居翌朝解放。鮫ヶ橋のご一行、光子を入れた棺桶を駿河台に運び込む。この騒動のさなか御隠居は自殺。光子は尼に。八件目、番町の小浜照子の住む屋敷。早朝黒瀬ぬいの死体が庭の松に縊死したように懸けられているのを使用人が発見。照子慌てて永田町の深川邸へ。深川綾子、華族の婦人らに働きかけ一計を図る。九件目、四谷油揚坂の宗福寺で縊死した老婆追善の大法会（綾子が企画、檀那は照子）が行われる。その際、貧民懐柔の目的で鮫ヶ橋の貧民限定の配米（一人一斗）が企画されたが、貧民誰一人として現れず。一〇件目、その夕方、邸への帰途、道中に女乞食が癪で道に蹲っているのを屋敷に連れて帰り介抱する。その女（実はお丹）はかいがいしく家仕事をこなすものの、綾子の子は産んだことあるのかとの問いかけに、お丹微笑つつ「はい、〔堕胎用の〕お薬も存じております」と回答。これが綾子の気分を損ね、翌朝暇を渡される。それに逆上したお丹が開き直り、居座ること三日目の夜、お丹の舎弟二人が乱入。綾子に秀子の件で詰め寄る。そこで妊娠していることが明らかになり、寡婦のスキャンダル（大木戸の子か百田の子か）として新聞に載せると脅す。綾子は自死するから掲載せぬよう頼むも、お丹は譲らず、海外への逃亡を提示。綾子それを拒否し、しばらくして発狂する。お丹は始終を見物して「ふむ、狂人になるだけの罪を造った婦人と見える。可し」と呟いて、「さあ、帰ろう」と。門を出づる時、屠犬児《いぬごろし》が、「姉御あんまりだ。」「酷いじゃねえか。」とその気色を物色えば、自若として「なにまだ、あんな目に逢わせるのが二三人あるよ」と。これで幕切れとなる。

このように、泉鏡花独特の啖呵を切るような台詞回しが小気味よくこの小編の全編を貫いていて、色々と引用したいところだが、さすがに紙片もなく、最後の一説のみ引いておいた。ろくでなしの舎

図6-11　芝勧工場（明治26（1893）年）

弟でさえつぶやくように、あまりに容赦ない無情なまでのお丹の振る舞いは異様なほどで、何故そこまでと、理由を想像したくもなるが、ここでは、物語の舞台となった場所に敢えて注目して、この小説の筋を成立させる文脈について考えてみることにしたい。台地の上と台地の下の谷の関係性がここまで対照的に描かれた小説もそれほど多くないだろう(2)。

それぞれのロケーションはつぎの通り。一件目・台地上の市兵衛町から芝の勧工場へ向かう途中、狸穴の深い谷に降りたところでまず仕掛けられる（図6-11）。市兵衛町から現在の芝公園に向かうには、狸穴の急坂を下って古川沿いに行くか、飯倉交差点まで行ってそこから緩い坂を降りていくかのどちらかであろうが、敢えて深い谷を降りたことで、事件を起こしやすくしたものと思われる。現在でも狸穴は、ロシア大使館やアメリカン・クラブの巨大な施設群の陰でどこか森閑とした空気を漂わせている。二件目・台地の下にある芝の勧工場。それまでの相対売りの商慣行から、商品陳列形式に移行しつつある時期に各地にできたのが勧工場である。いわば百貨店の先駆形態である。商品が事前に展示・陳列されていることから、気軽に冷やかすことができるため、多くの客を集めたという。そこを会場にして婦人慈善会、いわばバザーが開かれたのである。三件目・台地上の市兵衛町の在原邸、四件目・芝の勧工場、五件目・永田町の深川邸、六件目・鮫ヶ橋（一部、四谷見附）の貧民街、七件目・駿河台の御隠居の館、八件目・番町の小浜照子の屋敷、九件目・四谷油揚坂の宗

表6－1　鮫ヶ橋の戸数と人口構成（明治31（1898）年か）

町名	戸数	人口	男	女
谷町一丁目	707	2540	1472	1068
谷町二丁目	432	1502	816	686
元鮫ヶ橋	42	185	92	93
鮫ヶ橋南町	184	737	392	344

横山『日本の下層社会』より。

福寺、一〇件目・四谷油揚町の道中と永田町の深川子爵邸。一件目から七件目までは、台地の上と下が交互にロンド形式のように繰り返される。八件目から一〇件目は台地の上ではあるが、四谷油揚坂は鮫ヶ橋に隣接する場所であるから、対照性は担保されているといえよう。

華族の邸宅は、麻布市兵衛町、永田町、番町、駿河台に立地している。いずれもかつての武家地（大名屋敷・旗本屋敷）が展開していた場所で、明治になって武家から上地され華族に分配されたものである（松山 2019）。他方、四谷・鮫ヶ橋は上野・万年町、芝・新網町と並ぶ明治期の東京三大貧民街の一つとして知られる。高燥な前者に対し後者は低湿な場所といえる（現在はもうその面影もないが……）。貧民の居場所は谷底の裏長屋がひしめく一体である。横山源之助によれば、東京にあまたの貧民部落あれども「東京の最下層とはいずこぞ、曰く、四谷鮫ヶ橋、曰く下谷万年町、曰く芝新網、東京の三大貧民窟すなわちこれなり」ということである（同27）。

（2）筆者は先に岡本かの子の「金魚繚乱」を取り上げ、そこで描かれている麻布あたりの谷底と台地の社会階層的対照性について論じたことがある（大城 2015）。参照されたい。

横山源之助『日本の下層社会』に載っている三貧民窟の戸数と人口構成を表6-1で示してみる。一八九八年段階の数値であるが、鮫ヶ橋全域では、戸数が一三六五戸、人口は四九六四人。男二七七二人、女二一九一人（数値が一人合わないが）であった。下谷万年町は一丁目と二丁目を足すと、戸数八六五戸、人口三八四九人、男二一一〇人、女一七三九人、芝新網町は、戸数五三二戸、人口三二二一人とある。鮫ヶ橋については、「住民は日稼人足、および人力車夫最も多し」とある。新網町は「もとより日傭人足・車夫・車力多しといえども、あたかも万年町に屑拾多きがごとく、新網は四谷天竜寺〔新宿南町〕門前と同じく、かっぽれ、ちょぼくれ、大道軽業・辻三味線等の芸人多きは特色なるべし」という。

これら貧民窟は、道沿いの商店の並びから「ひとたび足を路地に入れば、見る限り襤褸《ぼろ》を以て満ち余輩の心目を傷ましめ、かの馬車を駆りて傲然たる者、美飾靚装して他に誇る者と相比し、人間の階級かくまで相違するものあるかを嘆ぜしむ。ついてその稼業をみれば人足・日傭取最も多く、次いで車夫・車力・土方、続いて屑拾・人相見・らおのすげかえ・下駄の歯入れ・水撒き・蛙取・井掘・便所探し・棒ふりとり・溝小便所掃除・古下駄買・按摩・大道講釈・かっぽれ・ちょぼくれ・かどつけ・盲乞食・盲人の手引等、世界あらゆる稼業は鮫ヶ橋・万年町・新網の三ヵ所にに集まれり」とある。三大貧民窟それぞれに職業的な特徴があったことがわかる。だがともに多いのは人足・日雇い労働者や車夫・車力、土方であった。

四　鮫ヶ橋の説明

ところで、この小説のなかの鮫ヶ橋の貧民並びに貧民街の描写は壮絶である。少々長くなるが引用してみよう。まずは六六館に乗り込む貧民たちの様子である。「朽葉色《くちばいろ》に垢《あか》附きて、見るも忌わしき白木綿の婦人《おんな》の布を、篠竹の頭《さき》に結べる旗に、（厄病神）と書きたるを、北風に煽らせ、意気揚々として真先に歩むは、三十五六の大年増、当歳の児《こ》を斜に負うて、衣紋《えもん》背の半《なかば》に抜け、帯は毒々しき乳《ち》の上に捩上《よれあが》りて膏切ったる煤色の肩露出せり。顔色青き白雲天窓《しらくもあたま》の膨脹だみて、頸は肩に滅入込み、手足は芋殻のごとき七八歳の餓鬼を連れたり。次に七十二三の老婆、世に消残る頭《かしら》の雪の泥塗《どろまみれ》にならんとするまで、太《いた》く腰の曲りたるは、杖の長の一尺なるにて知れかし。這うがごとくに、よぼよぼ。続くは十五六の女、蒼面、乱髪、帯も〆めず、衣服も着けず、素肌に古毛布を引絡いて、破れたる穴の中よりにょッきと天窓《あたま》を出だせるのみ、歩を移せば脛股《けいこ》すなわち出ず、警吏もしその失体を詰責せんか、我は貧民と答えて可なり。〔中略〕中陣には音楽家あり。破《やぶれ》三味線、盲目《めしい》の琴、南無妙太鼓、四ツ竹などを、叩立て、掻《かき》鳴して、奇異なる雑音遠くに達《いた》る。梶棒を取れる屠犬児《いぬごろし》、籠を担える屑屋、いずれも究竟《くっきょう》の漢《おのこ》、隊の左右に翼たり。また先刻《さき》に便所より顕れしお丹といえる女乞食、今この処に殿《しんがり》せり。総勢数えて三十余人、草履あるいは跣足《はだし》にて、砂を蹴立て、埃を浴び、一団の紅塵瞑朦たるに乗じて、疾鬼横行の観あり」。

図6-12　鮫ヶ橋の風景
『風俗画報』より。

お丹が引き連れた貧者の行列の構成員が具体的に描写されている。三五～六歳の大年増とその子供、七二～三歳の老婆、一五～六歳の女、痩せた犬、音楽家（三味線、琴、太鼓、四つ竹）犬殺し、屑屋、総勢三〇人余り。それぞれの描写が誇張気味に戯画化されているとはいえ、着るものさえろくになかった様子や貧民窟に音楽関係者がいたこともわかる。辻音楽士のようなものであろうか。そして手下の用心棒らしき男供を左右に配し、お丹は最後尾に位置している。この御一行が、井上馨的かつ鹿鳴館的な着飾った洋服姿の女性が闊歩する世界に、脅迫めいて乱入していくのである。

つぎに、その彼ら貧民の職業について、駿河台の御隠居を鮫ヶ橋まで連れてきた車夫の三吉の語りから見てみよう。黒瀬ぬいを探すため鮫ヶ橋の長屋を物色し、店の看板を読んでいるところである。「打撲《うちみ》、挫《くじき》、整骨、困る人には施行療治いたし候。西の内二枚半に筆太に、書附けたる広告の見ゆる四辻へ、侠《いなせ》な扮装の車夫一人、左へ曲りて鮫ヶ橋谷町の表通、軒並の門札を軒別に覗きて、「黒瀬ぬい、と、ええ、黒瀬と、さっぱり知れねえぞ、こっちは土方職、次は車力、引越荷車仕候か、お次は何だ、鋳掛屋かい、差替りまして蝙蝠傘直、さあさあ解らねえ。ふむまた売卜《うらない》乾坤堂、天門堂とすれば可い、一《ひと》つ番みてもらいたいくらいだ、向は仕立屋、何、仕立物いたしますか、これは耳寄、仕立屋に（ぬい）が居ようも知れねえ」」。打ち身・ねん挫・整骨の治療、土方、車力、車夫、鋳掛屋（鍋・釜の修理）、傘直し、占い、仕立て屋等、実に多様な仕事請負の生業の様子も描かれている。鮫ヶ橋の貧民街は単なる木賃宿街ではなく、そこで様々な職をもった人々が店を開いていたことがわかる。単に寝泊まりするだけの空間ではなく、生業がそこで営まれている生活空間であったのだ。図6-12はその風景を描いたものである。

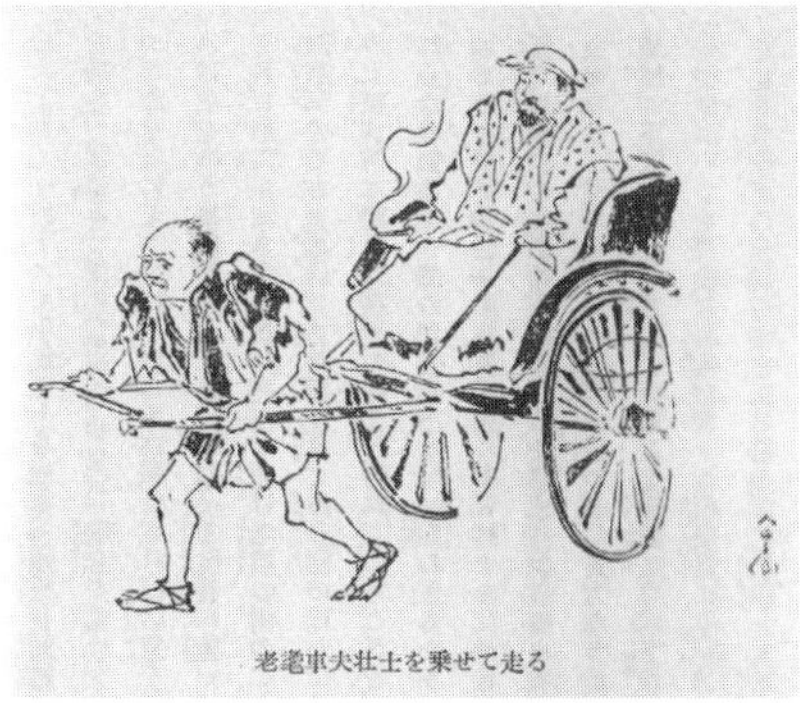

図6-13　車夫

『最暗黒の東京』より。

ちなみに先の三吉は車夫であるが（図6-13）、この車夫と似たような字面の車力は異なる職業である。車夫は人力車を引くものであり、車力とは大八車で荷物を運ぶものである。松原によれば「車夫の営業は飢寒窟〔貧民窟のこと〕中にあってやや活發のものたり」という（松原 1988：64）。また

図6-14　残飯屋の風景
『最暗黒の東京』より。

横山によれば車夫にも「おかかえ・やど・ばん」といった区別があるという。「おかかえ」は「月にいくらと約束を定めて紳士の家におかかえとなり、あるいはその家に寄宿し長屋一つを与えられるものもあれば、あるいは他に家を有して日々主人の許に勤むるもあり」。「やど」は「一名部屋住み車夫と呼ばるる者」で、この両者は「生活に気楽なる者」と横山はいう（同 41）。「ばん」は「一定の駐車場に簇れる一段の株車夫」で、一種の組合のようなものに属し積金の義務がある。だが人力車夫中最も多数を占め、かつ貧民窟と関係あるものは「もうろう」という。「ばん」に加入しているものもあるが貧民街に住む車夫の七、八割は所属の定まらない「もうろう」に属していたという。鏡花の『貧民倶楽部』には三吉のような華族お抱えの車夫とそうではない車夫との対立の様子も描かれている。車夫の中にも階層性があったのである。

松原岩五郎は最初下谷万年町に入って潜入調査ないしは参与観察とでもいうべき調査を行うが、次いで四谷鮫ヶ橋に移る。鮫ヶ橋で彼は「予て聞き及びたる親方株の清水屋弥兵衛といえる人を尋ね」（同 8）、残飯屋で働くことになった（図6-14）。松原曰く「諸君試みに貧民を形容するに元といかなる文字が良く適当なりとみる。飢寒、襤褸（ぼろの衣服）、廃屋、喪貌、しかれども予はこれが残飯ま

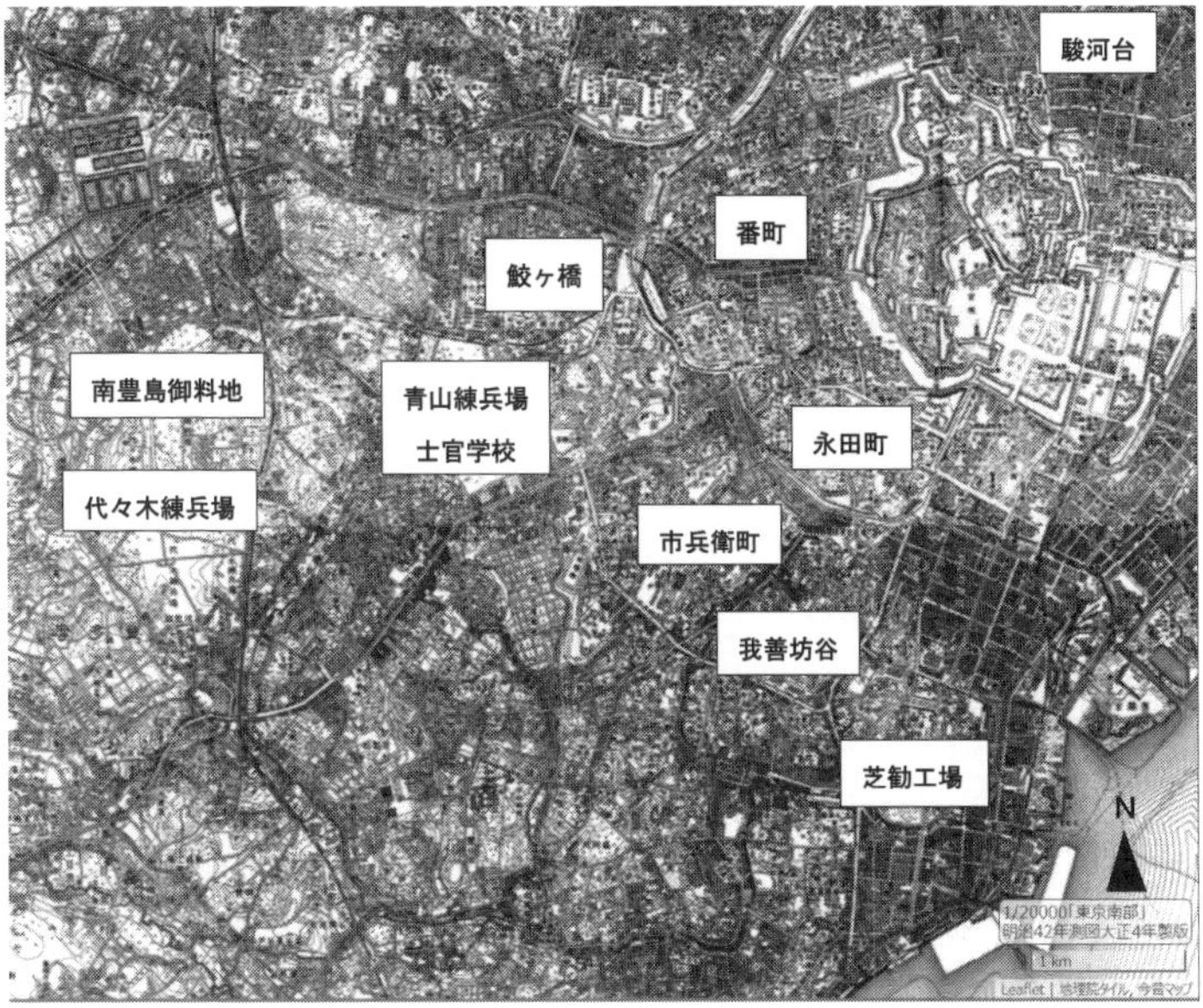

図6-15　『貧民倶楽部』・『最暗黒の東京』関係図
今昔マップ：1896～1909年に加筆。

たは残菜なるの二字の最も痛快に最も適切なるを覚わずんばあらず」というほどに、貧民街といって想起するのは残飯なのだと。彼の働いた傾斜した残飯屋は家屋が傾いていてほとんど転覆しそうなほどで、不潔な器具が並んでいたという。この残飯こそが、鮫ヶ橋住民にとって非常に重要な日々の糧であった。供給先は青山にあった旧陸軍の士官学校であり、その裏門から入って、「三度の常食の剰り物〔兵隊飯〕を仕入れて帰る」のである。残菜〔残り物のおかず〕の他、汁菜、沢庵漬の切れ端、食パンの屑、魚の骸《あら》、焦げ飯、などがそのメニューである。

　ちなみに図6-15の中央にあるのが青山練兵場、その敷地の東南角に陸軍大学（士官学校）が立地している。鮫ヶ橋はそのすぐ北東に位置していることがわかるだろう。ちなみに図の左側（西）にあるのは代々木練兵場と南豊島御料地（のちに明治神宮の敷地となる）、その南端に衛戍監獄（現在の渋谷区役所付近）があるが、この施設のすぐ南側に国木田独歩は半年ほど暮らしたのである。そして、われらが田山花袋と岸田劉生の住んだ代々木山谷町は南豊島御料地のすぐ北西である。比較的広い土地（ほとんどが農地）があったからそこに軍の施設ができたわけで、つまりそこは江戸の外側であったことになる。だから、貧民街・鮫ヶ橋は江戸の西のはずれに立地していたわけである。

鏡花の小説に見られるように、華族の屋敷からそう離れてはいない場所に、高低差をもって貧民街が発展していたことは興味深い。郊外住宅地の発展を未だ見ない「都市」東京の拡大前夜にあっては、両者の居住空間は意外に近接していたことがわかる。

五　我善坊谷の再開発から

鏡花の『貧民倶楽部』で描かれた舞台は、現在どのように変化していったのだろうか。成り上がりの華族によって占拠された台地の上も「貧民」の拠点である谷地も一緒くたにされてしまった。もはやそうした過去は抹消され、ただただ未来（どんな未来なのだろうか?）へとむけて大規模な改変作業が行われている。この土地の文脈も系譜も、ことごとく消えていく。コンクリートで覆われた下末吉

図6-16　我善坊谷の風景

三年坂の階段を降りると谷底。スカイラインの建築物群は台地上にある。2016年3月筆者撮影。

面と、それと連動する特徴的な深い谷戸は、すでに毛利藩邸の屋敷跡にできた東京ミッドタウンがそうであるように、その「地」を感じられることもなく、薄っぺらな皮膜で覆われて窒息させられるのだろうか。

いや、逆に見ると、これはあるいは都心から低所得層のみならず中産階級すら追い出す、新たな大名屋敷化といえるのかもしれない。一九八〇年代以降の資本循環の新自由主義の風に煽られ、戦前、また高度経済成長期にあったような在り方とは異なった開発の仕方――とりあえず予定された敷地の中を全部白紙にし容積率の高い建造物を中核として多少のアメニティ空間を配備する、そこだけで一つの完結した閉じた街にするといったプラン――で推し進められているこの流れは、湾岸地区のタワーマンション群とは大いに異なったコンセプトを持っている。それまでそこにあった土地の文脈などお構いなしの「新たな街」の創出が大規模に行われているのである。

図6-17　建設中の我善坊谷界隈の写真

右手の高層ビルがこの再開発プロジェクトの中心的なビルで谷底から右岸側の台地にかけて建設中。左手は谷の左岸の台地上にあるビル群。谷はこの真ん中を走っている。2021年7月筆者撮影。

筆者はかつて我善坊の谷の「街殺し」について触れたことがある（大城 2009）。現在Mビル社の大規模再開発によって、かつての町並みは完全に破壊され、巨大なビル群が構築されつつある。先に述べたように、それまでの小区画の街区をいったん均して、大規模な底地からなる巨大ビルを中心に全面的に改良していくもの（赤坂アークヒルズ、六本木ヒルズ、虎ノ門ヒルズなどと同じ手法）である（図6-16、図6-17）。港区でとくに盛んであるが、こうした大規模再開発はこれからも増えていくことだろう。明治神宮外苑の再開発の話も耳に新しいはずである。都営アパートや公園などの公共空間が、資本の力によって、収益の見込める商業化された空間に転換させられていくのである。

東京は郊外、とりわけ西部への都市部の拡大が明治の終わりこの方続いてきたのであるが、先に触れたように一九八〇年代になって都心の再開発が進められるようになってきた。現在では、湾岸地区の倉庫用地や製造業の巨大工場の跡地の空閑化に取って代わるべく、高密度のタワーマンションが林立している。水平に西へと向かっていた人口とそれに対応して造成・建設されてきた新興住宅地とが、今日の都心回帰の機運によって、都心付近の埋め立て地の土地利用のリニューアルによって垂直方向に増加し、建設されているのである。

改めて東京の都市の物理的・社会的縁辺部に文学者や画家が興味を持ったこと、また実際にそこに居住していったことは注目に値する。「それまでにはなかった何か」「元からあるはずなのに見ようとしてこなかった何か」がそこにはあったはずである。日本初のトーキー映画として知られる五所平之助の「マダムと女房」（一九三一年）の舞台は田園調布とされる。そこに映されているのは、いわゆる「お屋敷街」ではない。緩やかな緩斜面上に展開する麦や大豆と思しき畑の広がる中に点々とある「モダン」な住宅群である。しかし驚くべきは、岸田劉生の絵と同じ構図が採用されていることである。右手に白い壁、真ん中に未舗装の坂道、左手に階段状に造成された宅地、そして電柱。この一致を偶然といえるだろうか？　実際、そこで主人公（サラリーマン）に絡まれるのは画家なのである。

また、林芙美子の『放浪記』の出版は一九二八（昭和三）年。主人公が筑豊の木賃宿や新宿南町をはじめとする各地の安宿街を転々として女一人で生き抜いていった様子が、独特の文体でつづられている。安宿や短期就業（今でいう「派遣」のような形態か）の実態が赤裸々に活写されている。他にもまだまだ多くの作品がこの時期の東京を描いている。我々もいま同じ東京を眼にしている。一〇〇年前と何が違うのだろうか？　外観の様相は確かに大きく変化した。超高層のオフィスビルのみならず、タワマンと呼ばれる高層マンションも都心に林立するようになった。だが、その建築の肉体労働を担っているのは誰か、また完成した後の清掃を行っているのは誰か、そこで働き、そこで暮らす人々の就業や生活を支えているのは誰だろうか？　彼らなくして持続できるだろうか？　彼らはどこからやって来たのだろうか？　それは何故なのか？　こうしたことについて想像してみよう。

桐野夏生の小説『ハピネス』（二〇一三年）ではタワーマンションに住む女性たちの間で繰り広げられるマウンティングの様子が描かれている。Netflix の『金魚妻』（二〇二二年）も同様である。上階と下の階の間に階層差があって、それが卑屈なほどに誇張されて描かれているのである。そうしたタワマンの陰で、寝る場所さえままならない人々も東京には多く暮らしている。彼らはまだ可視化されるが、ネットカフェ難民のように前景化されないものの、落ち着いて寝ることのできる空間を得られない人々もまた多く暮らしている。繁栄の光が強ければ強いほどその影もいよいよ濃くなっていくのである。

トマ・ピケティのいうように、一九世紀からの一〇〇年ほどが、社会主義運動や社会主義国家の成立、また資本主義国における社会主義的な政策の実行もあって、貧富の格差が著しく縮小した、人類の歴史にあっては珍しい奇跡的な時代であったのかもしれない（ピケティ 2014）。日本でも、戦後一億総中流といわれた時代はすでに終わり、現在はいわゆる「中間層」の崩壊する時代になっているという（橋本 2020）。そんななか、東京においては、ふたたび「放浪記」のような時代に戻りつつあるのではないかと危惧するところである。ドヤは確かに眼にすることは少なくなってきている。とはいえ、ネットカフェ難民を見ればわかるように、見えない貧困は実はすぐ隣りで生じているのである。ドヤの不可視化が進みつつある。一〇〇年前の輝ける台地の縁の郊外と都心に残された貧民街とを、本章では見てきたわけであるが、現在我々の眼前に広がる風景に、それと同じ風景は見えないだろうか？　聳え立つタワマンと一元的には不可視のネットカフェ難民にそれをなぞらえるのは極論だろうか？

文献

石塚裕道・成田健一 1986『東京都の百年』山川出版社。
泉鏡花「貧民倶楽部」（初出は 一八九五年）、青空文庫。(https://www.aozora.gr.jp/cards/000050/files/50108_72104.html)
大城直樹 2009「ポストモダン都市の遊歩をめぐる諸相」『都市地理学』4：71–78。
大城直樹 2015「地域文化について考える」竹中克行編『人文地理学への招待』ミネルヴァ書房、160–179。
小田内通敏 1918『帝都と近郊』大倉研究所。
川本三郎 2012『郊外の文学誌』岩波書店（初出は二〇〇三年）。
紀田順一郎 2000『東京の下層社会』筑摩書店。
塩見鮮一郎 2008『貧民の帝都』文藝春秋。
田山花袋 1981『東京の三十年』岩波書店（初出は一九二三年）。
田山花袋 1991「東京の近郊」田山花袋『東京の近郊　一日の行楽』社会思想社（初出は一九二〇年）。
中川清編 1994『明治東京下層生活誌』岩波書店。

那須皓 1925「代々木村の今昔・代々木の話後記」柳田國男編『郷土會記録』大岡山書店、116-137。
日本アートセンター編 1998『岸田劉生』新潮社。
橋本健二 2020『〈格差〉と〈階級〉の戦後史』河出書房新社。
ピケティ、T.／山形浩生・守岡桜・森本政史訳 2014『21世紀の資本』みすず書房。
松原岩五郎 1988『最暗黒の東京』岩波書店（初出は一八九三年）。
松山恵 2019『都市空間の明治維新』筑摩書房。
横山源之助 1949『日本の下層社会』岩波書店（初出は一八九九年）。
東京都渋谷区 1966『新修渋谷区史』中巻、東京都渋谷区。
澁谷区役所 1952『澁谷区史』澁谷区役所。

【コラム3】モダン都市研究の拡充と新たなる〈東京論〉のために
南北アメリカ大陸における原近代都市（proto-modern city）を手掛かりとして

廣松　悟

欧州大陸における専制君主国家が、合衆国独立やフランス革命等市民革命期を経て続いた近代市民社会の成立と発展、とりわけ近代民族国家（modern nation-state）の成立を準備したことは、この国の中・高世界史教科書にも書かれた周知のストーリーである。常備軍制を含めた官僚制度、統一通貨を代表とする各種経済メディアの標準化、さらには言語の国語化といった文化的標準化や国民意識（ナショナリズム）の醸成等々、確かに近代民族国家がその成立基盤として一貫して涵養し続けてきたものに他ならない。そのような上記各種国家的装置の起源は中世の分権時代に存在したものではなく、その直前の一七世紀以降に成立したとされる専制君主国家機構に端を発することが少なくないからである。従って、こうした欧州史の長期の歴史的文脈において、確かに専制王権国家は、原近代国家（proto-modern state）とみなされうる存在であるといえる。

それでは、こうした長期の歴史的視点に立った際、社会空間的「定集住形態」（ブローデル）たる近代都市空間の変遷についてはどのように解釈されてきたであろうか。古代ローマ帝国における辺境都市にその起源をもっていることが多い欧州各地の都市では、その後の長きにわたる中世城郭都市段階を経ていることも稀ではなく、さらに先の専制王権時代や引き続いた産業革命以降の工業都市段階、そして二〇世紀中葉以降の脱工業化段階と数多くの段階をほぼ同一の立地上に重層化させてきているため、例えばウィーンの外環道路のように、文字通り「年輪」としてその歴史性を自らの空間上に刻んでいる例は少なくない。

これに対し、南北アメリカ大陸におけるその“Geography”（空間形態及び分布の実態）は大きく様相を異にする。無論いわゆる〈新大陸〉にはヨーロッパ的な意味での一定規模の人口の定集住形態である中世都市は明らかに存在しない。ラテンアメリカ地域にはインカやマヤ、アステカのような文明社会は確かに存在し、都市や集落のシステムもかなりの程度の発達を見てはいたのだが、これもいわゆる旧大陸的な意味での古代都市の在り方とは様相をかなり異にする。その限りでは、南北アメリカにおける都市空間に関する言説が、基本一九世紀に入ってのちの近代工業都市空間としてのそれに限定されていることは、学的客観性を担保する意味からも一応は頷ける事実では確かにある。

一般に英米圏（及びその影響を強く受けたこの国）の「都市地理学」の主な流れでは、都市の空間構造やシステム論の対象としての都市とはあくまで産業革命・工業化段階を経て出現した近代工業都市以降現代に至る実態としてのそれ、であり、産業革命以前の都市空間は、学的分業の一環としてはもっぱら歴史地理学の領域と見做され、ほとんど無視されてきたキライがある。結果として、少なくとも旧世界では古代ギリシャから現代高度グローバル情報化（&パンデミック！）都市空間の有する歴史的意義（たとえば近代都市といった時の〈近代性／modernity〉の本質的意味と意義）に関するギロンには、少なくとも地理学会内ではあまり深堀りがなされてこなかったことは否めない。たとえば、中世から近代都市への移行期である専制君主期における都市形態＝原・近代都市のそれについては、必ずしも地理学的研究上の〈まなざし〉はこれまでさほど注がれてこなかった。専制君主期の典型であるベルサイユ的〈バロック都市〉

のまさにレプリカであるワシントンD.C.（フランス人ピエール・ランファンによって計画される。アンシャン・レジームの象徴たるフランス王権の空間的表象が、世界初の〈市民革命〉を実現した自由のクニであったはずの合衆国の首府であることの大いなる歴史的皮肉！）、同時期に誕生した一定の定集住形態である要塞都市（Fort City）やカトリック・ミッション（mission）の教会共同体等々については、特に南北アメリカ大陸については、それが同時期まさにその王権の拡張の一環として成立してきた明白な歴史的事実にも拘わらず、この国を含む従来の都市地理学の主流的営為からはほぼ無視されてきたように思われる。周辺域であるセント・ローレンス河谷では唯一のヨーロッパ中世的農奴制らしき実態あり、また社会文化的に統括するカトリック教会の枢軸でもあった現在カナダ仏語圏のケベック・シティー（Cite du Quebec）にしても、あくまでベルサイユが仏領北アメリカ植民地を統治する上で地政学上極めて重要な〈扇の要〉的要衝に位置した、という一点で優れて原近代都市の一つに他ならない筈にも拘らず、そうした要素よりも北米における稀なる〈中世都市遺構〉（＝現代グローバル・ツーリズムにとっては一大観光サイト！）的取扱いに終始してきたキライを少なしとしない。

北米における都市地理学テキストでは、欧州諸国の植民地～独立・近代化という単線的歴史理解を大前提とし、イングランド港湾都市のレプリカとしてのボストン以外、植民地時代にはほぼ近代都市は存在しなかったかのような取り扱いも珍しくない。メソポタミア古代シュメール都市遺構（ウル、ウルク等）から始められた都市空間の長期経年記述は、欧州中世都市にも一応触れられはするものの、その後の専制王権による植民地時代は先の事情でほぼ一足飛びに、初期的近代工業都市の代表例である『滝線都市』（Fall Line Cities）等へ一足飛びにワープすることが多かったのである。それ自体は、優れて古典的な経済地理的立地論に良く叶うものではあった。北アメリカ大陸東部アパラチア山脈東麓に広がるピードモント台地と大西洋岸平野の境界部分の瀑布線上には、運河や船荷の積降し場（河岸／河港）が設けられ、水位差による水車動力源を用いた製粉業や製材業等の萌芽的近代工業発祥の場所となり、集落形成は次第に近代工業都市へと発展。他方、水力発電によって生じた電力供給網の普及は、その比較優位性を徐々に失わせ、都市網の空間的拡散を促すことにも繋がったという一連の近代化&歴史・経済地理的ストーリーは、脱工業化グローバル化／コロナ・パンデミック段階のこの国では、流石にあまり言及されなくなってきたようではあるが。実は筆者は駿河台での講義中、〈埋め草〉的に今でもプレ産業革命期における〈地形の役割〉の一環としての〈水車〉の重要性について触れることも比較的最近まではあったのだが、昨今の学生諸氏のあまりの反応の弱さに怖気づくこと少なからず、プレゼン上の工夫もさっぱりできないまま、最近ではそうした言及自体をスルーする様になってしまった……閑話休題。

さて以下では、南北アメリカ（いわゆる欧州における王権＝植民者からみた〈新大陸〉）における上記の原・近代都市の成立と変遷について考えるうえで、少々古くなったが極めて示唆に富んだ二つの映画を参考にしながら、本書のテーマである〈東京論〉との関連についても、筆者の当面の考えを最後に簡単に述べることとしたい。

“The Last of the Mohicans”（一九九二年、マイケル・マン監督）（公開邦題名『ラストオブモヒカン』←原作題は〈モヒカン族の最期／滅亡〉の意なのでこの音訳は少なからず問題！）は、いわゆるフレンチ・インディアン戦争を題材（正確にはそれに巻き込まれた部族滅亡の物語）としており、その後半部分でハドソン河谷ウィリアム・ヘンリー砦（Fort William Henry）の投降シーンがある。ケベック砦の陥落（一七五九年）を通じて最終的には英軍勝利に終わるこの戦役も、直前までは仏軍側が比較的優勢であり、同軍に包囲された英側同要塞が降伏し全員投降していく中で、兵士（英正規軍＋多くは入植農民中心の志願兵＋ネイティブ兵士）に加えて、婦女子や職人層も合せて砦を降りてくる。婦女子の多くは夫不在の入植地の危険（それ故の悲劇の一端も同中で既に描かれていた！）の故に志願兵と共に参加した家族である。いずれにせよこのシーンは、当砦がたとえ一時的ではあるにせよ、一定の定住を前提とした集住形態であったことを如実に示していた。

これに対してカトリック・ミッションは、北はカリフォルニアやフロリダから中南米全域におけるスペイン・ポルトガル植民地の全域に展開していた新たな都市的定集住形態であった。サンフランシスコ（それ自体は黄金橋の橋脚辺りにあったとされる西軍管区跡 presidio がその起源）に残る〈ミッション地区（mission district）〉や大火で焼失したサンディエゴ旧跡、などはその一例である。ちなみにロス・アンジェルスの地は単なる農村だったのでこれには含まれない。それは、教会やそれに付属する修道院や宿舎とともに、自給自足的生活のための農園を含んだ一つの宗教共同体に他ならなかった。ここで、英映画『ミッション』（The Mission、一九八六年、同年カンヌ映画祭で金賞受賞）では、一八世紀中葉のスペイン植民地・ペルー副王領南部辺境のパラナ川中流域で、現在ブラジル、アルゼンチン及びパラグアイ三国の接するイグアスの滝付近に点在したミッションを舞台に、先住民グアラニー族とイエズス会宣教師たちの自給自足的生活実態が丹念に描かれ、王権による同会追放令直前の教区の実態や権力側との軋轢が見事に表現されていた（贖罪感を背負い、ラストでは現地グアラニー族と共同して正規軍及び関連層のミッション潰しに絶望的な抵抗を試みる若きイエズス会使役だった若き日の Roberto de Niro が熱演！）。台本自体は、およそ二世紀

トリニダード遺跡

Las Ruinas de Trinidad パラグアイ・イタプア県、2013年７月10日筆者撮影。同地域では河川国境をなしているパラナ川中流域の、アルゼンチン・パラグアイ両国にまたがって散在するイエズス会ミッション旧跡の一典型。同国では唯一のユネスコ指定・世界遺産でもある。

に及ぶ歴史的事実を合成したフィクションではあるものの、当映画自体は、ラテンアメリカ地域における古代帝国崩壊以降の新たな定集住形態とそれらを取り巻く政治経済的諸関係の少なくとも一端を、明白に可視化した佳作品であったといえるだろう。

映画の話は一先ず置くとして、学問的なアプローチでこうした南北アメリカ大陸植民地期の原近代都市問題を取り扱った研究例で、その代表的な仕事と私が考えるものを以下では二つほど紹介したい。そのひとつは、英仏植民地期における原初的な英領北米植民地（のちのカナダ）における原近代都市（＝法人都市）成立とその政治行政及び法制化の実態について詳細に分析を加えたものであり、少なくともこの労作の執筆当時は都市地理研究者でもあった以下のイシンによる研究である。(Isin 1982)。先のケベック砦陥落以降広大な旧仏領を手中にした英国行政府が、都市史上初めて都市に法人格を付与することを通じて、有効な自領北アメリカ植民地領域統治装置の核とした試みとその効果の実態が現在カナダに残された個別の歴史資料に即して極めて詳細なレベルで明らかにされている。もう一つはラテンアメリカ社会を背景としたものであり、一六世紀後半の第五代ペルー副王フランシスコ・デ・トレドの命令により、かつてのインカ帝国の中核地域であるアンデス圏で約一五〇〇万の先住民が碁盤目状に整然と区画された一〇〇〇以上の町に強制移住させられた、いわゆる〈総集住化〉政策を取り扱った斎藤晃（残念ながら彼は文化人類学出自の様だが）らの以下の研究である（Saito y Rosas Lauro (eds.) 2017）。これら二つの研究は、〈モダニティと空間〉という一般的なテーマを実証的な都市・集落研究の文脈に即して再考したものであり、さらに言えば、モダニティのタイム・スパンをできる限り長期に、少なくとも中世以降専制王権期までは遡及して考えることの必要性を明示的に表したもの、と私は考える。

かつてR・バルトは〈表徴の帝国・日本論〉（一九七〇年）の中で、皇居を〈零点＝無表象〉の場所として描いた。それは歴史的背景分析を全く伴わない彼お得意の〈記号論〉の一次的応用作品に過ぎなかった。バブル期からポストバブル・新自由主義期を経た様々な社会経済上の変容に関する歴史的経験を得た我々は、それに対しどのような新たな論点でこの東京という膨大な空間を受容し、改めて実質的な〈表徴〉として理解すればよいのだろうか。

先の、浅薄と見えなくもないバルトの論に現在の我々にも何らかの示唆があるとすれば、それは彼が外国人として何の忖度もなく、〈皇居〉という空間に改めて着眼したことだろう。〈王権の都〉としての〈都市・東京〉、それは、まさに〈帝都＝東京〉論に他ならない。東京の都市構造変動を、江戸初期の創成期から明治維新を経て現二一世紀の現在に至る長期的視点で改めて捉えなおすことの重要性。そこでは、長期の徳川幕藩体制が一貫して育んだ空間構造の政治行政及び社会的意味（支配体制が江戸空間を通じてどのように江戸市民社会を形成・成形したか）の再吟味と並んで、第二次大戦後の米中心占領軍政ＧＨＱ改革がもたらした空間・社会変容論とともに、期間の点ではるかに重要であるはずの新たな〈帝都／軍都論〉（たとえば前者は薩長閥中心の、また後者は軍部中心の支配体制が新たな空間形成を通じて生み出してきた近代日本社会の形成と成型との連関）が不可欠となってくること、またさらには、それらを俯瞰し長期の都市史を通底する、権力論を内包した我々地理学独自の新たなるメタ・レベルでの空間・社会認識論も改めて求められることになるだろう。

この小稿で触れたテーマは、本来歴史と地理が融合した研究領域であり、その限りでまさしく本学文学部〈史学地理学〉講座が本領を発揮すべきフィールドであると思われる。比較的短期の公共財としての都市〈ポリス〉の広義の財政〈オイコス〉研究を基本的守備とする政経学部の一員である筆者としても、同学講座の錚々たるスタッフの方々の驥尾に何とか付して、皇居にもほど近い駿河台の片隅から何らかの長期的貢献を致すべく念じおる次第、です。

文献

Isin, E.F. 1982 *Cities Without Citizens: The Modernity of the City as a Corporation*, Montreal/NY: Black Rose Books.
Akira Saito y Claudia Rosas Lauro（eds.）2017 *Reseña de Reducciones. La concentración forzada de las poblaciones indígenas en el Virreinato del Perú*, Lima : Pontificia Universidad Católica del Perú.
Barthes, R. 1970 *L'Empire des Signes*, Paris: le Seuil.（宗左近訳、1974『表徴の帝国』新潮社）

第7章　「パリ」という表象の限界と方向転換

東京を考えるために

荒又美陽

一　はじめに

パリは特別な都市である(1)。多くの著者が書いているように、あらゆるメディアにおいて、これほど取り上げられ、描かれ続けている都市はないだろう。あまりにもイメージが出来上がっているために、パリというだけで陳腐に感じられてしまうほどである。歴史の垣間見える街並み、壮大なモニュメント、そして近代化とともに

(1)　一九世紀パリの姿を文学、銅版画、地図などをもとに描いた鹿島（2017）の帯文には「あの特別な街をこよなく愛する人に」とある。それだけで多くの読者が納得する都市はパリぐらいだろう。

に花開いた市民文化や芸術作品。石造りの重厚な街並みのなかで、レストランやカフェ、マルシェ、服飾のブティックや古書店の店主らとの小さなやり取りが積み重ねられる。パリのそのような姿は現実のものであり、訪れればテレビのなかだけではないと実感することもできる。そして、こうしたパリの魅力は、人々を世界中からこの都市に引き寄せ続けている。

しかし、このイメージどおりのパリの姿が、都市の一部に過ぎないこともまた事実である。観光がいかに重要な産業であったにせよ、そこに生きる人々が変化していくなかで、文化のグローバル化の影響がないはずはない。ハリウッド映画の巨大な看板もあれば、マクドナルドやスターバックスなども人気がある。そして、フランス、またヨーロッパ経済の拠点でもあるこの都市には、明らかな貧富の差や、差別構造も存在している。そのような多くの時勢と折り合いをつけつつ、イメージを維持し続けてきたところにこそ、パリの特殊性があるともいえる。

現在のパリのイメージ、表象は、一九世紀以来、念入りに作りこまれ、再生産され続けてきた。それを「パリ神話」と呼ぶこともできるだろう(2)。その力は、この都市を特別なものにし続けてきた。では二一世紀も四半世紀を迎えようとしている現在、それは果たして維持可能なものであり続けているのだろうか。

本章では、近代以降のパリの都市計画の変遷を見つつ、この都市がそれを通じてどのような自己像を創出してきたのかを考察する。それは現在、一つの転換点を迎えているように思われる。パリらしいパリのみでは世界的な影響力を維持しきれないという政治的な判断がなされたのである。パリのたどった軌跡は、一九世紀半ば以降、世界とのつながりを模索してきた東京とも無関係ではない。パリについて考察することは、東京の「これから」について考える手掛かりともなるだろう。

二 モデルとしてのパリの誕生

まずは、中世から一九世紀までのパリを見ていくことにしたい。

現在の私たちから見れば、世界の主要都市の景観はそれぞれ特徴をもって捉えられている。ニューヨークの高層ビルやタイムズスクエア、ロンドンのビッグベンやセントポールズ寺院、シドニーのオペラハウスなど、都市ごとにシンボルとなる建造物や広場が思い浮かぶ。しかし、中世ヨーロッパにおいては、都市景観の違いはそれほど重要ではなかったようである。美術史家のゴンブリッチは、一五世紀末に編まれた「ニュルンベルク編年史」において、イタリアのマントヴァとシリアのダマスカスといった異なる都市が全く同じ版画で表現されたことを指摘している（図7-1）。歴史も主要な宗教も違う合計六つの都市が同じ図版で構わなかったという状況について、[3]ゴンブリッチは都市である

（2） パリ神話については荒又（2011）を参照のこと。

（3） Taschen による複製本では、ダマスカス、マントヴァなどが同じ図版である一方、パリやローマは個別の図版となっている。しかし、パリに描かれている建物についても、何であるか判別がつくものは見当たらない。

図7－1　ゴンブリッチが「ニュルンベルク編年史」から引用した図像
出典：Schedel（2018）。左にダマスカス、右にマントヴァとの記載がある。

ということを表現することのみが重要であったのだろうと推測している（ゴンブリッチ 1979：110）。

しかし、一六世紀には、「見られるもの」としての都市景観は強く意識されるようになっていく。ルネサンスのローマの都市計画にそれは表れている。イタリア戦争（一五二一～四四年）のなかで都市が破壊されたのち（Sacco di Roma）、宗教改革に対抗し、教会の総本山の地としての威厳を取り戻すために、教皇庁はローマで長期にわたる大々的な都市計画事業を行った。放置されていた古代ローマの水道を積極的に活用して都市内の各所に噴水を作り、巡礼の目印として古代エジプトからの戦利品であったオベリスクを広場に飾ることで、古代からの文明の中心というイメージを利用した都市景観を作り出した（ギーディオン 1969：ラスムッセン 1993：河島 2000：竹山 2004）。巡礼者の主要な入り口となる北のポポロ門からは、都市内部に放射状に延びる道路が建設され、都市の広がりや華やかさが視覚的に演出された（図7－2）。これらの都市計画は、巡礼者を通じてヨーロッパ中に伝わり、ローマは長らくヨーロッパ都市の

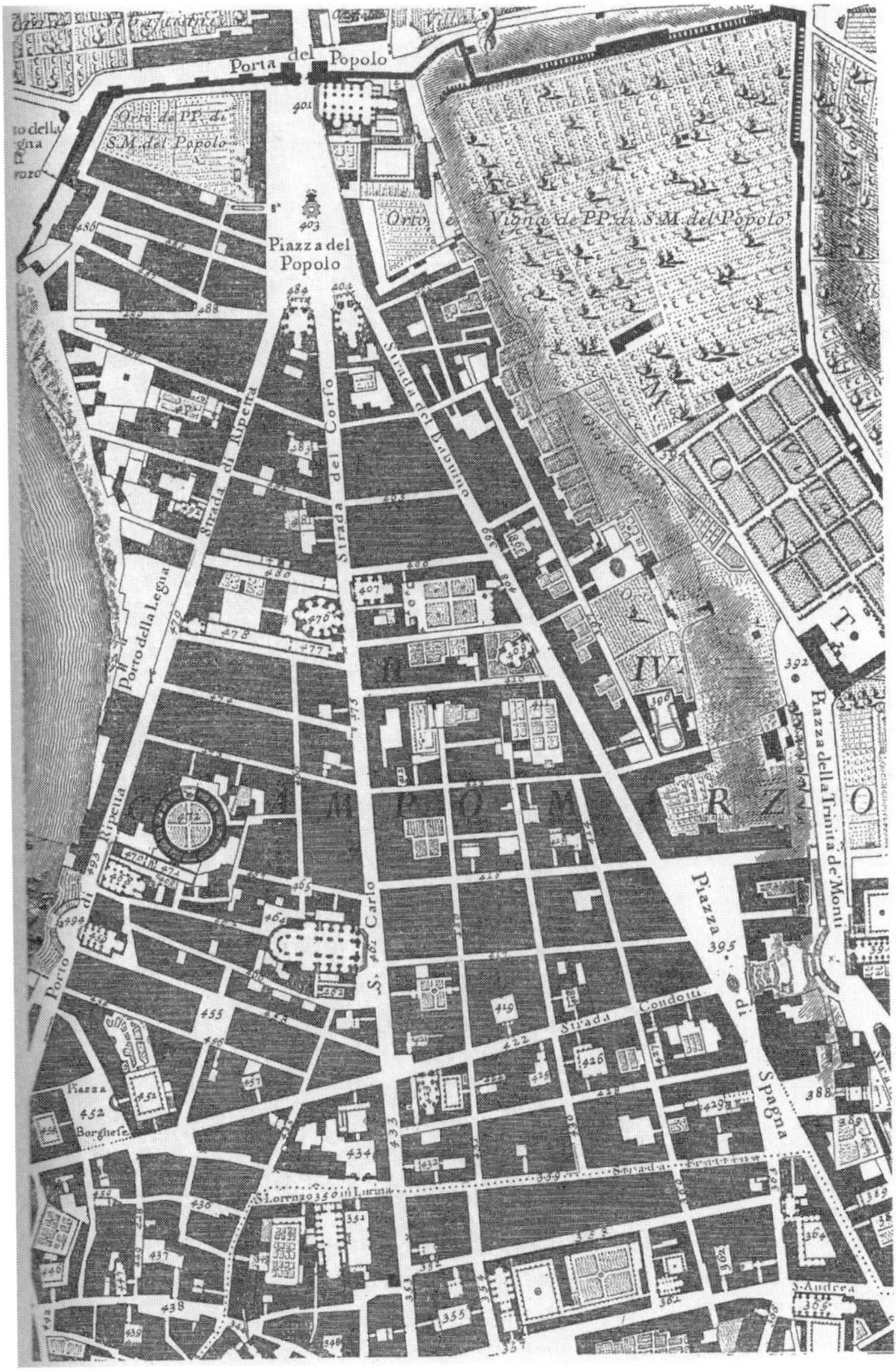

図7-2　ノッリのローマ地図（1748年）

出典：ラスムッセン（1993）。

モデルとなっていく。

フランスの都市景観は、このルネサンス・イタリアの影響を強く受けていく。イタリア戦争の当事者であったフランソワ一世は、古典古代に倣ったイタリア諸都市の景観に感銘を受け、ロワール川沿いに城を建設するとともに、パリでは中世の城塞であったルーヴルをルネサンス風に改築し始めた。続くアンリ二世、そしてアンリ四世のためにメディチ家から迎えられた二人の王妃は、イタリア貴族の邸宅の流行をパリに持ち込み、それぞれテュイルリー宮殿（焼失）と庭園、リュクサンブール宮殿と庭園を作らせた。ルイ一四世は、芸術アカデミーを創設し、優秀者にローマ留学の機会を与えて学ばせ、イタリアの芸術をフランスで再現する仕組みを作った（ローマ賞）。彫刻や絵画などの芸術作品、それが飾られた邸宅や庭園のつくりなどから、その効果はパリでも随所に見ることができる。イタリアを占領したナポレオンは、戦勝記念碑の形を古代ローマに習い、ヴァンドーム広場の円柱（図7-3）や凱旋門を作らせた。革命時にギロチンが設置された広場には、その後の一八三六年にエジプトから運ばれたオベリスクが設置された。パリの都市景観には、ローマへのあこがれが満ちている。

しかし一九世紀に入ると、フランスにおけるローマの地位は、安定的なものではなくなってくる。たとえば一八二六年にイタリア旅行をしたスタンダールは、『イタリア旅日記』のなかで、ローマへの失望を次のように述べている。

僕たちはあの有名なポポロ門からローマに入った。ああ、何て僕たちは騙されやすいんだ！　そ

図7－3　ローマ・トラヤヌスの円柱（左）とパリ・ヴァンドームの円柱（右）
筆者撮影。

れは僕の知っているほとんどすべての大都市の入口よりも劣っている。エトワール凱旋門を通ってのパリの入市にはるかにおよばない。現代のローマでラテン語をひけらかす機会を見つけ出した衒学者が、僕たちを説得してそれが美しいと信じさせた。これこそ永遠の都の名声の秘密である。（スタンダール 1992：122）

少し年下の作家バルザックにとっても、ローマはもはや憧れではなかったようである。彼の作品の登場人物であるシルヴァン・ポンスは、音楽でローマ賞を受賞して留学した末に、骨董品の蒐集癖を身につけて帰国し、生活が破綻している（『従兄ポンス』一八四七年）。少なくともローマはもはや、必ずしも栄光を意味するのではなくなっている。

ローマへの失望の背後には、以前に比して多くの人びとがイタリア旅行に行けるようになり、経験が陳腐化したこともあっただろう。しかし、そこにはより大きな時代の変化が投影されていたと思われる。当時、都市はそれまでとは全く異なる要請——つまり、近代化、工業化——に迫られていた。もはや、ローマに学びに行くことでは、その状況に対応するための解答は得られなかった。新しい都市モデルが求められていたのである。

一九世紀のパリは、それを提供する主体となった。工業化とともに、フランス革命以降の混乱が続くなかで、パリには農村から都市への大規模で急速な人口移動が起き、密集化が進んでいた。一八三二年におけるコレラの大流行は、とりわけ密集度の高い地区で死者を多く出した。都市の衛生状態を改善するために、迷路のように入り組んだ区画を取り壊し、直線的で広幅員の道路を建設して換気と日当たりをよくすることが必要だとする、衛生主義的な考え方が都市を変化させ始めた。

一九世紀後半、第二帝政期のパリでは、都市内全域において、一気に取り壊しが行われた。いわゆる「オスマンの都市改造」（一八五三〜七〇年）である。上下水道の設置や緑地の整備、都市域の拡大も行われた。そこではルネサンスのローマのような放射状の街路の建設による威信ある都市景観も創出され、また古代遺跡の発掘も行われたが、それはもはや全体のごく一部に過ぎなかった。オスマンの都市改造は、近代化のなかで都市を作り直す事業だったのである。

この都市計画は、世界から注目された。とりわけ、同時期にやはり工業化を推進するために行われた万国博覧会によって、パリの急速で大々的な開発の成果は広く知られるようになった。以降、各地でパリを模倣する都市計画事業が行われるようになった（ショエ 1983）。明治維新後の東京も例外ではなく、パリのような都市計画をどのように取り入れるかは長く議論され続けることになった（藤森 1990）。

こうして、一九世紀のパリは、もはやローマを参照するのではなく、独自に都市の在り方を創出することとなった。パリの試みは、ベンヤミンが「一九世紀の首都」と呼んだように、近代化＝資本主義化する都市のモデルとなった。その急速な変化は多くの芸術家たちに刺激を与え、またそれが芸術家たちをこの都市に引き付けるようになっていた。こうして、一九世紀から二〇世紀初頭のパリのイメージは、文学作品や印象派をはじめとする絵画などの芸術作品を通して、世界に発信された。写真技術、映画技術も一九世紀のパリに誕生し、そこに貢献していく。パリはこうして、様々なメディアを通じて生産された表象によって理解されるようになった。パリ神話の始まりである。

三　二〇世紀のパリとシカゴ・モデル

パリが一九世紀に都市計画のモデルを提供したのは、既存の都市を取り壊し、大々的に再開発したことによっている。通常、既存の都市には既存の権利関係があり、大きな変化には長期にわたる交渉と莫大な費用が必要になる。オスマンの都市改造は第二帝政という体制と超過収用（事業に必要な土地を広く買い上げ、残った土地を払い下げること）によってそれを可能としたが、後期にはそこに批判が集まっていた。第三共和制（一八七〇〜一九四〇年）は、オスマンの計画を引き継いでいたが、事業の速度は大幅に落ちることとなった。

しかし、都市人口はその後も増加しつづけた。それにいかに対応するのか、新たな考え方が必要になっていた。

一九世紀から二〇世紀の世紀転換期には、都市の人口増加に対処するために、世界的に様々な都市計画思想が提示された。イギリスでは、エベネザー・ハワードによって、田園都市の建設が提案された。大気が汚染され、物価が高い都市を離れ、他方で農村のように仕事がなく、娯楽や衛生設備がないわけでもない、両者の良い部分を融合させた空間（＝田園都市）を作り出すべきだとの考えである。それは人口集中を新たな都市建設によって水平に分散させる思想であった（ハワード 1968）。

他方フランスでは、ル・コルビュジエによって、都市を高層化して人口集中を拡散することが提案された。「人口三〇〇万の現代都市」に必要なものを検討したうえで、彼はパリの中心部のほぼ全域を取り壊し、面積にして五％部分に集中して建造物を作る以外は、すべて公園や道路などにできる程度に建物を高層化することを提案した。出資者の名をとってヴォアザン計画と呼ばれるその提案は、共産主義的とも見られたようである（ル・コルビュジエ 1967：279）。

都市を水平に広げて分散させることと、垂直に伸ばして集中させることを二つの極端なモデルとするなら、パリにおいて実際に採用されたのは、その両方でもあり、どちらでもなかった。第二次大戦後のフランスの都市計画方針は、都市の中心部を保存しながら、郊外の開発を進め、そこで高層化を進めたのである。一九五八年に都市周辺部の再開発および郊外の大規模な都市化に関する法律が策定され、数千戸で構成される住宅団地が次々に誕生した一方、歴史的な建造物の多い中心部は複雑な制度によって保護されている。

今から見れば、パリの中心部が保護されていることには不思議はないように見えるかもしれない。しかしそこに至るには、様々な思想と実践のせめぎあいがあった。第二次大戦後から一九七〇年代前半までの時期は「栄光の三〇年」ともよばれるフランスの高度成長期であった。パリを現代の都市生活に合わせて改変すべきか、保護すべきかは、大きな議論を呼び起こしていた。

この時代のパリを概観すると、保護よりもむしろ開発が優先されていたことを見て取れる。一九六二年成立のマルロー法が、マレ地区などの歴史的な街区を保護することを決めた一方、隣接したレ・アル地区は、パリと郊外を結ぶ交通の拠点として再開発されることとなった。保護するところをはっきりさせることで、それ以外の地域は再開発されていったのである。一九世紀には芸術家が集まる地域として知られていたモンパルナス地区に、二〇〇メートルを超えるタワーが建設されたことも象徴的な事例である（図７‐４）。

同じ時期にパリ市内に自動車道路網を建設する計画も立てられ、セーヌ川沿いの一部で実現した（図７‐５）。これを推進した首相、のちに大統領となったジョルジュ・ポンピドゥー（大統領任期一九六九〜一九七四年）は、高度成長に合わせて首都を改変していくことにためらいがなかった。現代文化の発信のために、パリの歴史的な中心部に前衛的な外観を持つポンピドゥーセンターも建設させた。

図7-4　凱旋門から見たパリ（左奥の黒いビルがモンパルナスタワー）

図7-5　セーヌ川沿いの自動車道

図7-4、7-5とも筆者撮影。

パリ西郊のデファンス地区がビジネスセンターに改変されていったことも、歴史的な中心部に手を付けないという意味で、急速な開発を可能にするものであった。

このような状況について、モンパルナス地区の再開発に携わったピエール・デュフォーとマレ地区の保護事業に携わったアルベール・ラプラドという二人の建築家による議論を見てみたい。「パリの解体」をテーマに、二人はそれぞれ賛成と反対の立場を示し、一つの本として出版された（Dufau/Laprade 1967）。デュフォーは、ドイツの将軍コルティッツが戦争中にヒトラーの指令に従わず、パリを破壊しなかったことは一般には評価が高いが、むしろパリ再開発の機会を奪ったものとして非難してみせる。そして、「パリ神話」を作り出したバルザックら一九世紀の作家たちを問題の責任者だとし、歴史的街区を作ることなど建築を強制収容所に入れるようなものだと強烈な比喩によって批判した。対してラプラドは、近隣の建材と地元の技術で建造物が修復されていた古い時代と異なり、現在はすべて取り壊して真新しいものが作られてしまうことを指摘し、芸術的なものが「反動的」とみなされ、技術ばかりが「共和主義的」(4)とされると応対する。それぞれに支持者がおり、どちらに進んでも不思議はなかったといえる。

結果として、ポンピドゥー大統領の病死とオイルショック後の不景気は、続くジスカール＝デスタ

（４）フランスでは「共和主義的 républicain」という形容詞は平等や民主主義とほぼ同義でしばしば用いられる。

ン大統領の時代（任期一九七四〜一九八一年）において、パリの大きな改変を押しとどめる方向に都市計画を動かすこととなった。道路網整備計画は中止され、一九七七年にはパリの眺めを維持するための厳しい規制（フュゾー規制）も実現し、パリ中心部に高いビルを建てることは実質不可能となった（和田・鳥海 2000）。ジスカール＝デスタンは歴史的な建造物を再利用することに熱心であり、旧オルセー駅を美術館に改修するなどの計画も立てた。

二〇世紀において、都市の見方や研究方法についてモデルを提供したのは、もはやパリではなく、シカゴであった。工業化のなかで、シカゴは一世紀の間に、人口が四五〇〇人程度の港町から、高層ビルが立ち並ぶ人口三六〇〇万人の、アメリカ合衆国第二位の巨大都市となる（山口 2006：松本 2021）。そこではシカゴ大学を中心として、急速に変化する都市を理解するための様々な研究が行われた。移民や都市構造、下位文化などの研究は、現在までその「シカゴ学派」社会学を代表する研究と見られている。シカゴ学派の創設者の一人ともされるE・バージェスが一九二〇年代のシカゴをモデルとして提示した「同心円モデル」では、中心部（CBD）の外側の遷移地帯にスラムが形成され、その外側に労働者の居住地があり、さらに外側に中産階級が住むという都市構造が示され（バージェス 2011）、世界の多くの都市でそれに当てはまるかどうかの検証が行われた。

歴史的な中心部を保護し、威信を維持したパリは、このモデルに当てはまらないとされる。明らかなビジネス街であるデファンス地区はパリの外側にあり、郊外への居住は必ずしも中産階級が求めるものではない。英米圏でいう「白人の逃避《ホワイト・フライト》」（中産階級の白人が大気汚染や住宅の劣化がひどい都市中心部を離れて郊外居住を選択する現象。低所得層に有色人種が多いこともそのイメージに含まれている）はパリでは起きず、それは行政によって中心部の製造業が維持されたからだとの見解もある（Claval 1981）。他方、栄光の三〇年の再開発を検証した社会学者Ｍ・カステルは、開発の進んだ地区が他の地区よりも荒廃していたのではなく、また水道や衛生設備などの施設に問題があったのでもなく、高齢者や半熟練・肉体労働者、外国人、女性の労働、アルジェリア人（つまり移民）が多いという社会的条件に特徴があったことを明らかにした（カステル 1984）。シカゴ学派の生態学的な都市観を否定し、マルクス主義的な観点を都市研究に取り入れた「新都市社会学」は、パリの差別構造をも明らかにした。中産階級の中心地居住が維持されたのは、こうした構造に基づく再開発の結果でもあった。それは結果として、パリの一九世紀以来の表象を維持させ続けることになった。

東京は、第二次大戦の空襲によって歴史性が失われ、高度成長のなかで、パリと比較すれば近未来のような都市になっていた。都市の中心部を立体的に走る首都高速道路は、ヨーロッパ都市から見ればあまりにラディカルであり、ＳＦ映画「惑星ソラリス」（アンドレイ・タルコフスキー監督）でそこを通る風景が長く用いられたことはよく知られている。西新宿には「超高層ビル」が立ち並び始めた。都市圏は縦横に拡大し、都心から五〇キロもの地も効率的な鉄道網により通勤圏となった。二〇世紀の終わりに、フランスの首相エディット・クレッソン（在任一九九一〜一九九二年）は、日本人は蟻のようで、通勤に二時間かかる小さなアパートに住むなどヨーロッパの文明からは受け入れがたいと発言したとされ（*Los Angeles Times*, July 23, 1991）、その差別意識と自文化中心主義は物議を醸したが、東京がフランスの首都から見て理解しがたい都市となっていたことは、景観を比較しても疑いないところだろう。

四　パリはグローバルシティか

オイルショック以降、フランスの不景気は続いた。ジスカール・デスタン大統領は二期目の選挙で敗れ、左派のフランソワ・ミッテラン大統領が選出された。イギリスではサッチャー、アメリカ合衆国ではレーガンという、福祉よりも経済成長に力を注いだ新自由主義的リーダーが登場した時代にあって、フランスはやはり特殊と見られていた。公共事業の民営化が各国で進んだ時代に、ミッテランは当初、企業の国営化を進めさえした。しかし、その政策はすぐに行き詰まり、彼の二期一四年にわたる政権（一九八一～一九九五年）の間に、左派は総選挙で二回敗れ、首相と内閣が右派になる「ねじれ（コアビタシオンと呼ばれる）」が生じた。それは、フランスで左派と右派の政策の違いが見えづらくなった契機にもなったとされる（中島 2010）。

ミッテランがパリの都市計画に関連して行ったことにグラン・プロジェがある。ルーヴル美術館の改修（図7-6）、オルセー美術館の開館、またバスティーユのオペラ座、デファンスの新凱旋門、アラブ世界研究所、ヴィレット公園、大蔵省新庁舎、国立図書館新館の新築など、パリにそれぞれ有名建築家による多くの文化施設を建設させた。ルーヴルの改修の際に、新しい入り口として設置される

図７－６　ルーヴル美術館

筆者撮影。

ことになったガラスのピラミッドは物議を醸し、建築家をコンペにかけずに選んだミッテランは、古代エジプトのファラオのような強権を発動したとして、大きな批判もあった。他方で、一九七七年にパリ市長に選出された右派のジャック・シラクも、レ・アル地区のショッピングモールに続いてベルシー地区の体育館を建設し、八〇年代のパリは公共事業にあふれていた。シラクは、ミッテランの次の大統領（任期一九九五～二〇〇七年）となり、アジア・アフリカ・アメリカの先住民あるいはローカルな文化を紹介するケ・ブランリー美術館（図7-7）を建設させた。

しかし、現在から見れば、パリがこのような公共的な文化事業を世界に発信し、特殊性を体現していたのは、この時代までであった。一九八八年にパリ近郊にディズニーランドが開園したことは、アメリカのモデル、また民間主導の文化発信が支配的になっていく端緒でもあった。その後、パリにおける都市計画事業は、

図7-7　ケ・ブランリー美術館

筆者撮影。

世界的な潮流とのすり合わせとなっていく。

サスキア・サッセンが一九九一年に発表した『グローバルシティ――ニューヨーク、ロンドン、東京』は、脱工業化と通信技術の進展の時代に、なぜ金融や専門サービスが大都市に集中し続けるのかを解き明かそうとした本である。そこでは、今や大都市は、国を越えて世界各地に展開する企業の本拠地となることによって世界経済の司令塔となっているとした。パリが同書の事例に選ばれなかったことは、パリが経済都市であるよりも文化都市と見られることを選択していたことにより、外から見ればそれほど不思議はない。しかし、実際のところパリがグローバルシティに当てはまるのかどうかは、やはり多くの人びとの関心を引いた。一九九四年に、サッセンは『ル・デバ』誌に招かれ、パリを分析して、次のようなことを示していく(Sassen 1994)。

フランスは情報サービスにおいてヨーロッパで第一

の地位を占めており、世界的にもアメリカについで二位である。しかし、金融や保険は、強くはあるが支配的とはいえない。法務や監査の領域においては、特に国際化の面で、海外、特にアメリカの大企業の支店がほぼ全てを負っている。金融市場においては、ロンドンはパリの三倍の取引がある。フランスから海外への投資は増えているが、海外からフランスへの投資は少ない。アメリカや日本がヨーロッパに重要な拠点を置くのは五つの国に絞られるが、フランスは五番目で、やはりイギリスの三分の一である。しばらくはニューヨーク、ロンドン、東京という、国際取引における三つの都市の地位は維持される。パリはこれから数十年は、世界で四番目か五番目になったとしても、三番目までに入る可能性は低い。特集では反論も示されたが、世界的に読まれた都市論の著者による以上のような分析が、国家や経済界に与えた衝撃は小さくはなかっただろう。

一九八〇年代以降のフランスの都市では、「郊外（banlieue）」という表現に特殊な意味が生じ始めていた。都市周辺部に建設された工場などが生産拠点を移転させるなかで、そこで働いていた労働者が失業し、貧困に陥るようになった。ＥＵ統合はその傾向に拍車をかけ、特にヨーロッパの外から高度成長期に労働者としてフランスに来たマグレブ（北アフリカ）あるいはサハラ以南からの移民とその家族が、公共交通への近接性などの条件が悪い郊外団地に追いやられ、取り残された。移民第二世代のなかでは、学校でうまくいかずドロップアウトして、仕事が見つからないということも起こっていた。その行き場のない移民のなかで特に「若者」が大都市郊外で非行を行うことが報じられるようになった。彼らの多くがイスラム教徒であったことから、さらには宗教的な問題だという見方も出るようになっていた。

パリでは、北の郊外に特にその傾向が表れた。北の郊外は平地が広がっており、大規模な工業団地が作られたが、もはや使われなくなりつつあった（手塚 1998）。一九九五年の映画『憎しみ』（マチュー・カソヴィッツ監督）は、パリ郊外に住む若者の刹那的な生き方を描いて話題となった。郊外＝移民、若者、暴力というイメージを作り出す映画は、その後も多く作られることになった（清岡 2015）。

事態を打開するために、北の郊外の基礎自治体の首長が協力しあい、一九九八年FIFAワールドカップの決勝に使われるスタジアムが誘致された。この大会はフランスが優勝し、多様な構成からなるチームがそれを勝ち取ったとする black-blanc-beur（黒人‐白人‐アラブ系）[5]なるスローガンも生まれた。その際に建設された八万人規模のスタジアム「スタッド・ド・フランス」を中心に、その周囲の再開発が始まった。特にプレーヌ・サン・ドニと呼ばれる地区は、現在はパリ市内、デファンスに続く第三のビジネス拠点となり、国内外の大企業が進出するまでになった（図7‐8）。

しかし、それは周辺地域の失業者に雇用をもたらすものではなかった（森 2016：川口 2017）。当時も今も、ここでは共産党の首長による施政が続いているが、彼らが地区の貧しい労働者に向けて雇用を提供しようとすることはもはやなく、むしろ税制優遇や観光地化などによって外部からの投資を促している。それが脱工業化する都市の唯一の解であるかのように見られていることは疑いなく、政治が住民生活よりも経済とのかかわりから都市を考えることで、グローバルシティ化を追求し始めたと

図7－8　プレーヌ・サン・ドニ

筆者撮影。

見ることもできる。

同時代の東京を見ておこう。サッセンにより、グローバルシティに「認定」されたことが東京で影響を持たないはずはなく、その後の政策にそれはしばしば用いられることになる。しかし町村敬志は、サッセンが見た東京が、バブル全盛の時代であったことを指摘する（町村 2020）。つまり、経済状況としては、日本全体が特殊な値を示していた時期だということである。東京は必ずしもサッセンが示す世界経済のハブとしてのグローバルシティではなかった。町村は続けて、その後の本格的なグローバル化には東京は乗り遅れ、「ピークを記録したのち下降を始めた最初のグローバルシティ」（町村 2020：140）となったとする。現在の東京をどう読むのかについては、本書全体で論じているところであるが、パリとの比較でいえば、東京もまた「グローバルシティ」になり損ね、そこに向かう道を探し続け

（5）Beur はヴェルランと呼ばれる逆さ言葉から生まれたジャーゴンで、アラブ人 arabe を逆さにしている。主にアラブ系移民の子孫を指す言葉として用いられる。

ているといえる。

五　グラン・パリ政策とオリンピック都市という選択

二〇〇七年五月に大統領に就任したニコラ・サルコジ（任期二〇〇七～二〇一二年）は、翌月、シャルル・ド・ゴール空港改修工事の完成式典において、パリ首都圏であるイル・ド・フランスの整備事業に乗り出すことを宣言した。(6) そこにはまず、はっきりと開発主義が見られる。

持続可能な開発、それは一九七〇年代に流行したエコロジーを指すのではありません。それは進歩の中にある言葉であり、後退の中にあるのではないのです。それは成長であり、快適さであり、移動のしやすさであり、購買力であり、生活の質なのです。〔中略〕もし持続可能な整備が意味するところを提示できる場所があるとするなら、それはイル・ド・フランスに他なりません。

二一世紀の都市を考えるにあたって、環境問題を無視した開発というのはもはやありえない。しかし、それは新たな成長なのだという。サルコジのメッセージには、いわゆるグリーン・キャピタリズムのような積極的な環境戦略は含まれておらず、むしろ成長をとどめてはいけないということのみが強調されている。そして、その新たな野心を示す場として、パリ大都市圏であるイル・ド・フランスがあるという。

もしイル・ド・フランスがそこで縮こまっていたら、強く野心的なフランスなどありえないでしょう。もしイル・ド・フランスがヨーロッパでもっとも高いビルを建設するのをあきらめたなら。もしイル・ド・フランスが世界中から最上の研究者を惹きつけるのをあきらめたなら。もしイル・ド・フランスが最前線の金融の場であろうとする野心をあきらめたなら。ヨーロッパでもっとも大きな金融の場がユーロを持たないロンドンだというのは奇妙ではありませんか！　おかしいのです！

この引用からサッセンが示したグローバルシティ論を想起するのは的外れではないだろう。サルコジは、はっきりと経済中心の首都の再構築に乗り出そうとしたのである。

フランスの都市計画はそれぞれの地方議会が決めるものであり、国家はそれに承認を与える立場にあった。しかしサルコジは、同演説のなかで、ヨーロッパでもっとも経済規模が大きく、国民経済の二八％の富を生産する地域に国家の関与ができないのはおかしいと表明し、その後、作成済みでほと

(6) Présidence de la République, Discour de M. le Président de la République, Inauguration du Satéllite no.3 Roissy Charles-de-Gaulle, Mardi 26 juin 2007.

んど承認手続きを終えていたイル・ド・フランスの都市計画を事実上棄却した。そこにサルコジが考える経済戦略が含まれていなかったからである（岡井 2011；鳥海 2013）。

サルコジは、新たな都市戦略を考えるにあたって、世界的な建築家や都市計画家からなる一〇のチームに提案をさせた。それは「ポスト京都（議定書）」ということで持続可能性を担保しつつ、パリを中心とした広がりのどこをどのように開発するかを考えるものであった。サルコジの目指すところは「グラン・パリ」と表現されるようになった。政治学者のT・エンライトは、この「グラン grand（「大きい」という形容詞）」には、四つの意味があったと分析している（Enright 2018）。それは、①パリと郊外の区分を見直して広範囲で都市を考えること、②グローバルシティのモデルとなること、③大統領主導のグラン・プロジェであること、④進歩や改善を示すことである。

この一〇のチームによる提案の展示が行われたのは二〇〇九年である。それぞれが、パリの新しい将来像を示すことになり、実際に政策に取り入れられた考え方も多い。そして同じ二〇〇九年に、首都大臣であったクリスティアン・ブランは『二一世紀のグラン・パリ』という構想を提示した。そこには、具体的にパリ周辺の一〇の開発拠点が提示され、それぞれの特性に合わせた将来計画が示されている。さらに、元首相のエドゥアール・バラデュールを委員長とする委員会が、やはり二〇〇九年にパリと周囲三県の行政を一体化する必要性を示した。それはパリ市よりは広く、イル・ド・フランスよりは狭い範囲である。二〇〇九年は、現在まで続くグラン・パリ政策に向けた構想が出そろった年であった。それがグローバルシティを意識していることは、サッセンがグラン・パリに関する学術委員会のメンバーに招かれたことからも明らかである（鳥海 2013：2145）。

二〇一〇年六月、「グラン・パリ法」が制定された。そこでは、パリを取り巻く環状鉄道「グラン・パリ・エクスプレス」を整備することが示され、さらに全体的な地域開発、住宅整備のほか、原子力研究の拠点が集まったサクレーに重点を置くことが明記された。しかし、行政の一体化については、政治的な対立もあり、実現することはなかった。サルコジは次の大統領選挙では敗北し、左派のフランソワ・オランド大統領（二〇一二〜二〇一七年）の時代となった。

オランドは、グラン・パリに関して、サルコジの方針を撤回することはなかった。むしろ、サルコジ時代には実現しなかったグラン・パリの行政的一体化が企図されることとなる。オランドは、地方行政改革の一環として、パリと周囲の一三〇の基礎自治体を合わせた「グラン・パリ大都市圏《メトロポール》」をトップダウンで設置させた。メトロポールは行政組織ではなく、公施設法人で、選挙などの仕組みはない。しかし、基礎自治体で選出された議員が参加する議会もあり、独自の予算を持っている。またその範囲で都市計画も作られることとなっている。グラン・パリ大都市圏の設置準備委員会では、「世界的で、革新的で、起業家的な大都市圏」を作ることが第一の方針として示されている（Mission de préfiguration de la métropole du Grand Paris 2014）。グローバル企業の保護と投資を促す戦略であり、やはりグローバルシティを目指すものである。

このグラン・パリを推進する省をまたいだ委員会において、二〇一五年に、二〇二四年オリンピックと二〇二五年万博への応募は「グラン・パリの促進剤」と位置付けられた[7]。オリンピックは、グラン・パリ開発を進めるために招致されたのである。一九九八年のＦＩＦＡワールドカップのために作られたパリ北郊のスタジアムの西側には、アクアティクスセンターのほかに、選手村が建設されることになり、交通循環のために高速道路の新しいインターチェンジも作られることとなった。グラン・パリ・エクスプレスの中心駅も近く、急ピッチで建設が進められている。

しかし、低所得層が多いこの地域において、この開発が周囲の人々に利益をもたらしているかといえば、そうではない。インターチェンジの新設による大気汚染、建設工事が続くことによる騒音、緑地の開発、さらには住民の立ち退きも起きている（荒又 2020）。それでも、オリンピックが招致されたのは、ＦＩＦＡワールドカップと同様に、期限が決まったイベントを契機に周囲の開発を進めることが目指されたからである。そしてそれは、パリを「一九世紀の首都」から、サッセンが示した「グローバルシティ」のモデルに近づけるためなのである。

六　おわりに

様々なメディアに現れるパリの定型表現は、現在のパリを映しているというよりは、一九世紀に作り上げられたものを再利用しているに過ぎない。今でも「パリらしい」パリは存在しているが、それはもはやパリを中心とした一帯で起きていることのごく一部である。六〇年代から開発されてきたビジネスセンターのデファンスや、近年作られてきたプレーヌ・サン・ドニでは、英米風のライフスタイルが好まれ、たとえばグラスワイン付きのゆったりした昼食をとる代わりに、ファーストフードのテイクアウトバッグをもったビジネスパーソンが闊歩している。そのような小さな嗜好の違いは、次第に都市の文化全体を変えていくのかもしれない。

時代によって、街並みや嗜好が変化するのは当然のことであり、以前存在したものに一定以上こだわるのは、そこで生きる人々を無視した懐古趣味以上のものではないと取る人もいるだろう。しかし、都市計画の変遷を見てきた今、モデルの追求が行きつく先が豊かなものであるのかどうかについては、問い直す必要があるといえる。サッセンのグローバルシティには、貧富の差が開いて二極化した都市社会も描かれている。それが目指すべき姿なのかどうかを考えなければならない。

戦後を通じてアメリカをモデルとしてきた日本はどうか。近年、東京においては、各地で再開発が行われている。高層の真新しいビルが、都心各地に出現している。それらのビルは、商業施設とビジネスセンター、ホテルなどを兼ねていることが多く、商業施設については情報番組などで次々に紹介されている。しかしそれは、それらの施設が作られるそばから古くなっていくことも示している。それは果たして、持続可能な都市の姿なのだろうか。それは、誰のための都市なのだろうか。そこから強制的に、あるいは居心地の悪さから半強制的に追い出される人びとはどこに行くのだろうか。パリ

（7） Premier ministre, Dossier de presse, Réussir ensemble le Grand Paris, Le nouveau Grand Paris, Comité interministriel 14 avril 2015.

の変化は、東京の今後について考えるための手掛かりにもなるだろう。

文献

荒又美陽 2011『パリ神話と都市景観――マレ保全地区における浄化と排除の論理』明石書店。

荒又美陽 2020「メガイベントと都市計画――東京とパリを例に」『観光学評論』8-2：139-159。

岡井有佳 2011「パリ都市圏における国と地方の計画調整に関する一考察――イル・ド・フランス地域研基本計画とグラン・パリ計画を対象として」『日本建築学会大会学術講演梗概集』2011：677-678。

鹿島茂 2017『失われたパリの復元――バルザックの時代を歩く』新潮社。

カステル、M.／山田操訳 1984『都市問題』恒星社厚生閣。（Castells, M. 1972=1975 *La question urbaine*, Paris : Maspero.）

川口夏希 2017「郊外《バンリュー》空間の形成とその再生への手がかり――フランス・プレーン・サン・ドニ地域」水内俊雄・福本拓編『都市の包容力――セーフティーネットシティを構想する』法律文化社。

河島英昭 2000『ローマ散策』岩波書店。

ギーディオン、S.／太田實訳1969『空間　時間　建築　1』丸善株式会社。（Giedion, S. 1967 *Space, Time and Architecture: The Growth of a New Tradition*, Cambridge: Harvard University Press. Fifth edition.）

清岡智比古 2015『パリ移民映画　都市空間を読む――１９７０年代から現在』白水社。

ゴンブリッチ、E・H.／瀬戸慶久訳 1979『芸術と幻影』岩崎美術社。（Gombrich, E.H 1972 *Art and Illusion: A Study in the Psychology of Pictorial Representation*, London: Phaidon Press.）

ショエ、F.／彦坂裕訳 1983『近代都市――19世紀のプランニング』井上書院。（原著情報なし）

スタンダール／臼田紘訳 1992『イタリア旅日記Ⅱ　ローマ、ナポリ、フィレンツェ（1826）』新評論。（De Stendhal 1826 *Rome, Naples et Florence*, Troisième edition, Paris. Delaunay Librarie Palais-Royal.）

竹山博英 2004『ローマの泉の物語』集英社。

手塚章 1998「パリ近郊工業地帯（プレーン・サン・ドゥニ地区）の変容」高橋伸夫ほか編『パリ大都市圏　その

構造変容』東洋書林、129–139。
鳥海基樹 2013「フランスの首都圏整備計画に関する研究――グラン・パリ構想の背景と展開」『日本建築学会計画系論文集』78-652：2143–2152。
中島康予 2010「左翼と右翼」三浦信孝・西山教行編著『現代フランス社会を知るための62章』明石書店、291–296。
バージェス、E.／松本康訳 2011「都市の成長―研究プロジェクト序説」松本康編『都市社会学セレクションⅠ　近代アーバニズム』日本評論社、21–38。(Burgess, E. 1925 *The Growth of the City: An Introduction to a Research Project.*)
バルザック、H.／水野亮訳 1930『従兄ポンス』岩波書店。(Balzac, H. 1847 *Le Cousin Pons*)
ハワード、E.／長素連訳 1968『明日の田園都市』鹿島出版会（原著初版一八九八年）。(Howard, E. 1965 *Garden Cities of To-morrou*, Town and Country Planning Association.)
藤森照信 1990〔1982〕『明治の東京計画』岩波書店。
町村敬志 2020『都市に聴け――アーバン・スタディーズから読み解く東京』有斐閣。
松本康 2021『「シカゴ学派」の社会学――都市研究と社会理論』有斐閣。
森千香子 2016『排除と抵抗の郊外――フランス〈移民〉集住地域の形成と受容』東京大学出版会。
山口覚 2006「シカゴ学派都市社会学――近代都市研究の始まり」加藤政洋・大城直樹編著『都市空間の地理学』ミネルヴァ書房、4–16。
ラスムッセン、S・E.／横山正訳 1993『都市と建築』東京大学出版会。(Rasmussen, S.E. 1951 *Towns and Buildings Described in Drawings and Words*, MIT Press.)
ル・コルビュジエ／樋口清訳 1967『ユルバニスム』鹿島出版会。(Le Corbusier, 1924 *Urbanisme*, Les Editions G Crès & Cie.)
和田幸信・鳥海基樹 2000フランス「歴史的環境の保全と景観計画」西村幸夫＋町並み研究会編著『都市の風景計画　欧米の景観コントロール　手法と実際』学芸出版社、39–67。
Claval, P., avec la collaboration de Claval, F. 1981 *La logique des villes : essai d'urbanoligie*, Paris : LITEC.
Dufau, P. / Laprade, A. 1967 *Collection pour ou contre: la démolition de Paris*, Nancy: Berger–Levrault.

Enright, T. 2016 *The Making of Grand Paris : Metropolitan Urbanism in the Twenty-First Century*. Cambridge and London: The MIT Press.

Mission de préfiguration de la métropole du Grand Paris, 2014 *Abécédaire de la future Métropole du Grand Paris. Carnet 1: État des lieux thématique*, Montreuil : Atelier parisien d'urbanisme et Institut d'aménagement et d'urbanisme Ile-de-France.

Sassen, S. 1994 "La ville global. Éléments pour une lecture de Paris," *Le débat*. no. 80: 137-153.

Schedel, H. 2018 *Weltchronik 1493*, Taschen.

【コラム4】「国境のないヨーロッパ」の形成と国境地域の変容

飯嶋曜子

本稿では、東京のような中心性を持つ地域とは対照的な、国家の周縁部に位置する国境地域に注目する。中心・周辺関係という観点からみると、一般的には国境地域は国家において周辺地域として位置づけられることが多い(1)。しかし、ヨーロッパでは国境地域の周辺性が大きく変容してきている。伝統的な国家の枠組みがヨーロッパ統合のなかで大きく揺り動かされることによって、EUやヨーロッパという空間で国境地域が新たな中心性を持ちはじめているという動きを事例とともに見ていきたい。

ヨーロッパ統合と国境地域

ヨーロッパの統合は紆余曲折を経ながらも進展し、二〇二一年八月現在、EUの加盟国は二七か国となっている。EUの発展によって、大きな変化が生じた空間の一つが国境地域である。従来、国境地域

(1) なお、すべての国境地域が周辺地域や後進地域とは限らない。国境地域に首都が立地するものもある。例えば、オーストリアの首都ウィーンとスロバキアの首都ブラティスラバは約六〇㎞の距離にあり、国境を挟んで両国の二大都市圏が立地しており、中央ヨーロッパを代表する経済的中心地域となっている。

は中心部と比べて低い発展度や生活水準を有する地域としてみなされ、条件不利地域として地域政策の対象となることも多かった。二〇一五年のEUの報告書によると、EU域内の国境地域の一人当たりGDPはEU平均の八八・三％と低い水準にある。また、国境地域の住民の病院や高等教育機関へのアクセシビリティは、EU平均の水準よりも低いことが指摘されている（European commission 2015）。このことから、一般的にはヨーロッパの国境地域は相対的に発展が遅れた地域といえよう。

一方で、国境地域では新たな動きも生じている。域内単一市場が形成され、人・モノ・資本・サービスの移動が自由化されると、国境の持つ障壁機能が低減していくこととなる。「国境のないヨーロッパ」が形成されていくことにより、国境地域での人々の経済活動や生活の空間が従来のものとは大きく変わるようになっていった。次節では、その一例として、ドイツ・フランス・スイスの国境地域での新たな動きを見ていく。

国境を越える地域連携の強化

現在、ヨーロッパの国境地域では、国境を越える地域連携の枠組みが数多く見られる。ユーロリージョン・オーバーライン（Euroregion Oberrhein）（総面積約二万一五二六㎢、人口約六二三万人（二〇一八年））は、ヨーロッパの越境的地域連携の中でも歴史が古く、高度に発展してきたものの一つである。(2)

オーバーライン地域はライン川上流部に位置し、ドイツの南バーデン地方とフランスのアルザス地方、スイスの北西スイス地方が含まれる。域内には、フライブルク（南バーデン）、ストラスブール、コルマー、ミュールーズ（アルザス）、バーゼル（北西スイス）などの主要都市がある。

この地域では、国境を越えて人々が日常的に生活を営み、活動している。二〇一八年のデータによると、同地域では約九万七〇〇〇人が毎日国境を越えて通勤している（Statistische Ämter am Oberrhein 2020）。そうした越境通勤者の約七割は北西スイスで就業しており、北西スイスとりわけバーゼルがこの地域の経済的中心地になっていることを意味する。こうした越境通勤流動は、オーバーライン地域における国境を越えた地域労働市場の存在を意味すると同時に、所得水準の違いなど域内の経済格差の存在も示している。

また、買い物行動についても同様に国境を越えた動きが見られる。国境付近には大型のショッピングセンターが新たに次々と立地し、買い物客で賑わっている（写真）。その駐車場には近隣国のナンバープレートをつけた車両も目立つ。これは、地域住民の越境的な購買行動を示すもので、とりわけ物価の高いスイス側から国境を越えて食料品、衣料品、雑貨など日常の買い物をする客が目立つ。オーバーライン地域には国境を越えた商圏が形成されているといえよう。

なお、スイスはEUに加盟していないものの、シェンゲン協定締結国であるため、スイスとドイツ・フランス間の国境管理は撤廃されている。また、こうした国境付近に立地するショッピングセンターでは、ユーロとスイス・フランのどちらの通貨でも支払いが可能となっていることが多く、値札も双方表記されている。さらに近年は、バスやトラムなど国境を越えた近距離公共交通網も一層整備され、交通が不便であった国境付近へのアクセスが容易となってきている。

（2）オーバーラインにおける連携の詳細については、飯嶋（2019）を参照のこと。

ライン川に架かる三か国橋（Dreiländerbrücke）

写真手前がフランス側であり、対岸のドイツ側には新たに建設されたショッピングセンターが見える。2010年９月26日筆者撮影。

以上の動向は、国境の障壁機能が低減した結果、従来は国家の周辺地域とみなされてきた国境地域の位置づけが変化したことを意味している。それによって国境地域の土地利用も大きく変容し、新たな国境の景観が生じてきている。国家の周縁部にあり国境によって分断されてきた国境地域が、国境の透過性の増大によって越境的な空間として浮かび上がってきているのである。

こうした変化の背景には、国境を越える連携の動きが制度化され、その枠組みが整備されていったことがある。

この地域での連携は、一九六〇年代に北西スイス側の動きから始まった。その際にイニシアティブをとったのは行政ではなくバーゼルの経済団体をはじめとした民間部門であったことが注目に値する。当初の連携目的は、国境を越えて無秩序に拡大しスプロール化していくバーゼル都市圏への対応であった。この問題に北西スイスとアルザス、南バーデンが連携して対応することが求められたのである。そして、その連携は行政によってトップダウン式に進められてきたのでなく、民間と行政の協力によってボトムアップ型で発展してきた。

バーゼル都市圏での連携が進展していくにつれ、さらにこの動きは、国や州といったより上位の政府間における連携も包含し、徐々に制度化され発展していった。現在、オーバーライン地域では、国境を越えてナショナル・リージョナル・ローカルの各レベルで複数の連携組織が形成されており、これらの連携組織が相互に機能を分担している。

さらに、ヨーロッパ統合の進展という外部環境の変化が、連携の一層の進展を促した。その転機は、一九九〇年に開始されたＥＵの国境地域対策インターレグ・プログラムの導入であった。インターレグ・プログラムは、申請者がＥＵ市民であれば、ＥＵ非加盟国との越境的連携に対しても適用される。そのため、ＥＵに加盟していない北西スイスとの連携事業に対しても、ＥＵによる財政的支援がなされてきた。ここで、いくつかの事業を紹介しておきたい。

バイオバレー（BioValley）事業は、オーバーライン地域におけるライフサイエンス分野の企業・研究機関・行政機関のネットワークを強化し、それらの主体が有する資源のより有効な活用をめざしている。その対象分野は、単にバイオテクノロジーだけではなく、より広く医療・製薬、食品・農水産業、環境、さらには、研究開発や産業化を支える電子機器や精密機器の製造、ＩＴなどライフサイエンス分野全般にわたっており、地域経済への高い波及効果が期待されている。

三か国間エンジニア教育（Trinationale Ingenieurausbildung）事業は、高等教育機関が連携して共通コースを実施し、学生はドイツ、フランス、スイスのエンジニアの修士号をすべて得ることができる。さらに、三か国で通用する職業訓練修了書も得られる。

バーゼル三か国間集積地域（Trinationale Agglomeration Basel：TAB）事業は、バーゼルとその周辺地域の越境的な都市計画、交通計画、土地利用などに関する連携事業を実施している。バスやトラムなどの近距離公共交通網を、国境を越えて相互に乗入れさせ、統一した料金体系を設定する事業などが進められている。

国境地域の周辺性とその変化

前節の内容を踏まえ、「国境のないヨーロッパ」において国境地域がいかに変容しているのかについて、中心・周辺関係の変化という観点から改めて検討したい。

ヨーロッパの統合が進展するにつれて、それまで国境によって分断されてきた地域が国境を越えて連携し、共通するさまざまな問題に対処し、国境地域に新たな連携空間を形成してきている。そして、こうした地域からの動きに対し、ＥＵは国境地域対策による財政的支援を通じてその発展を支援してきた。こうした越境的地域連携という新たな動きは、従来の国家や地域といった概念の再考を促すものであり、中心・周辺関係の変容の可能性を秘めている。これまでの国家の枠組みを前提とした地域形成とは異なる、新たな連携空間ひいては地域が創造されつつあることを示唆している。

オーバーライン地域の事例では、このことはアルザス地域主義の展開の変化という面からも読み取ることができる。オーバーライン地域は中世にはライン川の水運によって結ばれた一つの経済圏であり、文化・言語面でも共通性が認められる。アルザス語はドイツ語の方言の一つであり、アルザスはドイツ語圏文化の影響を強く受けている地域である。

アルザスは政治的には一九世紀後半以来、戦争の度に国境線が変更され、フランスとドイツの間で帰属が数回にわたって変化してきた（市村 2002）。その間には、自治主義や分離主義を唱えるアルザス地域主義が強まった。第二次世界大戦後の一時期は、対独協力という負の遺産から、アルザス地域主義は沈黙化せざるを得なくなった。一方、戦後フランス政府は国民統合の名の下で、地域言語に対して厳しい姿勢をとり、アルザス語は公教育の場での使用が禁止された。

その後、一九六〇年代後半からアルザスの地域主義が再び表面化してきたが、その際に重視されたのはアルザス語やアルザス文化の擁護や発展であった。戦前の自治主義や分離主義と比較すると、より穏健化したものとなっている。一九八〇年代には、アルザス地域語としてのドイツ語教育が認められるようになった。

ここで注目すべきは、一九七〇年代以降、アルザス地域主義は、地域としての独自性をフランス国内だけではなくヨーロッパという空間に位置づけるという戦略をとるようになったことである（坂井 1995）。その際に、隣接する南バーデンと北西スイスとの歴史的・文化的・言語的共通性を背景に、国境を越えた地域連携化という方向性が見出されていくのである。オーバーライン地域は、ヨーロッパの経済的中心地域、いわゆる「ブルーバナナ」の一部をなす。この地政学的な利点をさらに活用するため、この地域は帰属国家の一地域としてではなく、むしろＥＵひいてはヨーロッパ全体の枠組みのなかに直接自らを位置づけようとしている。つまり、「フランスのアルザス」ではなく、「ＥＵのアルザス、ヨーロッパのアルザス」、そして「ＥＵのオーバーライン、ヨーロッパのオーバーライン」としての意識を強めているのである。

こうした地域戦略はバーデンや北西スイスでも同様に強まっていった。これらの地域は、それぞれの国家における周辺地域としてではなく、国境の枠組みを外して隣接地域と連携することでヨーロッパという空間に自らを位置づけ、発展戦略の軸としていったのである。

ヨーロッパの国境をめぐる新たな動き

ヨーロッパ統合の進展のなかで、「国境のないヨーロッパ」のスローガンのもと、障壁としての域内国境はその役割を低下させていった。その結果、国境地域は越境的な連携によって従来の周辺地域としての性格から脱し、ヨーロッパという空間で新たな発展の可能性を秘めた地域として歩みつつある。

しかし近年、国境の障壁機能が再び強まる動きがみられた。本稿の終わりに、「国境のないヨーロッパ」というEUの前提を覆しかねない危うさを抱えたこの動向を指摘しておきたい。

第一は、二〇一〇年代に先鋭化した欧州難民危機の余波である。とりわけ二〇一五年前後にシリア難民が大量にEU域内に流入した結果、ギリシャやイタリアなどEUの域外国境に接する一部の加盟国において国境管理が機能不全に陥った。加えて、パリ同時多発テロの発生など、難民に扮してEU内に入国してくるテロリストへの懸念も高まっていった。

難民の多くは、ドイツなどEU域内でも経済的発展度の高い国々を目指し、シェンゲン圏内を移動していくこととなった。こうした動きに対し、ドイツのメルケル政権は難民受け入れを表明したが、一方でハンガリーのオルバン首相はセルビアとの国境にフェンスを設置するなど、難民政策をめぐってEU

加盟国内の対立が表面化した。[3] また、各国で排外主義を謳うポピュリズム政党が勢力をつけていった。

こうした一連の動きが、国境という問題にどのような意味を持つのかを考察しておきたい。域内国境の廃止、すなわちシェンゲン圏の形成は、EUの内と外を明確に境界付け、域外国境をより鮮明化させた。難民の大量流入に伴う域外国境管理の強化は、それが顕在化したものである。すなわち、シェンゲン圏の形成によって、域外国境の障壁機能はより強化されていったといえる。一方で、シェンゲン圏に一度入ってしまえば、域内国境は障壁として機能せず、自由に移動が可能となる。こうしたなか、難民問題に対する加盟国間の意見の相違や対立が鮮明となり、国境管理の部分的復活という対策を一部の加盟国がとったことにより、「国境のないヨーロッパ」というEUの前提が崩れることになった。こうした動きは各国の政治状況にも影響を及ぼし、より一層の排外主義へと進む可能性もみせている。さらに、アフガニスタン情勢やウクライナ情勢の悪化によりヨーロッパへの難民のさらなる流入が今後生じる可能性も高い。このように難民問題は、今後も引き続き、域内国境・域外国境の双方で、国境をめぐって新たな議論を呼び起こすものであるといえよう。

第二は、二〇二〇年春に生じたコロナ禍での動きである。ヨーロッパでは北イタリアでの爆発的な感染拡大により、まずオーストリアがイタリアとの国境管理を復活させ、いわゆる国境封鎖を行った。それ以降、ドイツをはじめとした近隣の国々も自国内のロックダウンに加えて国境を一時的に封鎖した。

---

(3) Süddeutsche Zeitung, 二〇一六年八月二六日付記事 https://www.sueddeutsche.de/politik/visegrad-fuechtlingspolitik-orban-geht-auf-konfrontation-zu-merkel-1.3136948 (最終閲覧日：二〇二一年八月二四日)

トラック等の物流車両や越境的通勤者については特例として国境通過が認められたものの、それまでの自由な通過ではなくなり、検問所では激しい交通渋滞がひきおこされることになった。また、この時期には全国的に食料品や日用品の極端な買い占め行動が発生したが、国境地域ではそうした動きが国境を越える買い物行動として顕在化したため、地元住民と購買者との軋轢をも生むことになった。

オーバーライン地域に関しては、二〇二〇年春にアルザスでは感染者数が激増しフランス国内でも極めて悪化した感染拡大地域となった。そのため、アルザスからバーデンや北西スイスに通う越境通勤者は国境通過の際に検問のため長時間の待機を余儀なくされた。また、アルザスのナンバープレートをつけた車両が、バーゼルやバーデン側のスーパーマーケットの駐車場で卵やトマトを投げつけられるというような嫌がらせも発生し、社会問題となった(4)。一方で、病床が逼迫したアルザスのコロナ患者をバーデンの病院で受け入れるなどの医療機関間での越境的協力も行われた(5)。今後、医療関連分野での越境的連携事業がより一層求められていくことが予想される。

このように、欧州難民危機やコロナ禍の緊急事態では、「国境のないヨーロッパ」という前提は堅固なものではないということが浮き彫りとなった。国境機能や国境地域の不安定さが改めて示唆されたといえよう。今後、越境的連携はこうした不安定性をリスク要因として認識し考慮に入れたうえで、いかに連携の自律性や持続可能性を高めていけるかが重要となってくるであろう。

文献

飯嶋曜子 2019「統合するEUと国境地域」加賀美雅弘編『世界地誌シリーズ11　ヨーロッパ』朝倉書店、132-147。

市村卓彦 2002『アルザス文化史』人文書院。
坂井一成 1995「アルザス・エスノ地域主義とヨーロッパ統合――フランス・ナショナリズムとの相互作用」『国際政治』110:70-84。
European commission 2015 Territorial Cooperation in Europe - A historical Perspective.
Statistische Ämter am Oberrhein 2020 Oberrhein Zahlen und Fakten 2020.

（4）Badische Neueste Nachrichten, 二〇二〇年四月一七日付記事 https://bnn.de/mittelbaden/rastatt/grenzgaenger-aus-dem-elsass-klagen-ueber-stimmungsmache-und-langwierige-kontrollen（最終閲覧日：二〇二一年八月一六日）

（5）Baden.fm, 二〇二〇年三月二一日付記事 https://www.baden.fm/nachrichten/baden-wuerttemberg-will-schwerkranke-corona-patienten-aus-dem-elsass-aufnehmen-620958/（最終閲覧日：二〇二一年八月一六日）

あとがき

本書は、明治大学文学部および大学院文学研究科の地理学専攻、そして明治大学に所属する地理学者による研究ユニット「惑星的都市化研究所」の構成員によって執筆された。編者の荒又が二〇一八年四月に明治大学に着任し、この豊かな研究環境を広く知ってほしいと考えたことが刊行の契機となった。東京についての本にするということは初めから考えていたが、方向性については、中澤高志さんにかなりの時間、議論相手になっていただいた。大きなキーワードを出していた時期もあったが、最終的に原稿が出そろったところで、東京の新しい地誌学というところに落ち着いた。

二〇二〇年夏に発足した「惑星的都市化研究所」は、自然地理学と人文地理学、都市研究と農村研究の境を乗り越えるさまざまな動きに対応できる地理学研究を目指している。本書は、この研究ユニットの最初の成果である。各章、各コラムには、著者それぞれの魅力的な研究とそれに関する平易な解説が含まれている。皇居にほど近い、東京のまさに中心に位置する明治大学ならではの視点が提起できたと自負している。専門的な内容もあるが、高校生や大学生がこの本を読み、明治大学で地理学を学ぶのも悪くはないと考えてくれるなら、望外の悦びである。

二〇一九年初から各章の執筆者については同意が得られていたにもかかわらず、編者の怠慢のために具体化に二年がかかり、執筆にとりかかったのは二〇二一年度に入ってからのことであった。結果として、当初から賛意を示してくれ、応援してくれた大事な同僚、吉田英嗣さんに完成を見せることができなかった。編者が彼から個別に受け取った最後のメールは、体調の悪化により本書の執筆ができなくなって申し訳ないとの内容であり、それに対して編者は気休めにもならない返事しかできないまま、二〇二二年一月に見送ることになってしまった。本書を含め、今後も明治で共同の成果を出すことによって、吉田さんの支持に応えていきたい。

出版に当たっては、ナカニシヤ出版の酒井敏行さんに大変お世話になった。執筆を始めてからの相談というのは、申し出としてはかなり急な話であったのではないかと思うが、無理な日程を調整してくれ、出版までの道筋をつけてくれた。編者の不慣れのためであり、ご負担をおかけしたことをお詫びするとともに、心より感謝したい。

最後に、執筆者それぞれのご家族、明治大学の同僚の皆様、いろいろな場面でこの本について相談に乗ってくださった方々、応援してくださった方々にお礼を申し上げます。本当にありがとうございました。


（荒又美陽）

◎執筆者紹介（執筆順）

荒又美陽（あらまた　みよう）

一九七三年生まれ。一橋大学大学院社会学研究科博士課程中退。博士（社会学）。明治大学文学部教授。社会地理学、フランス社会論。『パリ神話と都市景観』（単著、明石書店、二〇一一年）、『私はどうして地理学者になったのか』（共訳、学文社、二〇一七年）、『惑星都市理論』（分担執筆、以文社、二〇二一年）ほか。

川口太郎（かわぐち　たろう）

一九五六年生まれ。東京大学大学院理学系研究科博士課程修了。博士（理学）。明治大学文学部教授。都市地理学。『日本の人口移動――ライフコースと地域性』（共編著，古今書院、二〇〇二年）、『改訂新版都市社会学』（共訳，古今書院、二〇一三年）、『変わりゆく大都市圏』（分担執筆、ナカニシヤ出版、二〇一五年）ほか。

中澤高志（なかざわ　たかし）

一九七五年生まれ。東京大学大学院総合文化研究科博士課程修了。博士（学術）。明治大学経営学部教授。経済地理学、都市社会地理学。『職業キャリアの空間的軌跡』（大学教育出版、二〇〇八年）、『労働の経済地理学』（日本経済評論社、二〇一四年）、『住まいと仕事の地理学』（旬報社、二〇一九年）、『経済地理学とは何か』（旬報社、二〇二一年）ほか。

中川秀一（なかがわ　しゅういち）

一九六六年生まれ。名古屋大学大学院文学研究科博士課程満期退学。明治大学商学部教授。経済地理

学、農村地域論。『ルーラル――農村とは何か』（共監訳、農林統計出版、二〇一八年）、『田園回帰がひらく新しい都市農山村関係』（分担執筆、ナカニシヤ出版、二〇二一年）、『新しい地域をつくる』（分担執筆、岩波書店、二〇二二年）ほか。

松橋公治（まつはし　こうじ）
一九五三年生まれ。東京大学大学院理学系研究科博士課程中退。明治大学文学部教授。経済地理学。『空間的分業――イギリス経済社会のリストラクチャリング』（共監訳、古今書院、二〇〇〇年）、『日本の経済地理学50年』（分担執筆、古今書院、二〇一四年）、『日本経済と地域構造』（分担執筆、原書房、二〇一四年）ほか。

石山徳子（いしやま　のりこ）
一九七一年生まれ。ラトガース大学大学院地理学研究科博士課程修了。Ph.D（Geography）。明治大学政治経済学部教授。地理学、地域研究（アメリカ合衆国）。『米国先住民族と核廃棄物――環境正義をめぐる闘争』（明石書店、二〇〇四年）、『「犠牲区域」のアメリカ――核開発と先住民族』（岩波書店、二〇二〇年）、*The Promise of Multispecies Justice*（分担執筆、Duke University Press、二〇二二年）ほか。

梅本　亨（うめもと　とおる）
一九五七年生まれ。東京都立大学大学院理学研究科博士課程修了（理学博士）。明治大学文学部史学地理学科教授。自然地理学。『日本の気候景観――風と樹　風と集落　増補版』（共編著、古今書院、二〇〇九年）、『朝倉世界地理講座9　中央・北ヨーロッパ』（分担執筆、朝倉書店、二〇一四年）ほか。

森永由紀（もりなが　ゆき）

一九五九年生まれ。筑波大学大学院地球科学研究科博士課程中退。博士（理学）。明治大学商学部教授。気候学、環境科学。『多元的環境問題論』（分担執筆、ぎょうせい、二〇〇二年）、Who is Making Airag (Fermented Mare's Milk)? A Nationwide Survey of Traditional Food in Mongolia（分担執筆、*Nomadic Peoples*, Vol. 19、二〇一五年）ほか。

大城直樹（おおしろ　なおき）

一九六三年生まれ。大阪市立大学大学院文学研究科博士課程単位取得退学。博士（文学）。明治大学文学部教授。文化地理学、地理思想。『空間から場所へ——地理学的想像力の探求』（共編著、古今書院、一九九八年）、『都市空間の地理学』（共編著、ミネルヴァ書房、二〇〇六年）、『モダン都市の系譜——地図から読み解く社会と空間』（共著、ナカニシヤ出版、二〇〇八年）、『惑星都市理論』（分担執筆、以文社、二〇二一年）ほか。

廣松　悟（ひろまつ　さとる）

一九五九年生まれ。東京大学大学院理学系研究科博士課程修了。博士（理学）。明治大学政治経済学部教授。都市の社会経済地理学、都市を中心とした比較地誌学。*Cities in Global Perspective: Diversity and Transition*（分担執筆、Rikkyo Univ. with IGU Commission、二〇〇五年）、『ＥＵにおける経済通貨同盟の問題点と政策的統合の必要性』（分担執筆、文眞堂、二〇二二年）ほか。

飯嶋曜子（いいじま　ようこ）

一九七二年生まれ。明治大学大学院文学研究科博士後期課程修了。博士（地理学）。明治大学政治経

済学部准教授。人文地理学、ヨーロッパ地域研究。『拡大ヨーロッパとニューリージョン』（分担執筆、原書房、二〇一二年）、『世界地誌シリーズ11　ヨーロッパ』（分担執筆、朝倉書店、二〇一九年）ほか。

な行

は行

ま行

や行

ら・わ行

さ行

た行

人名索引

事項索引

東京の批判地誌学

2022年12月20日　初版第１刷発行

編　者　荒又美陽＋明治大学地理学教室
発行者　中西　良
発行所　株式会社ナカニシヤ出版
〒606-8161　京都市左京区一乗寺木ノ本町15番地
TEL 075-723-0111　FAX 075-723-0095
http://www.nakanishiya.co.jp/

装幀＝白沢正
印刷・製本＝亜細亜印刷

Printed in Japan.　ISBN978-4-7795-1703-7　C1025